Transformation and Reconstruction
of the Chinese Press

媒体转型与重建

曹鹏 著

中国广播影视出版社

图书在版编目（CIP）数据

媒体转型与重建 / 曹鹏著 . -- 北京：中国广播影视出版社，2023.5

ISBN 978-7-5043-8421-8

Ⅰ.①媒… Ⅱ.①曹… Ⅲ.①传播媒介－发展－研究－中国 Ⅳ.① G219.2

中国版本图书馆 CIP 数据核字 (2019) 第 286596 号

媒体转型与重建

曹鹏 著

责任编辑	李潇潇
装帧设计	阮全勇
责任校对	龚　晨
出版发行	中国广播影视出版社
电　　话	010-86093580　　010-86093583
社　　址	北京市西城区真武庙二条 9 号
邮　　编	100045
网　　址	www.crtp.com.cn
电子信箱	crtp8@sina.com
经　　销	全国各地新华书店
印　　刷	北京亚通印刷责任有限公司
开　　本	787 毫米 ×1092 毫米　1/16
字　　数	280（千）字
印　　张	20.75
版　　次	2023 年 5 月第 1 版　2023 年 5 月第 1 次印刷
书　　号	ISBN 978-7-5043-8421-8
定　　价	88.00 元

（版权所有　翻印必究·印装有误　负责调换）

序
Foreword

李 幸

曹鹏20世纪90年代在中国人民大学跟郑兴东教授读博士学位，郑先生当年主要做报纸编辑学方面的教学与研究，我读大学时，这方面的教材全国就只有郑兴东先生与陈仁风先生等合编的一本。在中国新闻传播专业曹鹏比较早获得博士学位，他的博士论文《中国报业集团发展研究》在新华出版社出版时，是"新闻传播学博士文库"的打头第一部，可见其资格颇老。

曹鹏1993年即供职于经济日报社，这张报纸是我国改革开放后中央批准创办的唯一一家中央党报，是一张经济方面的大报，有许多从人民日报社、新华社过去的人，开张时可谓人才济济，其后也不断有英才加入，曾任总编辑的艾丰先生亦一直为我所敬仰。

曹鹏不是一般人想象中的那种博士，他不仅在新闻与传播专业方面笔耕不辍，且兴趣广泛并在文学和艺术领域达致通家和专业水准。

我知道曹鹏，当在20世纪90年代。有一天，太太跟我说，有人跟她联系，事由是博士写了本关于中国自由撰稿人的书，因太太此前曾做过自由撰稿人，书中便有专章述评。此事于我，乃有些讶异——博士也来写这个题材了？因为在我印象里，博士要么写些圈外人看不懂的东西，要么研究些所谓国家级课题。当时，能够把目光对准惨淡寥落的中国自由撰稿人的，就好像后来的学者注意到中国沿海代工厂里的女工。

时光一越十年，我在广州办学。有一天，同事跟我说，有一个人，可以聘来做教授。因问其谁，听了名字当时我便笑了，答之可也可也，此人我熟。记得先是询其可否负笈南下专任，知不可，便依程序呈报校方，按海外讲座教授之待遇，一聘三年，给予科研启动经费，每年累计至少来校两个月，来时安排居所并按月致酬。此后，曹鹏除了讲学，一补学院其时在报刊教学方面所短，更在科研上，以多本著作和一年十多篇CSSCI来源期刊文章为学院大长声势。

因杂务缠身加之关注点不同，我与曹鹏在新闻与传播专业上较少交流，但在文学与艺术方面，或心有戚戚。他曾赠我一本《汪曾祺经典散文选》，一看编选者是他，当时吓我一跳——汪氏散文，一向脍炙人口，可称中国20世纪下半叶文学之奇葩，编选者非专家不可也。这本散文选后来出版社重印，坊间评价很好，以至于又请他续编了一本《汪曾祺经典小说选》，另一家出版社还邀请他编了一本《汪曾祺写云南》——曹鹏就这样几乎成了汪曾祺专家。后又见赠他所撰写的一套"文博书画大师丛书"，以《启功说启功》这样的书名分册面世，黄苗子、王世襄、许鸿宾、吴冠中、袁思齐等名家均在列，并由曾教席同校亦为我所仰望的美术史家陈传席先生作序。他创办过《中国书画》杂志，出版过两巨册上千页的《大师谈艺录》，所以，在美术评论、理论方面，与其老本行新闻传播相比，可谓并驾齐驱，不遑多让。

以上所云著作，虽喜欢而不敢置评。还有一本，却愿多说几句——《闲闲堂茶话》也。此书"集萃了曹鹏博士关于茶文化的散文、随笔与评论，书中插图也是同一作者的手笔，图文并茂，笔调轻松闲适，风格独特隽永，兼有茶学、文学、画学的专业品味，是一本纯文化雅致的闲书。"（引自该书简介）作者自2001年出版《功夫茶话》后，又于2007年出版此书，所话遍及我所知与未知，功夫茶外，"名茶品饮札记"，记了绿、红、白、黑以至各种药茶，甚至有"普洱茶市场风云解析"这样的研究性文字。尤为欢喜的是此书的装帧，封面为他临丰子恺画意，书的上半部里页页有作者手绘彩墨，赠我的特制毛边本前后扉页分别用了笺纸和宣纸。

知道这是一本作者辑其所写传媒研究文字的书，却写了许多关于作者在文化方面的话，用意其实明确——功夫在诗外也，道不行乘桴浮于海也。手头早有他的《中国媒介前沿》《媒介市场创意策划实务》《把脉中国传媒》，均为传媒实务专著，偏不说及，乃引读者欲往阅之也。

（作者为华南理工大学新闻与传播学院原院长、教授）

目 录
Contents

1 | 序……李 幸

---| 报业年稿与传媒观察 |---

中国报业年稿（2013—2018）

003　2013年中国报业：回望中的探寻与思考

009　2014年中国报业：正视困境　亟待转型

015　2015年中国报业：黑云压城城欲摧　救市出路在何方

022　2016年中国报业：车到山前必有路　路在何方

027　2017年中国报业：急需闯出新路

033　2018年中国报业：淘汰落后产能　转型才是出路

传媒观察家

041　县市报与社区报迎来市场机遇

046　奥运传媒大赛场：强者愈强　弱者愈弱

051　传播业的健康发展离不开媒介批评

054　报业"过冬"亟待出台救市措施

059　新闻出版业如何做好国有资产监管工作

065　传媒业需要"航母"，也需要"小舢板"

069　报刊该如何对待企业与企业宣传报道？

074　报业衰退加剧　寻找转向出路是当务之急

078　"报刊困难户"起死回生亟待政策支持

082　他们带走了历史　留下了遗憾
　　　——纪念近来相继去世的新闻出版界名家

086　反对假新闻要标本兼治三管齐下

091　书报刊亟待破除行业壁垒

096　新闻传播队伍进入重新洗牌时代

099　报纸再不改可就真没机会了！

104　公益广告：传统媒体大有用武之地

109　"传媒观察家"专栏的结束语

新闻传播专论

113　影响力经济概念的提出与媒介核心竞争力简析
　　　——在北京广播学院的学术演讲

120　就传媒创新答复旦大学博士生问

123　从事新闻传播工作应具备哪些素质

126　让报纸为城镇建设服务

128　媒介经营管理关键词

报刊编辑业务研究

155　报纸标题点评札记

175　报纸图片点评札记

192　皮与馅的艺术
　　　——从烹调角度谈经济述评写作

传媒书话书评

199　报业书话

221　"纸老虎"们是如何成功的

225　《全能记者必备》：新闻采编之术

228　美国报刊如何规范文字与风格

232　《俩老头儿》的文献史料价值

236　推荐三本职业报人的传记

240　在《南方报业战略》座谈会上的发言

243　传媒的本质是人文而非科技
　　　　——《新浪之道》的价值与意义

248　以书始　以书终
　　　　——王芝琛先生与我的交往散记

报刊编辑讲义

259　报刊编辑讲义　题记

260　导言　编辑作为一个专业　学习方法与工具

266　第一章　报刊编辑的关键概念与术语

276　第二章　编辑工序流程

281　第三章　设计策划与稿源管理

290　第四章　文稿加工与编排

297　第五章　标题制作

304　第六章　版面设计

312　第七章　图片、插图与图表

316　第八章　政策法律与职业道德

316　附　办刊絮语

319　**后　记**

报业年稿与传媒观察

▶ 中国报业年稿（2013—2018）

Annual Reviews on Journalism and Media Observation

媒体转型与重建

2013年中国报业：回望中的探寻与思考

在如今的媒介生态环境中，全球范围报业总体已成为夕阳产业。中国报业虽然没有完全市场化，但是大势所趋，严峻的形势摆在报业同仁面前，谁也无法回避现实：报业到了最危险的时候。

《中国新闻出版报》年底发布了一条信息，2013年中国报业广告下降幅度可能逼近两位数，报纸发行截至11月底的最新数据，同比下跌10.83%。

值得指出的是，广告与发行的双下降，并不是市场行情的波动，而是万劫不复的蹦极的开始。

回顾2013年中国报业，危机意识已成为业内人士的共识，但出路何在仍然是一片茫然，行业内弥漫着悲观情绪，但很少有报社真正付诸行动。

地位还在出路何在

在新中国成立后的体制内主流媒体中，地位排序一直是报纸、广播、电视、杂志，无论是级别、实力还是影响力，报纸至今占据着新闻战线老大哥的位置。但世界上没有一成不变的事物，过去一年新闻传播事业的发展与变化前所未有。广播电台与电视台的节目日益丰富多彩，有不少新动作、新气象，而报纸则受种种条件限制，总体状态是以不变应万变，总结起来可以说很少亮点。

客观上看，与广播、电视、杂志以及互联网相比，党报的政治地位始终占有绝对优势，但这种优势并没有转化成新闻传播的优势。这可能与机关报的身份性质有密切关系。

在传播受众影响力方面，报纸由第一媒体几乎跌到末位媒体，已经到了危险的边缘。然而，党报的事业单位性质又决定了其不能按市场经济规律准入与退出——这也正是在其他国家报纸停刊关门成风的2013年，中国报纸却很少关停的原因。报业普遍开始吃老本，但是算算账就明白，已经没有几年老本可吃了。

关于党报，我曾提出过一个"骑兵理论"。纸媒就如同军事领域的骑兵，曾经建功立业、成就辉煌。到今天，在全新的技术装备环境下，必须正视现实，做好退出历史舞台的准备。

有地位就好找出路，中国的报业市场是以党报为核心与主体的市场，党报必须肩负起历史责任，积极主动地行动起来，为报业寻找到一条可行的出路。

集团合并是个案还是方向

2013年下半年，解放日报报业集团与文汇新民联合报业集团合并为上海报业集团，这是全国瞩目的一件大事。

自1996年广州日报组建报业集团试点以来，报业集团的批准与重组，一直都是宏观调控报业市场的重要举措。一个城市存在两个甚至两个以上平级并行的报业集团，这种情况除了上海，还有北京、广州等城市。2002年，深圳特区报业集团与深圳商报合并组建深圳报业集团。此次上海报业集团的合并重组与深圳报业集团有相似之处。

从国有企业管理的角度来看，到现在为止，我国报业集团还没有完全按照国有企业的通行模式来管理，企业化程度较低。每一个报业集团都相当于一个报刊管理局，报业集团合并，更像机关机构合并，而不是企业兼并。官本位、机关化是困扰中国新闻体制改革的突出问题。当初报业集团试点，实际上是想借助企业的模式来推动新闻事业的发展，但后来慢慢各地组建报业集团就不考虑经济因素了。广州有南方报业集团、广州日报报业集团和羊城晚报报业集团，是否也会用这样的模式？这些都还是问题。

退出市场退出报业

国民经济各行各业在经济规律面前都会有大同小异的表现。夕阳行业，大市萧条，企业关停并转、人员分流，都是题中应有之义。

新组建的上海报业集团年底宣布2014年《新闻晚报》休刊，这明显是为了减少内部竞争。当初解放日报报业集团创办《新闻晚报》，就是针对《新民晚报》而来的。两大集团合二为一后，《新闻晚报》就没有存在的必要。

上海报业集团没有详细说明《新闻晚报》休刊后报纸刊号的去向问题。20世纪80年代后期以来，国内新批报纸刊号被严格控制，成为奇货可居的资源，即使报纸经营不下去，也不愁转让，因此，极少出现停刊让刊号作废的情况。

作为企业或事业机构的报纸，如今终于走向了迫不得已退出市场的道路。从事报纸新闻工作的个人，也必然会加入改行的大潮。

2013年8月7日，财经类报纸《21世纪经济报道》创始人刘洲伟在微博上宣布，辞去21世纪传媒执行总裁及相关职务，选择二次创业，转向新媒体。此事引起业内人士的广泛关注。

进入21世纪，财经报纸成为中国报业的投资热点，风起云涌，各地创办了很多财经报，形成了报业中一个新的板块。

创办财经类报纸是为满足社会对财经类资讯需求、从而获得投资回报的市场行为，北京、上海、广州的几份财经报都获得了成功。但是，报人们可能没想到，财经类报纸可能是报业的最后一块蛋糕。分完这块蛋糕，报业也就告别了暴利时代，转入微利甚至亏损时代。

作为报人中经济观念较强的财经报老总，刘洲伟理智地判断形势，选择了退出报业。此前虽也有财经报刊高管辞职创业的消息，但2013年刘洲伟的去职显然不是简单的个人事业发展问题。

在全国公务员报考升温达到沸点的同时，报业中骨干精英流失的趋势越来越明显。这说明，即使是机关报，本质上也并不是党政机关。报业要想留住优秀人才，除了改革，别无他路。

发行难阅读更难

在中国，报刊发行曾被戏称为"天下第一难"。今年报纸发行更是雪上加霜，难上加难。

2013年，全国报纸零售量急剧萎缩。有位记者在网上公布了对北京8个售报亭每天报纸销量的调查：《北京晚报》10份，《法制晚报 7份》，《京华时报》5份，《新京报》3—4份，《南方周末》3—5份。而在2005年，《北京晚报》200份，《法制晚报》120份，《京华时报》80份，《新京报》40份，《南方周末》30—50份。报亭经营者过去除了上交报刊零售公司的钱，每月还能赚几千元，现在不上交了，也只有1000多元的收入。

零售是市场化报纸的生命线，零售量锐减，对依赖广告收入为生的市场化报纸来说是灭顶之灾。庞大的人员队伍开支，不断上涨的纸张印刷成本，一旦不能得到发行市场与广告市场的资金回流，结局只能是破产。

2013年年底，新华社播发通稿，中宣部、国家新闻出版广电总局发出《关于严格规范党报党刊发行工作 严禁报刊违规发行的通知》。通过下发文件，严格禁止市场化报刊搭党报党刊的车摊派发行，这也是难治的痼疾。过去每到发行季节，相关部门都会重申类似要求，可很难令行禁止。

公款订阅的报刊虽然发行到了订户手中，但通过红头文件与行政干预摊派下去的报刊，只是完成了发行环节，并不能得到实际的阅读，很大程度上是形同虚设。

报刊的阅读率比发行量更重要。对于吃"皇粮"靠红头文件来保发行的党报来说，发行数字并不是问题，因为近几年即使全世界都知道纸媒已经日薄西山，却仍然没有影响各大报发行量连年稳中有升。因为一年一月甚至一天的订数，在极端情况下都可以通过主观努力达到目标。

对于党报来说，真正的难点是阅读量。虽然至今没有一家报纸调查过自己报纸的真实阅读情况，但公款订阅的报刊很少有人读，是不争的事实。

产品亟须开发创新

从20世纪80年代到今天，IT商情、互联网、QQ、微博、淘宝等，新技术、新媒体层出不穷。甚至连《天涯》杂志这样的地方文学刊物都与天涯社区论坛进行品牌合作，成功改写了文学创作的走向。相比之下，报业虽然获得了国家财力的巨额支持，业绩却乏善可陈。中国传媒市场创新的几次重大机遇，报业都没有抓住。

大都市汽车增长很快，停车位紧张，临时在非停车位停靠，或者是堵占通道停车，已经成为普遍现象。最近北京出现了定位于小汽车的印刷卡片广告，上面印着"临时停车、挪车电话"等信息，很实用，很便利，司机们收到了并不反感，会收起来以备不时之需。这是纸质新产品的巧妙设计。类似的产品开发与设计，却与报纸无关，这反映出报业的市场敏感度迟钝、效率低下。

2013年年底，中央下发文件，严禁公款印刷贺卡、挂历，以杜绝浪费，这是"反四风"深入落实后的措施。对纸媒来说，意味着潜在的商机：接受企事业单位乃至个人的委托，用广告的形式随报赠送贺卡或挂历，既可满足社会需要，又可开拓广告收入来源。

报人们有必要重新审视自己的工作及产品。在网络特别是移动通信如此发达便捷的今天，新闻资讯已是过剩冗余，而不是短缺饥渴。在这样的媒体生态环境里，还有相当多的报纸记者编辑，仍然把在网上早已传播得没了新意的新闻和评论，用宝贵的纸张印刷出来充数。

如今几乎每份报纸都存在过时信息与炒冷饭的问题，就我阅读所及，没有一份报纸能够做到全部稿件都是首发、独家。事实上，即使是版面最多、信息量最大的报纸，也有至少百分之八九十的内容，是大家在广播电视或电脑手机上已经看过的。

在目前的媒体生存条件下，减版将是大势所趋。报人们需要重新调整价值观，在采写编发每篇稿件时都应评估一下：这值得用纸印出来吗？

报业成贪腐重灾区

盘点2013年全国公开通报的贪腐案件，有相当比例的涉案者是报业人士，仅2013年12月，就陆续传来多地报人"出事"的消息。其中包括：山东大众报业集团原副总经理梁洪文被检察院立案查处；河北省廊坊市委常委、政法委书记、曾任《河北日报》报业集团副总编辑肖双胜涉嫌严重违纪违法问题，被省纪委立案调查；《北京青年报》IT版主编熊熊因涉嫌受贿，被北京市朝阳区检察院批捕；《京华时报》汽车版主编杨开然涉贿被抓。这种现象值得我们警醒。

改革开放后，报业逐渐与市场接轨，不少报社进行了企业化改革，这促进了报业的经济发展与市场繁荣，壮大了报业的经济实力。但总体而言，作为企业的报社监管机制不健全，经营管理手段落后，主管单位基本上只抓政治宣传，不过问经营管理，因此，客观上存在很多漏洞。再加上报纸的广告与新闻宣传界限不清晰，客观上为寻租行为提供了空间，而有些报人认为法不责众，把一些暗箱操作视为"民不举官不究"的潜规则。可以说，国内报社极少有严格按照企业规范运作的，因此很难经受专业的审计与调查。

纪律与法律是高压线，遵纪守法是全社会每个人的基本责任。在当前的形势下，报纸工作者有必要加强法制教育，严于自律，防患于未然。

（发表于《中国报业》杂志 2014 年第 1 期）

2014年中国报业：正视困境　亟待转型

2014年是中国传媒市场格局与生态环境发生深刻变革的一年，微信继微博而兴，手机移动互联网市场高速成长，催生了一个又一个网络新贵，而传统广告与发行市场状态进一步恶化，导致报业经济效益持续走低，发展正面临空前困境。在中央相关部门的政策指导与推动下，报业开始把工作重点放在转型、创新、发展，相继出台媒体融合战略，以期通过融合促进发展。

回顾2014年中国报业发展状况，形势严峻，难题不少，报人应当正视困境，积极谋求转型发展，才有新的出路。

报纸品种只减不增堪忧

2014年1月1日上海报业集团旗下的《新闻晚报》正式停刊，这份原属解放日报报业集团的都市类报纸，创刊于1999年，当时目标是与文汇新民联合报业集团的《新民晚报》正面竞争，以抢占上海报业市场可观的份额。在2013年解放日报报业集团与文汇新民联合报业集团合二为一后，竞争者成了一家人，而市场大势又不景气，兼并整合就成为水到渠成之事。上海报业集团的另一份报纸《房地产时报》也于7月宣布休刊，这也是房地产市场降温的直接影响。

上海文广集团的《天天新报》也在4月宣布休刊，据称其发行量高达50

万份，退出市场的原因显然也是看空纸媒市场。

2014年国务院为小微企业与新办企业注册登记广开方便之门，出台了一系列政策，促进企业数量的增加，以确保经济有可持续的活力。如果把新闻出版行业作为国民经济的一个组成部分来对照分析，显然成为一个薄弱环节。虽然最新统计数据的出炉还有待时间，不过，2014年停办报刊的消息不断传出，而新办报刊的消息则几乎没有。

经过多年努力，主管部门逐步建立了报刊的退出机制，报刊的主管主办方可以停办报刊，但目前并没有建立开放的转让交易平台，只能在报刊业内部寻找下家。而在纸媒不景气的今天，报刊业外愿意出资购买报刊的即使有，也不见得具备报刊经营资格。这就是各地陆续出现报刊停办而刊号几乎等于永久放弃的原因。

对于文化产业与新闻传播事业的发展繁荣来说，报刊品种多多益善，近来的报刊停办风，值得业界警惕，有关主管部门也应加以重视。因为说到底，一个国家新闻出版事业的健康发展，离不开新办报刊。

老品牌小众报纸相继停刊

2014年中国报业的坏消息接踵而来，其中令人惋惜的是几家老品牌小众报纸的停刊。

河北日报报业集团的《杂文报》年底宣布停刊，官方说法是集中力量办好《杂文月刊》。一家报业集团拥有两张定位基本相同或相近的报刊，并不是个别现象，而是20世纪末组建报业集团过程中，由于行政力量主导划转兼并，导致重复建设，事实上是一种自己和自己竞争的内耗。

此前，上海报业集团宣布《文汇读书周报》停刊，其内容作为一个周刊并入《文汇报》。《文汇读书周报》是国内读书类报纸中的老品牌，在文化学术界与出版界有着良好声誉。当然，其定位也决定了广告发行效益都很有限。作为市场导向的企业行为，《文汇读书周报》的停刊在经济效益上是合算的，不过，作为文化传播的阵地，此举是得是失就见仁见智了。

在成熟的报业市场，报纸的专刊副刊或附带杂志，既可以随主报打包发行，也可以由读者选择单独订阅。在细分市场里，相当多的读者可能只愿意订阅自己感兴趣的专刊副刊或附带杂志，而不想订阅一揽子整份报纸。

这一轮小众报纸停刊风，反映了纸媒的生存环境日趋严峻，各家集团的决策者开始理性地算经济账，把小众报纸视为鸡肋甚至负担，选择停刊。

至今中国报刊的刊号交易平台仍未建立健全，导致资源配置主要由行政力量主导，没有向业内开放，这种现状限制了刊号资源的再利用。而在现有报刊主管主办单位看来，自己已有的报刊都应付不暇，处于守势，大都无心再攻城掠地谋求新的刊号。而没有报刊刊号的单位，也无从得到相关信息，没有公开的渠道与窗口申请刊号。

当然，也有个别例外。如5月21日《中国包装报》宣布停刊，因为连年亏损，中国包装总公司放弃了报纸经营权，将其转让给卫计委，变更为《中国家庭报》，资产与人员整体划转。

记者站回归采访本位

这一年，中央主管部门对新闻单位驻地方机构进行了清理整顿。2014年，有多起驻站记者被公开通报批评的案例，记者站成为新闻界不正之风的重灾区。

设立报社记者站，在计划经济时代完全是为了方便采编工作，事实上，直到20世纪90年代，全国性报纸驻各地记者还主要以采写所驻地方新闻为主要业务，基本不涉及发行与广告。而进入21世纪后，随着报业经济的发展，特别是在同级媒体不得监督同级党委工作的政策普遍实行后，来自上一级或中央级媒体的驻站记者，有了更大威慑力。而与此同时，报纸在市场中的生存压力也日趋严重，相当多的报社都给驻站记者压上了跑发行、拉广告的任务。这种一身兼二职，利用报社驻地方代表的身份，在完成采编任务之外还要完成经营任务，迅速改变了驻站记者的价值观。特别是正常发行与广告经营不善的报社，驻站记者就被视为报社经济效益的重要来源。

以往中央级报纸驻站记者并没有行政级别，在20世纪八九十年代，站长也就是副处级正处级，最高不过副局级，在干部管理上，记者站站长级别不高于管理驻站记者的记者部副主任。但是，在报社对驻站记者的角色有了新的要求后，为了在看重级别的地方上工作方便，各报驻站记者都开始争取提高级别，很快各报记者站站长都与总部记者部主任平级，哪怕所负责的记者站只有一两个工作人员。这样一来，驻站记者的官气与商气就在所难免，经济上出现问题也就自然而然了。

记者站的问题根源在于采编与经营的界限划分，事实上，各地都有报社在实际操作中让记者编辑拉广告跑发行。2014年底被通报批评的《张家口日报》就是一例。据报道，2000年以来，张家口日报社以文件形式向包括采编人员在内的报社全体员工强制摊派《张家口晚报》发行任务，完不成任务者在工资中扣除全年报款。2013年初，张家口日报社成立"城建新闻部""家居建材新闻部""汽车新闻部"等13个所谓"专业新闻部室"，将采编与经营人员及业务混合管理，违反了"采编与经营严格分开"的相关规定。

显然，新闻工作的采编与经营必须分开，让记者编辑回归专业本位，才是正途。

反腐运动波及报人

2014年最值得注意的大事之一，显然应该包括党中央出重拳反腐，老虎苍蝇一起打，上到曾任政治局常委的高官，下到科处级贪污受贿上亿元的巨腐小官，中纪委每隔一段时间就公布一批查处违纪违法官员的名单，显示了中央严惩贪腐分子的决心与力度。报业也有多位老总或原老总涉案，有的甚至引发舆论哗然，如广州日报社原社长戴玉庆在2014年的两次开庭审判，每次都引起众说纷纭。过去若干年，报业内的潜规则与法不责众现象，导致了各报社高层管理者或多或少存在有意无意在经济方面踩线的行为。

作为事业单位，20世纪90年代以来，各级报社一直努力搞企业化管理、市场化经营，但本质上社长总编辑仍然是组织部直管的干部，是不折不扣的官员，而现行报业体制又不可能完全按照企业法则运行，可以说，中国报业经济有先天性缺陷，是由官员来管理企业。这种模式，一方面让老总们可以同时得到官员与企业家两方面的好处；另一方面，也就必然隐藏着同时要受官员与企业家两方面的制约。报业老总成为常年走在河边的人，却被严禁"湿鞋"，这是非常严格的要求。

这一年，反新闻敲诈成为舆论焦点，报业成为重灾区。随着薛蛮子、黄海波等人嫖娼案第一时间在央视曝光，"上央视"成为一种有特定寓意的待遇。遗憾的是，这一年享受到这一"待遇"的报人不止一位，《新快报》事件与《21世纪经济报道》事件就是影响最大的两例，而陈永洲、沈颢等人之所以被捕，据官方消息，是涉嫌利用报纸进行有幕后交易的诽谤与敲诈。

报业转型的媒体融合战略

报业转型发展，走媒体融合之路的战略，是中央有关部门的政策精神，也是这一年来各级报社最为关注的头等大事。报业转型的动力既有自身纸媒深陷困境的内在因素，也有外部环境的刺激。

2014年，阿里巴巴在美国上市，市值一度达到2314.4亿美元，超过了摩根大通、FACEBOOK和IBM。现在的阿里巴巴不仅在规模与效益上超过了浙江和北京的任何一家报社，甚至在收入上远远超过了全国报业收入的总和。据悉，阿里巴巴集团平台上半年总成交额达到9400亿元人民币，32.8%的交易在手机上完成，而收入同比增长9倍多。这样的实例，对报业来说是莫大的刺激。

阿里巴巴起步于1999年，在中国互联网市场算是老企业。新企业中也有快速成长的典型代表。陌陌2011年上线，截至2014年7月10日，陌陌总用户数已超过1.5亿。2014年11月8日，陌陌向美国证券交易委员会提交IPO申请，拟融资3亿美元；2014年12月12日，陌陌科技登陆纳斯达克。一个前两年还被调侃为有某种含义的应用软件，就这样在我们眼皮底下成长为大公司。

由于网易对陌陌创业团队的公开批评，引发了一番骂战，而当事主角之一李勇是作为陌陌投资人身份出现的。大约10年前，搜狐网邀请我主持做过一期传媒业访谈节目，李勇当时的名字是李甬，还在一家国际企业家杂志任职，而他起步的地方是工人日报社。由报而刊而互联网，李勇是这一职业路线的典型代表。这也是许多传统媒体人离职创业的路线之一。

内因外因的刺激都在迫使报业对媒体融合，也就是移动互联网市场刮目相看。

2014年7月，上海报业集团"澎湃新闻"全面上线，这是上报集团新媒体重点项目。"澎湃"坚持原创，是全新的新闻产品。据称，"澎湃新闻"的客户端下载量已超过200万，日均访问超过200万人次，日均页面访问量达1400万。这是国内报业转型媒体融合最为引人关注的案例。

从中央到地方，各家报社紧锣密鼓，都开设了官方微博、微信公众号，成立全媒体工作室，但实质来看，除少数几家，大部分报社从机制到人才都基于原有模式，新瓶装旧酒，味道也就是老味道，缺少新意。而且，更多项目只是一种完成上级指示任务的工作姿态，并非真正的市场行为。

客观地说，报业热衷于发展融媒体，在现阶段更多的是一种紧跟政策形势的潮流，一些报社连纸媒的市场资源都没能充分开发利用，在这种心态下，搞哪种转型都可能是白费力气。酒不受市场欢迎，换什么瓶来装也没用。

（发表于《中国报业》杂志2015年第1期）

2015年中国报业：黑云压城城欲摧 救市出路在何方

中国报业面临空前严酷的寒冬。报纸如何过冬是一个全行业都无法回避的课题。

2015年中国经济面临着越来越大的下行压力，宏观形势之严峻体现在各个领域。这一年经过"疯牛"而转入股灾，监管当局出手救市后又遭到恶意作空的对抗，资本市场暴风骤雨残酷搏杀。这样的背景下，互联网与移动通信继续野蛮生长，报业的受众与广告客户大量流失，与此同时，报业的人才也在快速流失，内容生产的质量与水平普遍下降，总体而言，报业处境雪上加霜，岌岌可危。

改革开放以来中国报业持续三十多年的增长，使相当多的报社积累了一定的家底，近几年经济效益每况愈下，到了2015年，在连续几年利润负增长之后，有些报社的资产逐渐削减，坐吃山空，大部分报社经不起这样掏家底，因此必须有足够的精神准备。在报业整体转入微利甚至亏损后，从业人员不得不调整待遇和福利预期，古人说得好，由俭入奢易，由奢入俭难，报人们对过紧日子、苦日子还需要一个适应阶段。

大众创业、万众创新是中国经济新的发动机，在中国报业市场同样适用。不夸张地说，中国报业老本已经快吃完，要生存要发展，整体上面临着再次创业的形势。不创业只有死路一条，不创新只有死路一条。

股灾之后，在监管当局积极推动下，国家队出手救市。报业过冬，也需要有救市措施。

广告发行双下降幅度惊人

在我国，报纸发行量数据始终难以保证准确真实，但报社用纸量基本可信。据中国报业协会对全国93家用纸量大的报社近两年调查数据显示，2015年比2014年用纸量增加的有18家，比例为19.4%；减少的有67家，比例为72.0%；持平的有8家，比例为8.6%。综合各因素推算，2015年全国报业用纸量约为221万吨，相比2014年的270万吨减少49万吨，约下降18%。据预测，2016年全国报业用纸量约为201万吨，预计比上年减少20万吨，下降约9%。报纸用纸量的下降意味着发行量的锐减，这一信息是明确无误的。

同时，自2012年以来，全国报纸广告已连续3年下降，严重程度不仅是腰斩，以广告款实到数字计算甚至是腰斩之后再对折。据统计，2015年前三季度，全国报业广告降幅达34.5%，触目惊心。可怕的是，这一下降毫无逆转的趋势，而是加速下滑。

体制内报纸坐享红利

2015年比上年用纸量增加的18家单位中，有10家中央级报社、2家省级党报、6家地市级党报。据了解，近几年党报系统不约而同地出现了发行量不降反升现象，应该说，这与其内容质量以及营销策略关系不大，而主要是政策红利带来的。事实上，中央的八项规定、六条禁令以及反"四风"，导致全国各地各行业的"三公消费"大幅度削减，相当多的党政机关企事业单位也即党报发行的主要目标对象由过去钱不够花、舍不得用来订报，变成钱花不完、不敢乱花、只好订报。

值得注意的是，体制内报纸发行纷纷上升，并不是报纸内容质量提高的结果。体制内报纸提高新闻宣传工作水平，仍然有很大空间可为。发挥好喉舌作用不是低水平新闻宣传的借口，在官本位的侵蚀下，一些报纸在业务上敷衍应付，喉舌功能蜕化。

2015年报业市场更进一步凸显并强化了体制内报纸的优势，市场化报纸则面临全线沦陷崩盘的危局，因为市场化报纸进入不了公款订阅的名单，而在个人订阅市场，萎缩基本是常态。三十年河东三十年河西，中国报业2015年市场走势，令人扼腕叹息。

报纸停刊成风呼唤二级市场

这两年报界习惯了上海的报纸传出停刊消息。2015年《上海商报》《上海壹周》《外滩画报》又纷纷休刊。7月1日起，活跃近17年的云南昆明《生活新报》正式无限期休刊。创办4年多的湖南《长株潭报》也于2015年9月21日正式休刊。

以往报纸停刊往往还会改名易主卷土重来，但这两年情况不同了，到目前为止，各地停刊或休刊的报纸，都明显是企业破产清盘的路数。

报业本质上不是资金密集型行业，家底有限，一旦年景不好，坐吃山空，很快就难以维持。在体制内资产划转与协议合作性质的合办、协办之外，报业企业的产权交易如果不放开，就意味着报业市场没有抵御风浪的能力。

报纸刊号与资产的二级市场有必要尽快建立，对于经营不下去的报刊来说，不能只有死路一条，理应让其有转世再生的机会。

如何重振报业士气

对于报业的领导者来说，当前最大的难题是如何重振队伍的士气。当然，现实太残酷，大家不得不正视。前些年在报业上升时期扩张过度的报社，身处逆境中不得不削减队伍。《华商报》2015年8月大幅裁员，《楚天都市报》2015年5月进行裁员增效，有60多名员工下岗分流。

从一家报社跳槽到另一家报社的报人，近来已很少听说，现在的潮流是改行告别报纸。《第一财经日报》总编辑秦朔、南方报系的陈朝华等一些报业风云人物，都在2015年华丽转身告别了报纸。广东报业由过五关斩六将转入了走麦城时期,这是当代新闻史的重要转折点。

报业士气低落的另一表现是纸媒记者沦为弱势群体。2015年报纸记者被打一再成为新闻热点,年初《南方都市报》记者暗访当地官员公款吃喝被打,后来又爆出《法制晚报》《楚天都市报》记者采访中被打的事件,这些一线记者都是在从事负面新闻采访时被打被抢,这反映出各地党政机关工作人员对新闻媒体的态度普遍是"非请莫来",除了进行正面宣传时邀请来作为贵宾热情招待,进行舆论监督或客观调查时,大都明确表示记者"不受欢迎"。

值得指出的是,2015年全国范围最引人关注的焦点是重拳反腐"老虎苍蝇一起打"与落实八项规定,报界虽然不是重点,但也算是多事之秋。

新疆日报社党委书记、总编辑赵新尉,长沙晚报社社长张可夫,湖南日报社社长覃晓光,湖南日报社副总经理薛伯清,青岛报业传媒集团副总经理王海涛均被查处,在通报中其职务前都被加上了"原"字。在被依法查处的之外,还有多位报人因为违犯八项规定受到撤职、免职等行政处分。2015年年底二十一世纪传媒总裁沈颢,以敲诈勒索罪、强迫交易罪等数罪并罚,被判处有期徒刑四年。

这一年涉案的记者还有原《南方都市报》记者刘伟,其因在江西王林案"参与其中",被取保候审。另一位记者刘虎在被羁押一年多后,被免予起诉,他实名举报的原华润董事长宋林被双开并绳之以法。

报业迫切需要出台政策救市

报业经过三十年发展,从业人员的经济意识得以强化,适应了在商言商的价值观,在报业市场形势恶化之后,业内认为中国报纸品种过多,赚不到钱的报纸就应该死掉,或通过市场竞争并停亏损报纸的观点流行起来。这种主张不符合中国新闻事业的基本原则。报纸不应当完全等同于商品,办报也不应当完全等同于经商。报纸的社会效益属性始终应当占据首要地位。事实上,中国的新闻宣传事业至今为止也没有把报纸视同普通商品,仍然把报纸视为信息传播、知识探讨、思想交流、舆论影响的重要载体,办报本来出发点与目的并不仅仅是为了赚钱,因此,利润少了甚至无利可图,不该成为报纸生死存亡的决定性因素。

报业市场遭受严重下行压力,主管部门有必要出台救市措施,事实上,只要政府出手救市,报业就能度过这轮空前的危机。

报业自救按道理说是可行的,但若是可以自救的话,各家报社早就各显神通拯救自己了。毋庸讳言,目前处于困境的报业老总们心有余力不足,实在没有办法应对面前的难题。我们的报业管理体制决定了报纸领导与管理者是任命制,因此,救市也必须由政策层面出手,才可能真正激发出报业队伍创新的潜力与活力。

倡导报人创业创新

在体制内新闻宣传领域,新闻单位的排序至今基本是党报、电视、广播、互联网,而现实覆盖率与影响力其实完全倒挂。解铃还得系铃人,报业要救市,首先需要政策层面予以重点支持。在报业开展创业创新时,一个重要的问题是应当在改革中去除官本位,才有可能激活报业队伍里被束缚了的能量。

20世纪80年代行之有效的承包制、竞聘上岗、停薪留职等做法,如今在报界仍然不失为改革的方向。重庆日报报业集团效法企业界实行内部孵化创新,鼓励员工内部创业,对内部创业的员工实行停薪留职三年,并给予宣传推广以及资金方面的支持。

中国报纸的创新空间还很大,不乏空白点。以地铁报为例,由于手机的普及与地铁的过度拥挤,在北京地铁乘车时读报已经是极个别的偶发现象,这不仅仅是阅读习惯的问题。事实上,在地铁里读报只能是有适当空间时才有可能,在高峰时段很难保证。传统的对开、四开报纸版面尺寸都不适合在地铁里翻阅,这一显而易见的事实,似乎至今没有被办报的人注意,也未见有尝试八开甚至十六开地铁报的例子。

资本日益频繁介入报纸

作为互联网巨头的阿里巴巴公司,2015年对报业表现出格外的兴趣。2015年年底,阿里巴巴宣布收购《南华早报》及相关媒体资产,价格为20.6

亿港元约合 2.66 亿美元。此事对中国大陆报人来说，可谓五味杂陈。

2013 年，贝佐斯以 2.5 亿美元的价格收购了美国老字号主流媒体《华盛顿邮报》，当时在全球报业与互联网界引起轰动。两年后阿里巴巴此举即使不是效仿贝佐斯，也是步贝佐斯后尘。阿里巴巴在 2015 年还与《四川日报》《新疆日报》等多家报社合资，共同进军新媒体，显示出对新闻传播行业的青睐。

对于阿里巴巴收购《南华早报》，外界议论纷纷。此事显示了阿里巴巴管理者对报纸的兴趣并没有因为市场行情而衰减，收购号称香港最有影响力的英文大报，当然不是为了经济利益——问题是，阿里巴巴为什么不收购内地的报纸？如果内地某些报纸有被收购的愿望，企业界也有收购报纸的愿望，本来通过资本市场可以解决报业的救市资金。报纸特别是转企后的报纸，并没有建立起真正的产权交易市场。

没有鼓励创新创业的市场准入机制，没有健全的市场转让与退出机制，报业机构要想在熊市里活下去并有所发展，是不太可能的事情。

报业去集团化或成为出路

在近来席卷传媒市场的风暴中，相对而言状态还好的报纸大都是地市报，这一方面是因为地市报包括县市报规模小、扎根深，另一方面是其可替代性不强、相对垄断或与一两家报纸瓜分市场，容易存活。例如《江阴日报》作为县级市报，就表现出超强的市场生命力，受大势波及，虽然也出现了超过 10% 的营收缩水，但因为多样化经营走在了前头，分散了市场风险，基础牢固。

这几年，新办报纸凡是定位小众市场的都还长势良好，如《藏书报》，虽然读者群体有限，但品牌忠诚度极高，发行与广告都能做到稳中有升；还有一些新办报纸依托渠道优势，如《中国书法报》通过中国书法家协会保证 3 万多名会员订阅，作为发行主体与基础，不失为一个发展方向。

在当前的形势下，报业集团就相当于泰坦尼克号巨轮，遭遇冰山与风暴后，危险系数很大，反倒是救生艇与小舢舨虽然抗风浪能力差，但灵活机动，成功获救的机会要大得多。报业同行要面对现实，清楚认识集团化也许并不适合熊市，特别是靠行政力量撮合的报业集团，不如让成员报纸八仙过海，自求生路，可能才是更好的策略选择。

"两微一端"台好搭戏难唱

2015年，中国网民数量已高达6.7亿，其中移动互联网的用户规模达到7.12亿，微信活跃用户突破6亿，仅微信公众账号总数就已超过1000万。腾讯微信公众号、今日头条、一点资讯和澎湃新闻先声夺人，各家报纸都在瞄准这一热点领域进军。

"两微一端"在报业已经普及，连最保守的报社也会投入可观资金和人力建设"两微一端"，但是，迄今为止大都是用传统的报纸采编流程与管理模式运作，人才与观念并未与市场接轨，在传播中与手机、互联网上的微博、微信、客户端市场，明显存在着两张皮的问题。除个别报纸外，大多数报纸的"两微一端"能够吸引的受众数量有限。据人民网2015年互联网舆情分析报告显示，2015年500件社会热点中，44.4%由互联网披露，可以明确源于"两微一端"的占12.8%。这充分反映了舆论传播现实格局。

报社的"两微一端"与此前的报纸电子版、报纸网站是同一生成机制，在市场中的发展方向也高度趋同，因此，一些报纸在纸媒发行与广告日益衰落的形势下，把出路寄托在"两微一端"上，其实是不现实的。对于官媒来说，有政策，无论是纸媒还是电子媒体都同样可以活，但这是不能断奶的活法。

受众的人口统计学分布规律，报纸读者以40岁以上人群为主，而"两微一端"的使用者以40岁以下人群为主，两大群体的阅读习惯与阅读选择倾向泾渭分明，存在着信息代沟。认识不到这一点，无视或忽视信息代沟的存在，就会在传播中做无用功，或者是"对牛弹琴"。

要办好报社的"两微一端"，必须树立传播效果导向，要看受众的评价，而不能只看领导的评价。报业近来热衷于搞中央厨房、全媒体整合转型，不断有新品上线，但剖析动因大都不是市场驱动，在人才队伍上亦多采取"新瓶装旧酒"的方法，基本与市场价值观脱节。

（发表于《中国报业》杂志2016年第1期）

2016年中国报业：车到山前必有路　路在何方

2016年对中国报业而言是空前严峻的一年，纸质报面临的市场形势继续恶化，如果就年度财务进行统计，虽然有少数报社还有老本红利可吃，但总体而言报业作为一个行业有跌入亏损之势。置之死地而后生，转型媒体融合发展成为报业的求生之路。

在生存还是毁灭的挑战面前，报业抱团取暖的意识明显加强，在这一年，报业横向合作以及跨界合作大幅度增加，如全国20多家省级党报联合发布版权保护宣言，但是与互联网海量的信息转发者、寄生者相比，如果没有司法部门的强力加持，报业单方面的版权保护宣言很难达到预期目标。

党报发行逆市增长

2016年以中央主要党报为代表的党报发行工作，可以用逆市增长来概括。这似乎有些不可思议，但是就我所了解到的几家党报的情况，发行量的上升是实实在在的，并没有虚夸与注水。在报业总体市场断崖式萎缩的大环境中，如何理解认识党报发行不降反升，就需要考虑到更宏观的政策背景。客观地说，2016年党报的发行量上升，与市场因素关系不大，而是在十八大之后，随着"反四风""八项规定"的全面落实，全国范围公款开支发生了结构性调整，相当多的单位"三公开支"大幅减少，有些单位甚至有钱花不出去，过去舍不得订报或没经费订报，现在订阅党报是明文予以肯定的工作开支，党报发行工作力度再顺势加强，发行量上升就顺理成章。

党报的管理层没有为发行量的上升而飘飘然，因为大家很清楚，实际阅读率与影响力并没有与发行量增长保持正相关，党报的有效发行所占权重事实上是在下降。可以说，党报发行从来不是单纯市场行为，因此无论是下降还是上升，都不能单纯从经济角度分析。

虽然党报的发行量上升，但是更多的其他类报纸特别是都市类报纸发行仍然加速度下跌，据统计，2016年中国新闻纸总产量较2015年下降23.4%。

《人民日报海外版》扩版

在全国报纸普遍减版的大潮中，2016年3月1日起《人民日报海外版》扩版，由每天对开八版扩为每天对开十二版，版面增幅高达50%，扩版的目标显然是追求社会效益而不是经济效益。

《人民日报海外版》创刊于1985年，除主报《人民日报海外版》外还有一个新闻网站（海外网）、一个手机客户端（海客新闻）、多个微博账号和微信公众号，其中侠客岛在网络上非常活跃，有一定的品牌影响力。

全媒体融合发展八仙过海

2016年是全国报业从上到下全力进军全媒体融合发展的一年，从中央党报到地方报，融合发展成为报业共同选择的突围方向，也是各报投资的重中之重。

11月17日，经中央文化体制改革和发展工作领导小组办公室批准，由广东省委宣传部牵头，南方报业传媒集团和广东广播电视台共同组建的南方财经全媒体集团成立，这是国内第一家全媒体集团。南方财经全媒体集团通过跨媒体资源重组，拥有原分属南方报业传媒集团、广东广播电视台的财经类媒体业务资源和经营性资产，将重点发展媒体、数据、交易三大业务。

《人民日报》数字报宣布停止收费

12月21日人民日报社发布了通知，决定从2017年1月1日起取消《人民日报》数字报收费。

报纸的数字版是收费还是免费，在报业一直是有争议的话题。西方一些报业企业特别是主流权威报业企业，过去这些年已有多家采取收费策略，把数字版收费作为经济增长点，这是一些报纸网络发展的重点方向，如《纽约时报》《华尔街日报》。对于以赢利为目的的传媒公司，这样的战略有充分的理由。

自2010年1月1日起《人民日报》电子版服务进行收费。早在2007年，《温州日报》推出全国首份付费订阅的数字报纸。

国内报纸的数字版收费，所遇到的最大障碍是产品缺少刚性需求，因为报纸内容高度同质化，独家权威内容相对较少，同时，报纸的目标读者群本来就不是瞄准网络用户，内容也并不是为网络用户量身定做，此外，营销模式与收费付费形式也与党报发行渠道基本上不搭界，因此，其实并没有市场基础，数字版的付费用户数量有限，但是收费的门槛又把本应拥有的庞大用户群挡在了门外，经济效益无利可图，社会效益再大打折扣，当然就得不偿失了。

作为中共中央机关报，《人民日报》的地位与性质不是盈利性传媒，传播党的主张、引领舆论是第一位的，因此，数字报取消收费势在必然。

值得一提的，2016年4月5日，上一年被阿里巴巴收购的香港《南华早报》宣布在线版和移动版向全球读者免费。

报业核心竞争力仍在于内容

纵观国内报业的全媒体新产品，比较引人注目的有上海的澎湃、界面，靠独家深度报道立足，尤其是澎湃在国内各地突发事件的报道中频频派出记者，已经俨然成为一家全国性的新闻机构，发稿量与传播范围非常可观。澎湃的卖点是新闻，是深度，在很大程度上成为新华通讯社与中国新闻社的强劲竞争对手。

人民日报全媒体平台也比较成功，年底新推出的一个名为"麻辣财经"的产品，以经济部跑财经的采编人员为骨干，选择受众感兴趣的热门财经新闻选题，采取特稿的形式，亦庄亦谐，针砭时弊，解惑释疑，不回避尖锐问题，不含混其辞，风格泼辣而又富有原则性，把可读性与政策立场结合得很到位，放下财经报道评论一贯的严肃说教的架子，嬉笑怒骂，用人们喜闻乐见的语言与形式解读新闻、评点财经，很快打开了局面。

"麻辣财经"的产品是全媒体发布的，包括发表在《人民日报》的版面上，而且打破了传统的部门行业分工，如在2016年12月中旬北京破天荒连续六天红色预警后，麻辣财经推出《雾霾来袭 原因何在》，刊登在12月21日16版"生态"头条位置。

有了传播平台，真正重要的还是内容，主流媒介的采编部队应当加强内容供应生产能力，有了叫座的戏，有了叫座的角儿，戏台才有观众，在移动互联时代，受众对信息的选择余地极大，再也不会有过去那种占有了渠道或平台就拥有了传播力与影响力的情况了。

报纸休刊停刊成为新常态

《京华时报》宣布将于2017年1月1日休刊，人员由主管主办单位导入转岗分流程序。

报纸停刊这股寒潮已经持续了几年，2015年有将近30份报纸、杂志选择休刊或停刊，其中《生活新报》等报纸的停刊还成为坊间社会新闻的题材。进入2016年，报纸停刊虽然仍然牵动报人的关注，但是舆论已经平静了很多。中国报业虽然至今未能完全市场化企业化生存，却不得不适应市场化企业化的死亡模式。

《东方早报》的周末《上海书评》专刊，也结束了纸质出版，转由澎湃发布网络版。这种转型虽然在内容上或许保留了原有格局，但是，纸质媒体在天生特点上适合长篇学术性文章与评论，而微博、微信公众号本质上并不适合做专题学术探讨。

周末两天的报纸还出不出？

11月15日《中国青年报》在头版发表评论员文章宣布2017年全新改版，周六、日不再出版纸质报纸，此举引起广泛关注。

党报与团报都是主要依靠公费订阅的报纸，与自费订阅到家的报纸有本质上的区别，公费订阅的报纸都存在一个周末两天事实上无法到达读者手中的问题，周一再看周六、周日的报纸，基本上没了时效性，新闻全成了旧闻。另外，周一正是工作最忙的日子，三天报纸同时到工作单位，读者根本看不过来。这是报业众所周知的问题，《中国青年报》率先走出了一步，反映了共青团系统更务实、更接地气、更富闯劲。

各家报纸近些年都在周末采取了收缩版面的策略，一般只出八个版，但是报社实际就必须一周七天全运转，周六周日两天的报纸生产在人力物力投入上也相当可观。周末不出报，算经济账差不多可以节省近五分之一的开支。

《中国青年报》在2017年停止周末出报，是作了充分的论证与准备、铺垫的，在全媒体转型过程中，逐步调整过去纸质报所承担的过多任务，开源节流，在保证新闻宣传的质量效果的前提下，实事求是地减少不必要的开支，是一条可行的道路，相信随后会有更多的党报采取相同的策略。

（发表于《中国报业》杂志2017年第1期）

2017年中国报业：急需闯出新路

2017年新年伊始，中宣部就召开会议专题座谈推进媒体深度融合，强调抓好"中央厨房"建设作为龙头工程，中央新闻单位由此展开了一轮重点工程建设。媒体深度融合这一报业发展的方向是明确的，但是，具体到每家报社的出路还需要因地制宜。出路问题，成为摆在2017年中国报业从业人员面前的当务之急。

近几年来从中央到地方各级党报都在倾尽全力打造融媒体，积极建设两微一端，寻求在手机移动互联网的平台上开拓新天地，盘点2017年，算起总账来，不少报社都还能拿出可圈可点的成绩单。据统计人民日报社的客户端广告收入已经超过了纸质的《人民日报》广告收入，成为创收主力。这应当会是今后几年党报的发展趋势。

中国的报业是伴随改革开放的进程而成长的，经过近四十年的持续增长与积累，中国以党报为主体的报业市场，已经形成了相当可观的产业规模，无论是有形资产、不动产还是无形资产，都攒下了厚实的家底。近几年来因为移动互联网的崛起，兼之报业没有能及时调整应对策略，报业市场连年萎缩。

客观地说，2017年中国报纸全行业都处在空前的市场压力之下，进入第四季度，报刊关停并转的传闻此起彼伏，虽然各级党委机关报都岿然不动，前些年创办的各类市场化媒体却风雨飘摇。全国报业的经济规模急剧收缩，毋庸讳言，报纸从业人员的士气也受到影响，生存焦虑开始漫延。进入下半年，印刷用纸价格出现大幅上扬趋势，对于报业来说可谓是雪上加霜。

信息传播领域正在发生前所未有的变革，报纸也面临着进入一个没有现成道路可走的新时代。鲁迅说，世上本没有路，走的人多了，也就有了路。中国报业如今正是山穷水尽疑无路，亟需闯出一条条新路。

党报是否可以无纸化？

报纸作为大众传媒的一个重要门类，在手机移动通信的铺天盖地海量信息挑战竞争中，处境日益困难。党报作为内容供应者，是否可以脱离纸媒形态，以新媒介继续发挥"报"的功能？这既是理论问题，也是现实课题。

2017年4月1日，雄安新区横空出世，作为千年大计，雄安新区的建设在一定程度上有风向标的示范意义，值得密切关注。按照以往深圳等特区的经验，雄安新区成立后，会创办相应的党委机关报。但是，11月12日中共雄安新区工委党校正式成立，据了解，并没有创办党工委机关报的信息。事实上，雄安新区党工委发布政策与各种官方信息的媒体，到年底为止，只是通过一个名为"雄安发布"的微信公众号与官方微博账号，6月29日"雄安发布"微信公众号推送第一条信息，人民日报社随后抽调出队伍到雄安媒体中心援建，成为新闻战线最早入场雄安的单位。

雄安没有创办纸质的《雄安日报》或《雄安新区报》，反映出的是雄安新区务实的精神，这在当前的信息传播市场，不是孤立偶然的事例。

在这样的形势下，相当多的报业人士对报纸的生命力不再那么有信心，决策者也都把出路与发展方向以及人力物力寄托在融媒体战略上，报纸主业也即纸介质的报纸，成为坚守的阵地，不再寻找突破口，也缺乏创新动力。报纸还有没有生存空间？报纸的未来是否只有死路一条？从业人员不得不认真严肃地考虑这些问题。

其实，在世界范围，电子媒体并没有成为报纸的终结者。因为报纸有自身不可替代的价值。与报纸相比，微信公众号与微博以及视频、直播的传播范围更广、传播速度更快、受众规模更大，但是，在传播特点上纸媒的方便保存、方便查阅、方便展示、方便对比，而且有物质上稳定性、可靠性、权威性，仍然是微信、微博所无法取代的。这原理就如同重要的法律文件与合同离不开纸介质一样。因此，在可以预见的未来，除了像雄安新区这样的特例以外，报纸特别是官方主流报纸还不可能无纸化。

《人民日报》成为全媒体建设领跑者

在全媒体建设方面，《人民日报》成为党报的带头大哥，走在了前面。全媒体建设需要大量的资金投入，但是，俗话说得好，台好搭，戏难唱，台搭好了是为了唱戏，再高端再强大的平台，也只是平台，信息传播事业的生命线是内容，拥有了规模可观的现代化全媒体平台之后，怎样充分开发利用平台，有声有色地唱好主角的戏，才是最重要的关键所在。各家党报的电子版、网络版、官方微博、官方微信公众号以及客户端等互联网新媒体都很年轻，刚创建的时候都是相对独立于党报主报之外的，采编主力也普遍年轻化，因此，完全依靠自身力量，很难承担高水平的内容提供任务。

如何利用现有的办报队伍人才资源，在保证办好报纸的前提下，转型创新，《人民日报》进行了成功的探索。

《人民日报》鼓励编辑部资深专业采编人员自由组合，创立了以生产稿件内容为核心的工作室，如"麻辣财经""侠客岛"，不涉及部门归属与编制岗位、不涉及人员的级别与待遇，各自为战，发挥对所分管领域深耕多年的专业优势，分别就财经、国际等各领域的新闻进行深度报道与灵活报道。稿件一次生产，多平台综合开发利用，传播力得以几何级数增长。

党报的最大资源优势就在于人才，而报业在本质上不是吃青春饭的行当，越成熟越资深，面对复杂形势与问题表现出的专业水平就越高，读者也就越买账。可以说，老记者、老编辑、老评论员是报业的核心竞争力，这与互联网移动通讯行业的年轻化是有显著反差的。

新媒体需要新语言

党报的融媒体发展遇到的最大阻碍来自语言，在党报上一直占主导地位的庄重、严肃、严谨、权威的语言，进入两微一端便会显得不合时宜。只把内容从报纸上移到了网上是远远不够的，党报的融媒体必须使用全新的语言。

必须正视一点，多年来从中央到地方，党报日益机关化，党报的文风亟待转变，要贴切现实、贴近群众。官话、套话、大话、空话在报纸上没有读者，在网上就更没有读者。

新媒体的语言风格与价值观，与主流报纸有蛮大的差异，因此，由主流报纸开设的各种新媒体，其实与真正的原生态新媒体，还是隔着一层。报纸新媒体的报道思路与报道的形式，无论如何努力，在姿态上都有故意放下架子的感觉，而原生态的新媒体本来就没有架子，所以更亲民，更有人缘，也更真实。

在2017年不止一家报社着手打造网红，但是，虽然声势浩大、投资可观，也有一些确实比较突出的成功个案，但是总体效果并不令人满意，因为网红与名记者、名编辑、名评论员一样，本质上应当是自己成长起来的，很难栽培出来的。只有靠提供有竞争力的信息，才会出现网红。比较一下各报打造的网红与网上野生的网红，就能发现语言有巨大不同。语言是文风问题，背后是工作作风问题。

改进报纸质量　追求有效阅读

中国的报业市场有其特殊国情特色，与其他国家的报业所处情况并不完全相同。因此，在美国等西方国家报纸衰亡论甚嚣尘上的时候，如何理性看待中国报业的生存发展，就需要更客观全面、实事求是的态度。既要认识清楚中外报纸市场共同的规律，也要充分认识到中外报纸的差异。

有些问题应当透过现象看本质。近年来，中国党报的发行量增长也是相当普遍的现象，开始研究者无法理解，在报纸大衰退的形势下，为什么有些党报发行量不降反升？尤其耐人寻味的是，发行量大幅上升的党报并没有因而沾沾自喜。这是因为发行量的上升不是单纯的市场行为，而有很强的政策影响因素，"十八大"以来八项规定对公款消费予以严格制约。与此同时，对订阅党报党刊却是大力倡导，两股力量叠加，用来订阅党报的资金充裕，这是发行量增长的决定性因素。

报纸不是只看发行的,是用来让读者阅读的。只完成了发行任务,报纸如果不被读者阅读,实际上形同虚设,是严重的浪费。

网上有个调侃各个行业的段子,其中有一句:"我是编辑我可耻,我给国家浪费纸。"话非常刺耳,但是未必没有现实针对性。在现实中,有多少公款订阅的报纸虽然投递到了办公室,但是根本没被阅读,即使是报社的办公室所订报纸堆在桌上却没人读也并非个别现象。"谁写谁读、写谁谁读",有些报纸就是如此尴尬,甚至连本报的工作人员都不读本报。

报纸有其商品属性,采编印发程序走完之后,报纸到达读者的手中,只是完成了生产营销过程,对于办报来说,只有读者阅读才是真正的消费行为。报纸印出来发出去,读者不读,就是浪费。读者不读的报纸,发行量越大,浪费越严重。

过去报业营销注重有效发行,现在报纸工作应当进一步注重有效阅读。没有阅读率,再高的发行量也是白搭。报纸的阅读量不高甚至不被阅读,原因不仅仅是手机新媒体的竞争与分流,而是相当多的报纸在采编理念与提供的信息质量上没有与时俱进,所提供的内容没有不可替代性。

在手机互联网如此普及如此发达的信息环境里,值得印刷出来让读者阅读并保存的稿件必须有足够高的质量与价值,稿件是不是值得用新闻纸印刷出来,有没有印刷的价值,不能仅仅因为有记者、编辑、评论员需要生产采编产品,而要从消费者也即读者的角度出发,提供读者真正需要的稿件。

报纸品种及版面持续减少

报纸品种以及报纸版面的多少,是反映报业生存状态的重要指标。报纸品种的丰富以及版面的众多,是报人努力追求的目标。遗憾的是,在过去这一年,各地报纸品种总数持续减少,只有停刊的消息,几乎听不到新创办报纸的消息,各报的版面总量,也是直线下降。

党报的创办初衷并不是为了经济效益,因此,不能因为市场不赚钱了就不再办党报,党报所办的子报子刊就不得不随行就市了。2017年《燕赵都市报》停止发行冀中版,冀中保定等地级市的晚报并没有因为竞争者退出市场而形势好转，《保定晚报》2018年大幅削减版面，充分反映出纸媒的窘境。

2017年关停并转的报刊大都是各级党报报业集团的子报子刊。这些市场化报刊的创办之初是作为新的经济增长点，但是随着纸媒市场的直线下跌，子报子刊基本上不仅不再是赚钱的来源，相反，成为赔钱的负担。由于纸媒被普遍看空，以往报刊刊号总数基本冻结，原则上不新批、很长一个时期都被视为特殊资源的报刊刊号，出现了大量过剩，以往一份报刊办不下去了还有业内划转或收购置换的出路，如今报刊维持不下去时，已经难以指望有人接盘，只有销号清盘的选择。因此，出于经济考虑，停办子报子刊就成为报业集团的潮流，20世纪90年代中后期兴起的报业集团建设热潮，到如今盛极而衰，一百八十度掉头，又开始了瘦身建设。2017年中国报纸品种与版面数量持续减少，除非有新的政策救市，这一趋势没有逆转的可能。

《文汇读书周报》2014年起取消单独印刷发行，整体进入《文汇报》的版面序列，不失为既保留子报子刊的原创内容特色而又减少重复开支做大做强主报的一种策略。

报纸作为新闻事业到目前为止还是必须坚守的阵地，不夸张地说，这一代报人没有退路。客观正视市场现实，树立危机意识，进一步深化改革，才会有出路。

盘点一下中国报业的家底，中国报业经过三四十年的增长扩张，跑马圈地，各地都兴建了报业大厦，包括北京在内的很多城市地标性建筑都是党报的物业，过去报业经营利润多，赚的钱都盖了大楼，如今风水轮流转，办报的利润前景已经很惨淡，但是报业大厦因为都地处黄金地段，而且规格高、人气旺，成为极受租户追捧的楼宇，相当多的报社算起经济账来，都要感谢写字楼租金收入，这也是当初报人们始料未及的。说到底，报业家底还是很厚的，只要正视现实，理顺机制，把握好市场机遇，就能开拓出新的生存发展道路来。

（发表于《中国报业》杂志2018年第1期）

2018年中国报业：淘汰落后产能　转型才是出路

中国报业市场在2018年总体发展基本平稳，成绩是主要的。当今世界处于"百年未有之大变局"，这一点在中国报业体现得尤其明显，在社会政治经济形势以及信息传播生态环境变化的双重影响下，受众对报纸的消费显现大幅度下降，报业的生存空间严重受到挤压。古训云"居安思危"，客观理性地看待现实，报纸如今所"居"已远不够"安"，因此，报人们危机意识日益强烈。

中国报业整体下行，与此同时世界报业市场并没有如此大幅度萎缩。中国的报纸从业人员应当思考，为什么其他国家的报纸没有因为手机的冲击而失去读者？差异何在？应当采取什么对策？

必须清醒地认识到，由于种种原因，现实中有相当一部分报纸已经不再能充分满足读者的需要，因而失去了生存的基础。报业要走出低谷，就得淘汰部分落后产能，向更能适应新时代传媒生存环境的方向转型。

报业淘汰落后产能，不能只以经济效益指标为衡量标准。在中国报纸的性质不只是商品，对信息传播、文化建设来说，报纸具有不可替代的意义，报纸最重要也最关键的核心价值是社会效益，从这个角度出发，有些报纸即使不赚钱甚至赔钱也有存在的价值。与此相对比，有些报纸本身社会效益不佳，而又发行广告举步维艰，回天乏力，就只有被淘汰了。淘汰落后产能是为了轻装前进，部分报纸停办并不等于报业总体就已经没有发展前景了。

三十年河东，三十年河西。大众传播媒体的发展道路起起伏伏，报纸、广播、电视、互联网都有过繁荣时期，也都经历过低谷甚至萧条。中国报业在最近几年面临空前的下行压力，20世纪八九十年代广播电台曾经经历过。事实证明，广播在很多年都"山穷水尽疑无路"。进入21世纪，汽车的普及带来广播的复兴，"柳暗花明又一村"。并非盲目乐观地说，广播的昨天就是报纸的今天，只要有信心努力改革探索创新，广播的今天将是报纸的明天。

报纸关停并转常态化

盘点2018年停办的报纸，会发现主要是一批原本作为经济增长点而创办的市场化报纸，论性质大都是报业集团的子报，这些本是为盈利而生的报纸一旦在经济层面难以生存，退出市场就成为理性选择。前几年每当有报纸宣布停刊，往往引起社会广泛关注，如今成批的报纸停刊，公众反应已经很平淡。

上海报业集团2013年合并组建时，旗下共有报刊32家，是全国报业集团拥有报刊品种最多的。这几年陆续停办了《新闻晚报》《东方早报》等近三分之一的报刊，可以说在国内报业市场关停并转力度最大。

2018年不止一个城市的报社搬了家。由于历史原因，各地的主要报社基本上都位于市中心黄金地段，而且在20世纪90年代后都兴建了现代化的办公楼宇，在报纸主业收入锐减后，一些报社出于经济压力，把报社转移到城市边缘地段或郊区，腾出黄金地段的办公用房用于出租。

青岛日报社就从原址迁到了崂山区，买下一处工厂厂房用于办报，用一位同行的比喻是"相当于从北京王府井搬到了燕郊"，位于青岛最核心的地段原报社建筑用于出租，据说年租金收入数以千万元计。

各地报业在鼎盛时期兴建的房地产高楼大厦，如今在报纸主业不景气的形势下，成为创收的重要来源。

发行广告　政策饭好吃　市场饭难吃

2018年报业还呈现一个引人注目的现象，党报与机关报广告发行逆市上扬。南方头报业集团以往有不止一家市场化报纸在市场中都很成功，广告发行效益可观，成为国内报业的标杆，今年差不多只剩省委机关报一家独秀，集团旗下大部分子报都处在亏损或微利状态。这在全国各地都是相当普遍的现象，虽然程度各有不同。

党报系统由于有政策资源优势，发行逆市上扬，在现有条件下几乎接近饱和了，不过，因为新闻纸等环节成本上升，报纸发行总体而言日益趋向于微利或无利，因此，很多经济发达地区以及中央的党报已经不再追求扩大发行量。当然，在某些经济相对不发达的地区，党报发行还是相当艰巨的任务。

如果把报纸发行划分为公费订阅与自费订阅的话，可以看出公费订阅部分比较稳定，而自费订阅与报纸零售市场急剧萎缩。

在北京街头，报刊亭明显都瘦身了，报纸零售主体大都是杂志化的周报与小开本报纸，过去占主导地位的晚报、都市报仍然能在报刊亭露面的品种已经不多，即使有也只是聊备一格，发行量可以忽略不计。

地铁曾经是市场化报纸瞄准的重点目标，现在则基本上全线退出。中国的移动互联网普及，手机的覆盖率在城市几乎达到了百分之百，以前地铁里人们还读报，20世纪90年代初北京才兴起地铁报刊摊，如今几乎全部消失了，即使有个别地铁站还有报刊摊，也是象征性的，没有多少人买报。

减量提质　重塑业务流程

减量提质成为报纸改进的潮流。各地报纸版面总量持续减少，《人民日报》2019年起由24版减少至20版，各地报纸的版面总量也都呈持续减少之势。在版面减少的同时，《人民日报》2019年改为全彩印刷，总体质量有所提高。

近来报人们的主要精力用于新媒体建设开发，对主业办报本身的投入远远不够。由于报纸向融媒体转变，原先以版面为唯一阵地的采编队伍，大部分兼当了给两微一端、公众号等新媒体制作内容的任务，结果客观上分化或削弱了主报采编力量。但是报纸的主业毕竟是报纸，版面上的稿件是立报之本。在减版也即无形中减少发稿与编辑工作量之后，版面少了，采编人员还是原有规模，这样一来，发稿上版的难度增加，按照原有的基于稿件与版面数量的考评体系，人多版少必然影响采编人员的收入。不过，从正面讲，人多版少有利于打造精品，客观上在报社内强化竞争环境，有利于报纸质量提高。

各地报社大力推进融媒体建设，办报的科技含量越来越高，但是管理上有不少地方还沿用着"铅与火"时代的做法，例如各地不少报纸支付作者稿费至今仍然以月为单位计算，事实上在网银、支付宝与微信平台都完全能做到见报的当天便转账到位。报纸是追求新闻时效性的快节奏单位，但是在需要给上游供稿者报酬时，却又用机关式的流程效率，显然有待改进提高。

报业竞相转型融媒体

媒体融合不只是单位内部的全媒体运作，也包括在组织机构层面进行单位、企业间的合并重组。打破以往报纸、广播、电视、互联网由不同部门管理、客观上不能拧成一股绳的格局，在条件具备时合并成一家，成为改革的方向。

《新京报》、千龙网、《北京晨报》三家媒体整合方案已于8月印发，北京市委宣传部将推进《新京报》、千龙网、《北京晨报》三家媒体深度整合工作。《新京报》2011年由光明日报报业集团主办划归北京市管理，此次重组的两报一网都是近二十年创办的新机构，新新融合走的是一条新路。

《天津日报》《今晚报》、天津广播电视台等改为"事业部"，统一并入"海河传媒"，天津市的声、屏、网、报进入全媒体融合新阶段。《天津日报》作为直辖市党委机关报，告别自有的办公大楼，搬到广电大院合署办公。

《天津日报》与《今晚报》都是在省级机关报与晚报界发行量排名居前的大报，各自都是实力雄厚、家大业大的报业集团，这两大报被合并入"海河传媒"，显然不是两大报能自主决定的选择。

今年9月，中宣部主办的县级融媒体中心建设现场推进会在长兴传媒召开，浙江长兴传媒集团媒体融合发展成为全国新闻界瞩目的典型。

县级传媒以往主要由县电视台与县报构成，拥有正式刊号的县报数量有限，现实中很多县以及县级市的报纸没有正式刊号，但是具有同等功能与作用。县报最接地气，与本地居民有着不可替代的亲和力，但是毕竟在信息市场剧烈变化的环境中也面临着空前的生存压力，媒体融合发展是出路。

2011年浙江长兴开始整合本地广播、电视、报纸（内部刊物）、杂志以及网站，长兴传媒集团成为全国第一家整合广电和报业资源的县域全媒体传媒集团，把传统媒体与新媒体融合为一体，内容、渠道、平台与管理深度融合，拥有三个电视频道、两个广播频率、一份报纸、两个网站，两微一端用户超过65万，有线电视用户18万户，预计2018年全年营业收入2.28亿元，这一数字已经超过了很多省、市与全国性报纸。

人力资源建设应未雨绸缪

行业的发展取决于人才。高校应届毕业生就业去向是评价各个行业与各单位的发展状况及前景预期的风向标。报纸作为信息产品，从业人员的文化知识水平以及综合能力要求较高，从中央大报到县、市报的采编人员一向都是经过严格选择的，总体素质都是很有竞争力的。这表明在传统的就业市场，年轻人对报业格外看重。这既有报社记者编辑职业受社会尊敬的因素，也有报业收入待遇长期都还算优厚的因素。

据了解，重点高校的新闻传播毕业生选择到报社就业的比例越来越低，尤其是比较好找工作的外语与小语种毕业生，愿意到报社工作的并不多。2018年，不止一家大报难以招到理想的驻外记者新生力量，211、985外语院校本科毕业生对这样的就业机会表示出极其冷淡的态度。之所以出现这种情况，可能是因为如今重点院校特别是文科学生以大城市女生居多，有出国意向或条件的早已经自己出国了，没有出国意向的择业很现实，报社驻外记者的经济待遇与工作压力都没有吸引力。在全国的报社中，有驻外记者的只是屈指可数的几家而已，但是，连以前业内可遇不可求的驻外机会，都对应届生失去了吸引力，在就业市场中报业的地位可想而知。

不夸张地说，报业在发行、广告领域的困难再严重也不可怕，如果报业吸引不了优秀的毕业生加入队伍，才是真正可怕的事情。

（发表于《中国报业》杂志2019年第1期）

报业年稿与传媒观察

▶ 传媒观察家

Annual Reviews on Journalism and Media Observation

媒体转型与重建

县市报与社区报迎来市场机遇

在市场繁荣时,各行各业都是大企业占压倒优势,不过,当市场不景气的时期,小企业更有活力。中国报业在过去几年持续走低,宏观环境至今没有显著改善,广告发行也就每况愈下。而最近一段时间,纸张市场的价格飙升,使靠相对大发行量立足的各种报纸"屋漏偏遭连阴雨",原本就一直在惨淡经营力渡难关,凭空又增加了10%甚至20%的纸张成本开支,实在是不堪忍受。在这种形势下,以都市报为代表的大发行量报纸,今年的效益前景更加不容乐观。

不过,对县市报与社区报来说,由于发行量相对要少得多,纸张成本的增加,并不构成太大的负担,因此,反倒是一个发展机遇。前不久,我曾应浙江省报业协会邀请,为全省的县市报总编辑作报告,了解到大部分浙江省的县市报生存状态良好。而浙江省是东南沿海地区,在经济上一向领先发展,浙江省县市报的今天,在某种程度上很可能就是内地县市报的明天。在宁波与绍兴等地,由于县的辖区与市区融为一体,县市报如《鄞县报》《绍兴县报》也就不再是标准意义上的县市报,而兼有了社区报的性质,也就是集中在城市的一个区域发行。

县市报与社区报在西方同样被认为是社会文明的重要工具,因此,政府大力提倡扶持小城镇与社区的报刊。中国的县市报与社区报,也受到主管部门的支持与鼓励。可以说,由于县市报与社区报深入基层、渗透到千家万户,更贴近群众，在宣传舆论方面有毛细血管与神经末梢的作用——对于肌体健康来说，大动脉与中枢神经固然重要，但是毛细血管与神经末梢越细密，显然就越有活力。

小有小的好处

县市报与社区报，都是地方性或区域性小报，也就是只在不大的地理范围面向有限的人口服务。在性质上，县市报与社区报都是小报。

对报纸来说，大小的区别倒不在于版式规模，而在于办报定位。事实上，相当一些县市报采用的是对开形式，与所谓大报在外观上没有什么差别。与大报相比，小报的小，不仅是在数量上，而是在性质上，也就是说，县市报与社区报主要的职能是为本地或本区域的读者提供资讯，对公众的服务更具体、更周到，也更亲切。在中国现在的报业市场格局下，小报不是替代中央、省、市大报，而是错开定位，是辅助性的以微观为主的报纸。

县市报、社区报与城市报纸特别是大都市报纸以及省报、全国性报纸相比，在经营范围、服务项目与盈利模式上，都有很大差距。由于市场相对集中，读者数量与广告客户总量都比较明确，在经营中边际利润效益更明显，容易存活，而且费用与成本都要少得多。极其重要的一点是在县域这一市场中一般没有竞争者。

小报的一个好处，就是不必靠版面多、出版周期密来争取读者，周报或双日刊都可以生存，只要有足够的当地信息，四个版、八个版也没读者嫌少。在采编与经营管理人员上，也就不需要大队人马。在西方国家，类似的小报几个人甚至一两个人都可以经营。

由于目标市场的明确与可把握性强，因此，县市报与社区报的创办，在经济上相对也就风险不大，而且市场开拓进度快，回报也就更立竿见影。

接近性是新闻传播的重要特点，如何尽量做到接近读者？最有效的方法就是缩小覆盖范围，村村有报、街街有报，越接地气，越有活力。

小报就该小办

国内的县市报，存在的最大误区就是没有准确的自我定位。县市报与中央、省、市三级报纸相比，几乎都是后办的，在办报模式与理念上也就效法大报，至少是效法市报或省报，这使得小报往往在架构上存在一些不合理的地方，不完全符合当地的情况。而且在有各级大报的前提条件下，县市报本来可以扬长避短，集中提供更大范围的报纸无法满足的本地读者关心的内容。

长期以来，中国报业形成了以中央党报为顶峰的金字塔格局，省报、市报在方方面面都是比照着中央机关报《人民日报》来规划设计组织结构与内容形式。有一些县市报与社区报，至今还在按照《人民日报》县市版或社区版的路数在办，而这种办报方式，并不适合以服务为导向的小报。

小报小办，就是放下架子，把报纸当成一份重点在于报道县市新闻，提供社区信息服务的"有用纸"——Usepaper。县市报与社区报不只是报纸或机关报，而更多的是文化信息服务商，县市城镇与社区的居民，需要一个信息交流沟通平台，每个人都关心自己身边的人与事，县市报与社区报应扮演村镇中的集市、企事业单位的食堂、俱乐部的角色。

充分利用价格优势

印数相对较少，版面也不太多，加上有限的人员与办公开支费用，县市报与社区报总体成本较之市报或省报、中央党报都是一个零头，这就使得它们具有了抗击纸张价格上涨以及宏观经济环境因素导致的经济压力的弹性。

小报在经营上，也能够充分发挥成本低的优势，最大限度地压低广告价格，使得大报无法在价格上与之竞争。另一方面，小报与所服务对象的密切关系与穿透力，对于那些对这一特定市场感兴趣的广告客户，能够收到最佳效果。

县市报与社区报只要正确选择广告微利策略，一般都不难找到生存基础。甚至一些没有正式刊号的报刊，依照这一原则，同样能活得很好。以北京的新兴居民区回龙观社区为例，号称五十万人口的新区，没有一份正式的社区报，却存在不止一份没有刊号的社区报，都采取的是直投发行方式，主要内容是广告，而且这些广告都是社区中的商业企业，所促销的商品或服务也都集中在本地，对居民来说是一种有参考价值的资讯。

北京的常住外国人有几十万之多，因此，在北京编印发行没有正式刊号的外文报刊也就很多，我收集到的就有英文、法文、日文、韩文等。这些外文小报也都是按照社区报的模式运作，派送或摆放在外国人集中的社区、场所。由于针对性强，这些以盈利为目的的外文报刊看上去确实赚到了钱——因为与北京报刊广告的昂贵价格相比，这些非正式外文报刊的广告价位都相对低廉。

客户关系管理优势

县市报与社区报的一大特点，与小城镇一样，就是人际关系更亲密。县市报与社区报与所服务的市场，无论是读者还是广告客户，都是街坊四邻，熟悉、亲切、可信。

县市报、社区报的服务半径小，人情味浓，便于稳定运行，可以最大限度降低风险。客户关系资源管理是现代市场营销中非常重要的利器，而在小报的经营中，可以做到对客户的方方面面都非常熟悉了解，尤其是需求与期望；可以随时调整服务内容与方式，真正发挥船小掉头快的优势。

在西方国家，有一些小报甚至只发行一两千份，但是同样有很好的经济效益。因为只要所服务的群体具备足够高的消费能力，一两千份的发行量同样可以换来可观的广告投入。当然，发行质量的价值是以读者结构与层次的精确为前提的，也就是说，从事报纸经营的人必须清楚地知道并且告诉广告客户自己拥有的是哪些、什么样的读者。如果一份社区报拥有一千位亿万富豪，那么就不愁吸引奢侈品与豪华汽车、游艇、私人飞机的广告。

在报业经营中，无论是发行征订还是广告，赊销都是事实上存在的现象。大型报纸搞发行或广告赊销会导致烂账，因此，有一定的风险。在比较有规模的报社，一般是严格限制甚至禁止搞赊销的，而县市报与社区报的情况明显不同。作为低成本运作的机构，适当的赊销，有利于促进社区的繁荣与发展。有时甚至可以出于公益意图刊发免费的商业广告以培养市场资源，如社区报对于新开张的餐馆与商店就能够以先行刊登广告，用放水养鱼的方式，从长计议。

由于县市报与社区报在各自的市场有一定独占性，在某种程度上属于垄断经营，只要服务意识强，工作到位，就不难扎下根来茁壮成长。

厂报、校报都可走社区报的路

中国各地有数以万计的大企业或大单位、大学，工作单位与生活区联成一体，构成企业城、矿区或大学城。它们大部分都有厂报或校报，其中只有极少数拿到了正式刊号，更多的则是以非正式报刊的形式，用内部准印证的形式发行着。

到目前为止，厂报与校报基本上都是由主办单位补贴开支，以非盈利的模式运作。只有那些有刊号的企业报，才有可能获得经营利润。

这些动辄万人或数万人、数十万人的厂或校，对报业来说本身就是一个可观的市场，只要转换观念，用商业化社区报的策略，完全可以做到社会效益与经济效益双赢。以西方为例，哈佛大学的校报就搞得有声有色，成为当地重要的媒体。

庞大的、往往自成一体、俨然一个小城镇或小社会的厂或校，若没有量身订制的社区报，不仅在文化传播与交流上是一大缺憾，也影响了生活质量与经济发展。

当然，县市报与社区报的发展机遇，还需要政策的扶持与引导。新闻出版主管部门有必要也有责任促进报纸这一精神文明建设重要阵地的建设。可以说，报刊品种多多益善，报刊品种越丰富多样，社会就越文明、越繁荣，反之亦然，这几乎是一条真理。

（发表于《新闻记者》杂志2008年第5期）

奥运传媒大赛场：强者愈强　弱者愈弱

2008年8月8日开幕的北京奥运会，是中国的一件大事，也是世界瞩目的一件大事。

在信息时代，无论是政治、经济还是文化、军事以及体育，重大事件或活动除了本身对人类与社会的意义与影响，其所伴生的新闻传播活动，同样有着重要意义与影响，甚至在事件活动与传播之间，有时很难说是举办某一活动重要，还是相应的报道重要。作为体育赛事，奥运会是全世界主要的传媒都会集中关注报道的题材，要求主办方不仅要做到高水平、高效率地对体育赛事进行安排与服务，还有义务向全国乃至全球受众提供高水平、高效率的传播信息服务。

据官方公布的数据，本届奥运会前来采访的各国新闻机构与新闻工作者人数之多是破纪录的，国内新闻机构与新闻工作者参加奥运报道大会战的数字，也创下了有史以来最高纪录。无论是广播电视还是报纸杂志与网络传播，都开足马力，在北京奥运会期间，各显身手，大量报道。

奥运会是体育比赛，而奥运会报道则是传媒大会战。因此北京奥运会同时是传媒的狂欢节，然而，正如同所有体育比赛一样，有赢家就有输家，在这场大比拼中，网络与电视占尽风光，而报纸则明显处于劣势。总体而言，不同类型传媒的竞争力与生命力，在奥运报道上充分显示出其真实生存状态，强者愈强、弱者愈弱的马太效应已经显露无遗。

网络：更快 更多 更真实

网络是对社会热点、公众兴奋点最为敏感、反应最快的媒介。除了几大官方网站以外，商业网如搜狐等也都把奥运作为卖点，全力以赴地报道。

如今，在大城市受过教育的人士中，无论受众通过哪种媒介获得了某一个有争议性的事件或者是陌生的新闻人物的信息，延伸的阅读与研究，几乎大都是在电脑网络上完成的。

在任何一个信息传播的过程中，即使互联网不是第一传递者，也会是集大成者与总结者，是其他媒介形式报道内容的仓储平台与档案资料中心。

现在的网络已经是舆论的主体力量，因为在网上反映真实想法的民众人数最多，网络的海量信息容量，以及对各种意见与看法的包容与宽松环境，在本次奥运报道中充分体现出来，而且在技术上可以做到同步直播，无论是文字还是图像或视频、声频，最重要的是能够全方位提供详细而生动的信息，兼之链接与检索功能的服务便利，所有这一切，在本次奥运报道中都使互联网成为传播大赛场中影响最广泛而又最有影响力的媒介。

同样的新闻事件，如开幕式的得失以及刘翔退出比赛的是是非非，在广播电视与报刊上的评论议论，与网上的声音，往往大相径庭，甚至出现主流传媒肯定赞扬，而网上论坛与留言则批评多多的强烈反差，客观上出现了两个不同的舆论场，而两个舆论场的重合度并不高。这种差异性，事实上就构成了网络传播强大的竞争力。

新浪网专门开辟了新浪奥运博客，而且采取了付费约请名人开博的形式，在体育界名人或权威以及文化艺术明星之外，还聘请了媒介批评家清华大学王君超博士等学者专门开了博客，从相对很学术或很专业的角度评论奥运会。这种做法已经不再是边缘媒介仅仅追求眼球效应，而带有舆论引导与批评意识，俨然以主流权威媒介自居，在气势与风度上超越了报纸、广播、电视等"老大哥"。

电视与移动通信最有人气

按照人口统计学的分类方法，显然中国的电视观众是数量最多、最"草根"

的。在本次奥运报道中，电视以及手机电视、车载电视成为社会渗透范围最广、最普及的媒介。在北京市区的公交车上，都安装了电视，以往乘客会捧读报刊，而奥运会开始后，由于是直播节目，乘客在路途中便都改看电视，上下班通勤的途中，基本上就能对当天的主要赛事有大致的了解。

在家庭的有线电视以外，中型以上的企业或事业以及机关单位，往往会在办公室或会议室、休息区安置电视机，而在奥运期间，上班时集体看电视也成了合理之举。不夸张地说，奥运会给中国的电视业，特别是有奥运直播权的中央电视台，带来了前所未有的观众群，创造了空前高的收视率。

以节目质量而论，本次奥运报道中央电视台可谓使出了浑身解数，而且动用了所有的人员，连退休的老前辈也都重新被请出山，披挂上阵。

由于奥运会运动项目非常多，为了保证专业性与正确性，不少退役的前奥运冠军被聘请作为专家共同主持直播或参与访谈。

仅以最外在的物质收获为标准，也足以看出中央电视台是本次奥运传媒大战的最大赢家。

呼唤更灵活更贴近市场的准入机制

中央电视台创办了一本奥运概念的体育杂志《第五频道》，据称是国家新闻出版总署特事特办，破例批准的，也是中央电视台第一本面向市场的杂志。事实上，依托央视的节目影响力，几乎每一个叫座的节目，都足以支撑起一本发行量与广告额都超过杂志平均水平的成功的杂志，无论是白岩松，或者是李咏、张绍刚，所主持的节目在内容与社会关注度上，完全具备创办相应杂志的资源。事实上，甚至连二线的"鉴宝"节目，都有可观的群众基础，用以书代刊以及合作办刊的形式，推出了不止一本刊物，效益不差。

《第五频道》在某种意义上有些像北京市为奥运而创办的《竞报》，而且都选择了与亚运会时新华社创办《亚运快报》不同的模式，也就不再是一次性短期生存的出版物，而是要长期生存。另外，刊名也就回避了时效性、针对性太强的奥运，因为刊号基本不新批，俨然成为一种相当于其他行业的执照或批文性质的资源，有机会争取者，当然就想最大限度拥有、保持。

其实，如果政策宽松一些，让报刊的生与死都顺其自然，相信《竞报》与《第五频道》也许就会用《奥运日报》《奥运杂志》等名称，而在奥运会这样的盛大活动中，旗帜鲜明的冠有奥运字样的专门报刊，会更容易被读者所接受或吸引，也更有收藏价值。

报纸表现老套　乏善可陈

当今受众的一个突出特点，就是几乎没有只读报纸而不同时收听广播、收看电视以及上网浏览的人了，报纸几乎成为很多人的补充性媒介，相当于信息消费上的副食，而不再是主食或唯一信息来源。但是，在报纸的编辑运作层面，似乎并没有哪家报纸清醒地认识到自身的位置与角色，从而明智地找准定位。

在影视戏剧里有主角有配角，还有跑龙套的，生末净旦丑类型分工不同，不能争戏抢镜头，也不能自我中心，自顾自，必须配合协作，演出的艺术效果才精彩，传媒同理。广播电视网络以及报刊，各有各的优势，而且各有各的生态环境与受众消费习惯，谁都要尊重行业规律与媒介特点，扬己之长，避己之短。

以往报纸曾经是"包打天下"的第一传媒，因此在思维上形成了定式，至今还在影响着报纸的面貌。如本次奥运开幕式后一些报纸出了号外，这除了形式主义作姿态以外，没有多少实质意义。号外是什么意思？是过去报纸在发生重大新闻之后，在本期出版的报纸来不及刊登的情况下，以最快速度单独印一张甚至半张，来满足读者对最新消息的需要。过去报纸的号外，往往是一纸风行，读者争相阅读的。

如今，报纸仍然是以日为单位出版，尽管号外确实可以提前半天左右把新闻刊登出来，但是，在移动通信与网络、广播电视如此发达的社会，即时传播已经以秒为单位计算，而号外用最好的机器、最快的速度抢印出来，至少也要个把小时后才送得到读者手中，"抢时间"已经毫无意义！何况，即使是读者拿到了报社不惜工本加印的号外，在北京奥运会一切正常顺利地进行的前提下，又有几个人会感兴趣阅读号外上的喝彩的文章？在电视与电脑上已经可以清晰地看到视频图像，谁还会那么渴望一睹印在新闻纸上的再现那些众所周知的场面的照片？这就叫起个大早赶个晚集，费力不讨好。这种号外至多是有一点收藏价值，可这与新闻纸的价值相距何远！原因无他，就是只按老套路办报，闭眼不看传媒业的变化，根本不考虑新闻纸的特点，无视读者与市场的实际需要。

（发表于《新闻记者》杂志 2008 年第 9 期）

传播业的健康发展离不开媒介批评

网络为媒介批评提供了舞台

媒介批评本来是新闻传播从业人员内部的事情,但是由于互联网的链接、搜索功能,可以极方便地与热点新闻事件捆绑在一起,从而使带有专业性质的探讨与切磋,同样有了面向大众的机会。各大论坛都在就新闻进行评首论足,真正做到了各抒己见,畅所欲言。

各家网站在三鹿奶粉事件的专题与讨论中,都伴发了媒介批评类的文字。本次三鹿奶粉事件是由甘肃的报纸先行引爆,而企业所在地也即销售最集中的地方石家庄却没有媒体作相应报道。不过,一个城市或一个省份的失语已经没有意义,只要有一个城市的媒体发表了一条真正关系重大的信息,迅即会通过互联网传播到全国各地甚至全世界各地。

网络是最活跃的媒介批评阵地,也为专业性、学术性媒介批评创造了生存空间。国内最早从事媒介批评的学者之一王君超博士,早在2001年就曾在清华大学国际传播研究中心网站开设"媒介批评频道",2007年又在清华大学新闻与传播学院和人民网的支持下,主持开办了国内第一个综合性的媒介批评专业站点——媒介批评网,为传播业内提供了一个业务交流的平台。

媒介批评走向专业化分工

媒介批评近些年持续升温,专门的学术著作也陆续问世。2001年,清华大学的刘建明教授和王君超博士在国内先后推出媒介批评的最早两本专著《媒介批评通论》《媒介批评——起源·标准·方法》,他们的专著带有建立各自的理论体系的性质;浙江大学的李岩、中国传媒大学的雷跃捷、复旦大学的谢静等学者此后也纷纷推出媒介批评专著,使媒介批评的研究走向深入;中国社会科学院时统宇的《电视批评理论研究》、四川大学欧阳宏生的《电视批评论》则促使媒介批评的理论研究在电视媒体领域纵深开掘。此外,华南理工大学的李幸教授和中国传媒大学的刘宏教授也对媒介批评多有建树,他们在期刊和在中华传媒网所发表的一系列评论广受重视。

在媒介批评实务方面,电视与网络批评最为活跃。清华大学新闻与传播学院尹鸿教授2002年出版的《尹鸿影视时评》、华南理工大学李幸教授2005年出版的《李幸电视批评文集》,以及最近清华大学新闻与传播学院王君超博士的媒介批评文选《第三只眼睛看传媒》也即将付梓,主要内容指向近年来中美互联网和影视文化中的热点媒介事件。

批评家对某一传媒领域、某一传媒题材(如财经或军事、体育)有着长期、专业的关注,才看得清、谈得到位。以李幸教授为例,作为1982年毕业于北京广播学院、多年从事电视工作的学者,他对电视的了解与熟悉是毋庸置疑的,而学术训练与理性思考能力又使他能站得高、看得远,因此,他的批评文章总是切中要害,而且具有可操作性,更重要的是具有建设性。为同行掌眼把关,充当的是义务的教练与裁判,意见是真诚而善意的,所以业内人士愿意听。虽然有时也许批评家会骂人,听着很刺耳,但是,良药苦口利于病、忠言逆耳利于行的道理,凡有常识的人都懂。

在美国的新闻教育中,媒介批评已经是普遍开设的必修课。国内清华大学、中国传媒大学、郑州大学以及浙江大学等十余所大学传媒院系开设了媒介批评课题,媒介批评作为新闻传播学术的重要组成部分,已经是一门显学。

专业报刊是媒介批评的主渠道

新闻传播专业报刊，是媒介批评最主要的阵地，因为就报道评论以及编排等方面进行分析研究，是这类报刊的"当家菜"。其实，尽管媒介批评作为学术理论概念是 20 世纪 90 年代才从外国引进的新生事物，但是媒介批评行为自中国有了新闻传播事业便伴生而来，可以说，传媒从业人员不管是以书面形式还是口头形式，不论是以会议形式还是私下聊天交换意见形式，都会对自己的工作以及同行的工作有所议论，而这就是媒介批评。

建立在相对科学而完善的理论体系上的媒介批评，一经国内新闻界认识并接受，在专业报刊上也就日益扩大了地盘。不止一家专业期刊都开设了"媒介批评专栏"，把媒介批评作为一个重点来经营。本专栏 1999 年开设以来，在一定程度上不少内容都含有媒介批评的性质。南方日报社曹轲主编的刊物《南方传媒研究》甚至出版过"媒介批评"专辑，其实是一本以媒介批评为主题的论文集，反映了广东的报人对媒介批评的热情。

归根结底，正如其他专业的批评一样，媒介批评的最主要对象是新闻传播从业人士，而不是面向外行与大众，因此，在传播范围上也就最适合专业报刊这种定位在业内的细分媒介。

（发表于《新闻记者》杂志 2008 年第 10 期）

报业"过冬"亟待出台救市措施

最近一个时期，国民经济领域不少行业都在研究"过冬"的策略，在股市与房地产以及家电等行业，最近政府出台了从免税到补贴、家电下乡等一系列措施，意图很明显，就是要救市。

与市场大环境大气候相一致，报业目前也正处在前所未有的寒冬季节，但是，至今为止还没有相应的救市措施出台，甚至对"过冬"的策略也缺少相应的指导，而这显然不利于报纸作为精神文明建设重要阵地的建设与发展。报纸对社会的文明与进步有着不可替代的价值与意义，即使是报纸在市场层面进入了衰退期，成为销售出现困境的商品种类，但其社会效益仍然不容忽视。因此，报业有识之士应当共同警醒，呼吁并制定实施针对报业的"救市"措施，以拯救报业，挽狂澜于既倒。

压缩规模　减少版面

中国报纸从 20 世纪 90 年代开始扩版，到了 21 世纪，大城市的强势报纸大都进入了厚报时代，每天的报纸是厚厚一叠。虽然纸价不断上涨，成本相应提高，但是由于广告效益持续跟进，因此报纸的扩版加张乐此不疲。

正像天气有晴有阴，市场也有涨有落。在经济低潮期，报纸的收入锐减，而纸张与印刷等成本并不因此而降价，原先基于赔本发行、靠广告找补回来的策略，受到严峻挑战。而一旦广告的收入增长幅度跟不上纸张印刷成本的上升幅度，要想维持原有的厚报格局，就成了无米之炊。

观察如今大城市的报纸，不约而同兴起减版风。各报悄悄地撤下了不少过去的专版专刊，最大限度地节省纸张开支。

要想过冬，就得学会过紧日子。版面的压缩只是一个环节，如今报业总体上都开始了节衣缩食，以往那种大手大脚、摆谱铺张的作风失去了经济基础。

市场化报纸高度同质化

2008年12月中旬，华南理工大学新闻与传播学院聘请我为特聘教授，我在作报告时，对12月18日广州最主要的几份日报《南方都市报》《广州日报》《信息时报》《新快报》《羊城晚报》进行了分析评点。仅简单对比便可发现，非常明显，各报重合的内容远远多于独有内容。不仅内容大同小异，还表现出在媚俗方面趋同的格局，如当天虽然也有房产救市的重要新闻，但是各报所给版面都没超过半个，而香港的明星绯闻倪震事件却大都占了不止一个版，最多的四五个版，而内容无外乎是摘编转载的口水化新闻评论。

近年来，各地的市场化报纸，尤其是晚报都市报类报纸，一城多报，但是同质化程度严重到了几份报纸除了报头与版式风格的差别外，没什么本质的不同。耐人寻味的是，在同质化的过程中，编辑手法与价值观有低俗化倾向，而不是高雅化。原因不复杂，那就是高雅化难度大，而且风险高。社会需要高雅与独创，但是高雅与独创需要报人付出代价；更多的人欢迎低俗，低俗能让报人得到名利回报。这就是当前报人的两难处境。

期待政府补贴报纸发行

在国民经济领域，政府始终扮演着积极主动的角色。近一个时期以来，官方倡导的加强城乡一体化建设，家电下乡，拉动内需，就是最好的例证。政府能够为农村居民提供千元左右的补贴用来购买家用电器，这一举措可谓是大手笔，因为对于深陷经济困境的中国家电业来说，这无疑也是一个强有力的援手。

改革开放以来，精神文明建设与物质文明建设是两个中心任务，一直被视为至少同等重要的。那么，在产业界、金融界、地产界、证券界都有政府出面救市时，报业是不是也能得到同样的待遇？如果主管部门确实有服务报业、帮助报业渡过难关的决心与力量，会选择什么样的政策措施？

依我拙见，要把中国报业从现在的困境中解救出来，绝对不是新闻出版总署等个别部委力所能及的事情，而必须依靠更多、更高的政府部门齐抓共管形成合力，如税务总局、财政部、银行等必须都予以支持。

比照其他行业的现成模式，政府救助行业，最有效的措施就是免税、给予补贴与信贷支持。房地产已经得到了减免税的优惠政策，家电也得到了财政买单的帮助，对中国报业来说，如果能够给予减免税收、补贴发行费用或政府采购订单的优惠政策，就不难峰回路转、柳暗花明。

政府能否赠阅报纸作为公益项目

必须认识到，报纸不是普通的商品，也不是单纯的消费品，而是精神食粮，特别是对中低收入阶层，读报并不仅仅是消费，更多的是学习，是了解掌握信息的重要方式。所以，让更多的人能读上报，是一项公益事业。按照现在报价，一年差不多得花费二三百元，而对于中低收入者特别是低保人群来说，这是一笔难以承受的开支。如果政府能够把报纸列入对弱势群体的福利，由公费订购，派送给低收入群体免费阅读，绝对是功德无量之举。按照各地现有的低保人数，再把残疾人、老人等需要照顾的群体也列入，那么，一个中等城市也会有至少数万人甚至数十万人，而若每人赠阅一份报纸，仅仅发行一项就足以救活当地的报业！

免费赠阅在中国报业不是新鲜事，在飞机与宾馆等高消费场所早就有，不过，那是面向高端人群，而报纸作为大众传媒，不能嫌贫爱富，不能只为富人服务。而且更需要报纸的可能正是底层百姓。当然，报业自己搞免费赠阅，是欲取先予的营销手段，而政府补贴发行的免费赠阅，则是公益事业。二者形式不同，但是能够为报业带来经济效益和社会效益的结果是殊途同归的。

免费报纸近些年很火，在互联网、电视等传媒的竞争下，免费获取新闻信息，几乎成为一种不可抗拒的趋势。报纸还固守收费，而事实上又无法用高于成本的价格出售，只能是象征性的收费，其实，不如干脆取消订费，效法免费报纸，走出成本、价格怪圈。

当然，要实行免费，就得先改革现行报业经营体制，在经营性质上、盈利模式上全面调整。

广告价位下调，由B2B到B2C

在现实市场中，报纸的广告费标准都相对较高，而在经济不景气时，报纸广告的价格与性能效果比，又远远不尽如人意。这是近来广告缩水最主要的原因。一些发行量不过十来万或二三十万份的报纸，整版广告也要十来万元或二三十万元，几乎相当于要让客户承担当期全部报纸的纸张印刷成本，这显然不大公平合理。

中国的报纸广告与西方报业相比，更多依赖于企业或事业单位，而不是个人。用网络术语，就是B2B（企业对企业），而不是B2C（企业对消费者）。这种结构，在宏观经济出现危机时，便格外脆弱，因为当企业与事业单位紧缩开支，不再像过去那样大笔一挥就付出天文数字的广告费时，报纸广告的现金流就难以支撑。

与广播电视相比，报纸更适合于中小企业与个人广告，西方报纸就用大量版面做分类广告也就是瞄准个人消费者。虽然这样做事倍功半，需要更多的人力物力投入，工作量比机构客户要大得多而收入却少得不成比例，但它更可靠，因为在现代社会中，个人的广告需要尤其是求职、转让、租售、征友等小广告，有着广泛的群众基础与强劲的需求。只要能抓住这一机遇，把广告营销平民化，让人人做得起广告，薄利多销，就能达到扩大内需的目的，提高服务性、可读性与可用性，而且能提升人气，一举多得。

市场准入，消除人为障碍

我曾经说过中国报业是"未老先衰"，并没有达到应有的全盛时期，不仅与日本、英美等报业发达国家相比，普及率与读报人口比例极低，就是与俄罗斯等国家相比也远远落后。所以，中国报业的生命周期并没有走向终点，如今的困境是外部环境造成的，中国绝大多数人口几乎从来没有订阅过报纸，在农村地区特别是山区的大众，几乎都没读过报。

据最新的统计数据，中国有网民2.53亿，网络所达不到的人口，很可能同样也不会有报纸发行。换个角度来看，还有十亿多人没上过网，同理可证，至少有数以亿计的人口根本没读过报，那么，报纸已经衰亡何从谈起？

（发表于《新闻记者》杂志2009年第1期）

新闻出版业如何做好国有资产监管工作

从 2008 年 10 月开始，我参加中共中央组织部与团中央共同组织的博士服务团，赴昆明挂职，任云南省国有资产监督管理委员会副主任。这一难得的锻炼机会，使我能够跳出从事了 25 年之久的新闻出版工作的圈子，换了一个角度，站在省一级国有资产监督管理机构的领导岗位，直接参与经济工作，与国有大企业以及国有控股公司亲密接触。同时，让我对国有资产监督管理工作有了其他新闻同行难以获得的深入体察与专业经验。

非常巧合的是，今年以来全国文化体制改革出台了一系列政策措施，新闻出版单位改制走向市场，不仅有了路线图与日程表，而且已经开始有了具体的举措与进展。对新闻出版单位来说，面临的是全新的市场环境，缺少经验，不熟悉规则，由新闻出版单位转化而来的文化国有企业，在迈向市场时，亟须引航员或向导，国有资产监督管理工作的经验正是新闻出版业最急需的。在这一转折阶段，我有幸能够提前以挂职的形式"试水"，比较全面系统地了解国资监督工作的理念、原则、方法与手段。这里结合新闻出版行业特点，谈几点自己的认识与建议。

新闻出版单位完全适用国资委管理模式

目前的文化体制改革，已经把报社、杂志社、出版社等新闻出版单位从事业单位性质划到了企业范围，但是，如何予以有效的监督与管理，尚未形成切实可行的思路。其实，直接套用现成的国资监督管理模式，是最简便而且有可操作性的方案。事实上，前几年已经有一些试点地区把报业集团等文化机构纳入了当地国资委进行监督管理，效果很好，之所以没有及时推广开来，主要是新闻出版行业相当一些同行的本位利益意识作怪，不愿意再多一个"婆婆"。在中央做出文化体制改革的重大决策后，不管情愿不情愿，新闻出版单位作为文化企业一定要接受"老板"，即出资人的监督管理。虽然现在没有明确规定改制后的报刊出版社要划归国资委系统，但是既然是国有资产，就不可能像民营企业那样"无主管"。

国资委的任务就是对国有资产负责。国有资产监督管理工作的专业性极强，而国资委作为政府特设机构，又与其他政府机关有着很大的区别，这一点不仅一般人不大了解，就是政府工作人员也往往不清楚。省一级的国资委虽然在组织人事等方面都是厅局级单位，其肩负的职责与使命却不是单纯的政府机关。事实上，国资委是代表政府行使出资人权利的特设机构，是国有企业的"老板"，负责国有资产的保值增值。报业集团、广电集团或出版集团，在身份、地位与性质上就相当于专业性的小国资委，而不该再是传统意义上的有若干下属单位的党政机关。

中国改革开放三十多年，市场经济的发展最终选择了多种经济成份并存的体制，政府对企业的管理也经历了从国营到国有的转变，国资委的成立标志着有中国特色的社会主义在经济运行上的结构调整，从办企业提升到管企业，从管资产提升到管资本，经济更有活力，更有竞争力。中国新闻出版业要想走出低谷，走向发展繁荣，在很大程度上是在重复国有企业改革的道路，而国资委模式也就是合乎逻辑的必然结果。因此，在文化单位改制的浪潮中，报刊出版与广播电视集团，真正有必要调研取经的目标单位，应当是国资委，因为国资委对国有企业的监督与管理工作，对各家新闻单位的主管部门（集团），最有可参照性与可操作性。

学会监督管理企业的科学与规范

国务院国资委自2004年成立以来，逐步探索出了一整套监督管理国有企业的模式，这是一笔无形的财富。在制度建设与运行规范等方面，国资委系统为新闻出版业树立了榜样，只要善于学习借鉴，可以大大减少走弯路的风险。

新闻出版单位普遍存在重内容、轻生产经营的现象，对监督管理企业的业务不熟悉，专业人才不多，即使是被任命负责企业经营管理的领导，也大都是采编出身或者是政工出身，很难做到内行、专业地监督管理企业。特别是在集团化的新闻出版单位，总部对下属单位特别是企业的管理，就总是处于"一放就乱、一抓就死"的怪圈，自己不会管，放手又不甘心，最后是总部费了不少人力、物力，从下属单位得到的回报却得不偿失。

国资委的角色定位非常明确，就是企业的出资人代表，理念与工作目标是确保国有资产保值增值，工作方法是用市场化的手段监督管理企业，名正言顺、理直气壮。由于国资委的任务核心是国有资产保值增值，这就与过去的部委厅局管理下属企业的原则有本质上的差别，效益指标被突出地放在了首位。

过去的国有企业等国有资产，虽说是全民所有制，但是因为缺少出资人代表，于是就成了"不是你的也不是我的，是大家的，谁的也不是"，无人负责，监督管理也就难以落实，国有资产大量流失。

国资委作为国有企业的出资人代表，这一身份非常明确，真正改变了以往对国有企业在保值增值意义上无人负责的局面，作为一个机构，使命就是追求资本与利润的最大化，在部门设置、工作程序等方面，都是围绕着这一中心而展开，在党委、办公室与政策法规等机关部门之外，业务分工主要是规划发展和企业改革、企业领导人管理、统计财务、产权管理、考核分配、董事会与监事会管理这样几个专业定位很清晰的部门。由于在机构与人员分工上完全是与企业进行对接的，国资委对企业的管理有的放矢，非常到位。国资委对下属企业的工作重点在于引进现代企业制度，健全法人治理结构，抓好董事会建设，但是并不包办越级指挥，而是在建设好董事会、任命选聘好企业领导后，放手让企业领导经营管理。

国资委对下属企业通过量化考核指标，对企业领导人奖优罚劣，形成制度，每年都按照经营收入、利润与资产规模等指标进行排序，并且参考同行业其他企业的情况对标，对有贡献、有功劳的予以奖励，并且在年薪标准以及兑现比例上明显体现出来。

围绕保值增值的目标进退自如

在新闻出版业，近来报刊或出版社的亏损面相当大，国内最大的报业集团，几乎都陷入只有一两家主力或旗舰报纸是主要收入来源、其他报刊则是连年亏损的状态。可是由于观念束缚，普遍存在"好死不如赖活着"的观念，不死不活地维持着。新闻出版业的特殊性在于社会效益，可是，客观地看，目前国内凡是严重亏损的报刊，其实也基本上没多少社会效益，说穿了，只是养了几个或几十个甚至几百个人而已。

在改制成为企业之后，这种格局当然就得终止。

国有资产的保值增值既然是国资委工作的首要任务，那么资产价值便成为至高无上的终极目的，而商品、设备、人力资源、厂房等生产力要素，就都成为达到目的的手段。在现代市场经济环境中，对企业的拥有者也就是资本拥有方来说，只要能够保值增值，其他一切都是可以买卖、转让、进入或退出的。这样，一城一池的资产保护方法，就不再适应新形势。国资委不再要求企业死守一个摊子，而是根据实际需要，关停并转，完全市场化配置资源。

如果能让国有资产增值达到更佳水平，理论上讲，具体的企业是买还是卖，其实都无关宏旨。在现代市场经济时代，企业对所有者来说不是包袱，而只是一个工具。

在全国的国资委系统，所管企业数量呈现下降趋势，因为市场经济中，质比量更重要，做大做强国有资产，不等于是铺摊子，企业数量多，如果效益不佳就不见得是好事，国资委要打造有实力的企业集团，集约化管理，利用合并重组，减少直接管理的企业数量，培养优势互补、合理配置资源的大企业。

做大做强要学会做减法，优化企业结构，对资源进行整合。以云南省国资委为例，所直接监督管理的企业从五年前的近四十家，截止到2009年6月合并为十七家企业集团。这种合并首先是针对老企业或亏损企业，但是不仅仅是关停并转亏损企业，也有出于经济发展的需要，强强联合或战略重组的，如南天信息产业集团就是连续多年效益增长的企业，最近并入工业投资集团。

由于工作重点从管资产发展到管资本，国资委成为资本运作决策中心，对下属企业通过参股控股、增资扩股、引进战略投资者，实现经济增长目标。

光明正大地进行监督与约束

在新闻出版业，集团对下属单位的监督管理往往是走过场，摆摆样子。特别是前些年因为政策规定一些行业报刊必须归入报业集团，于是出现了一些实际是挂靠的报刊，对名义上的主管单位只上交一定的管理费，不做实际上的管理。在子报子刊或所属出版社，集团往往只是强调政治上的领导，而缺少经济上的监督与约束。

对企业而言，只有经济上的监督与约束，才有意义。新闻出版集团过去对下属单位监督管理不力，一个原因是缺少制度，另一个原因是自己本身也缺少人才，换句话说，不会管，也没有能管的人才。由于新闻出版业长期缺乏出资人的意识，集团总部对下属单位的财务也就做不到理直气壮。

国资委对下属企业实行财务总监派出制度、财务报表上报制度、重大决策与事项汇报制度，旗帜鲜明地让企业接受财务上的监督，因为国资委是所有者，是老板，下属企业必须予以配合，企业的经营利润不是企业负责人的，而是国资委的，是属于政府的。

国资委在每家企业都设立了监事会，由监事会主席带领专职监事，对企业进行全方位监督，而且就驻在企业，随时观察调查了解情况，监事会不由企业领导任命，而由国资委任命，工作直接向国资委报告。基本上监事会与董事会、经理层是平行关系，这样企业的权力就分置开来，决策权与执行权、监督权分属三方，有效地防止了企业领导大权独揽一手遮天的弊端。

在改制后，新闻出版集团对下属单位的监督，也应当引进监事会的形式，既有法可依，又科学规范。

管理者双向挂职动态交流人员

云南省国资委在管理总部的各部门与下属企业之间,每年都抽调人员双向挂职,并且双向调动人员,形成了相对固定的制度,因为工作本身有相关性,上级机关与企业的对口部门专业人员的交流很容易,双方的工作切换交接很方便,对工作本身不会产生负面影响。

双向挂职的结果是加强了企业与总部的沟通与了解,真正打成了一片,是一个有机的整体。机关不再是高高在上甚至脱离实际的衙门,而企业也不再是独立小王国,两方面彼此信息交流更畅通及时,大大减小了机关官僚主义决策错误的机率,也减少了企业占山为王、成为利益堡垒的现象。过去有的企业由于历史原因,长时期人员特别是管理层相对封闭稳定,即使是划转到一个主管单位后,也是小诸侯国,虽然也上贡称臣,却自成一体,关起门来还是小朝廷。

而由于现在总部与下属单位的人员处于长期双向交流的状态,无论是机关人员还是企业人员,都会增强全局意识与整体利益的观念,大家都习惯于易位思考,也就更有利于公平、公正地处理各种关系。

国资委对下属企业的立场与态度非常明确,那就是作为出资人,对企业领导以及企业资产与收益有权处置,频繁大量地双向挂职,打破了传统上的人员岗位铁板一块的格局,让人力资源更容易流动起来。

双向挂职与动态交流,使得国资委与下属企业的队伍更团结、士气更高涨、战斗力更强,而这种机关与企业双向揉面的结果,让队伍更加团结,更有全局意识与整体感。

在新闻出版业,总部与下属单位的人员流动,基本上只局限于下属单位的领导与总部中层干部之间的对调,据我所知没有挂职的做法。国资委的管理经验,值得借鉴。

(发表于《新闻记者》杂志2009年第7期)

传媒业需要"航母",也需要"小舢板"

文化体制改革是中国新闻出版业当前最大的现实课题,随着文化产业的进一步改革,产业与行业政策在发挥着重要的引导与规范作用。

不可否认,在新闻出版业存在着过度强调经济指标的风气,把报社、杂志社、出版社的经营管理等同于一般企业,而且不仅是在微观企业层面如此,甚至在政策层面也如此。如新闻出版管理部门早年倡导的集团化与所谓"做大做强",其实就都是主要从经济角度着眼,而忽略了新闻出版业本身的行业规律更倾向于多元、独立、个性化与非市场导向。

因为文化的繁荣与发展,无论古今中外,都是以多元、并存为最理想状态。打造"航母"当然是需要的,事实上中国的新闻出版业确实应当有能够代表国家实力的大型企业,不过,"小舢板"却未必一定要淘汰。

事实上,在社会主义初级阶段,对于尚处于发展中国家的经济社会文化水平的中国来说,在社会效益层面,即使是差的新闻出版单位,也比没有要好一些。因此,新闻出版业的"小舢板"不仅不该淘汰,甚至反而应当鼓励其发展——当然这是在纠正其差错、改正其弊端的前提下。

对新闻出版业来说,大小不是问题,好坏才是问题。小有小的好处,大有大的难处。准确地说,应淘汰的新闻出版机构,不在于其小,而在于其没有生命力、没有读者基础,所生产的产品书报刊质量太差、数量太少。只追求规模,贪大求全,结果未必是好事,有一种死法叫"大死的"。纵观世界范围,凡是新闻出版业发达的先进国家，不仅表现在有强大的"航母"，更表现在拥有众多的灵活机动的"小舢板"。

作为产业宏观战略，有必要树立一种观念，那便是文化产业的终极目标不是建立大一统的一元化市场，而是百花齐放的多元化市场。在中国的新闻出版市场中，打造"航母"固然是当务之急，不过，发展"小舢板"也同样是利国利民的大事。

小报小刊小册子最有生命力

有一本经济学名著《小的是美好的》，充分论证了"小"并不比"大"就要坏。小企业小产品的边际成本低，容易存活，小船在小河沟里也能行动自如，周庄这样的水乡需要的就是小船而不是巨轮。在生产与供应层面，精神食粮与物质食粮有很多相似之处，以粮食与蔬菜、水果为例，显然我们不会满足于只有大米、小麦、大白菜、苹果等几种"大"产品，而不要其他"小"品种。可以说，大路货可以解决基本需求，而小品种则提供选择的多样性，使生活更精致、更美好、更有滋有味、营养更丰富。

多元化与丰富性是知识文化产业健康与否的决定指标，实事求是地看，中国现在的小报小刊不是多了而是少了，甚至是太少了，少到了影响中国文明程度的提高。新闻出版业的繁荣标志不仅是要有大报大刊，还体现在有众多的小报小刊。

小报小刊与小册子，在市场中因为价格优势，很容易存活。对于占人口绝大多数的工薪阶层与农民，目前大都还处在要引导培养阅读书报刊的状态，篇幅小、价钱低而且适合他们的兴趣与需要的小报小刊小册子，比大报大刊与大部头图书更受欢迎。

在文化市场，不能只追求单本利润而扼杀了微利品种，事实上，小册子作为系列成套推出，虽然单册价格低，但定位准确、营销得力，同样能有经济效益。中华书局20世纪五六十年代开始陆续出版的历史知识小丛书就是很好的例子。在美术领域，人民美术出版社出版的美术技法小丛书，包括吴作人、许鸿宾等名家都撰写了万把字的小册子，多次重印再版，印数每册数以万计。

政府部门近年来对农村文化建设加大了投入，特别是图书出版，推出了针对农村的项目。要想真正建设好新农村，有关方面就要在政策上给予资助，如对小报小刊小册子减免税收或补助专项经费，让小报小刊小册子遍地开花。

社区乡镇都该有报纸

在大都市的新兴社区与各地的小城镇，普遍没有为之服务的报纸。以北京为例，除了区县报纸以外，即使是大到几十万人的社区，如望京、回龙观、天通苑，在人口规模与市场总量上都超过了一些地级市城区人口，却无法创办配套的社区报纸。小城镇也是如此。过去全国的县市报还不少，后来经过了整顿，大多被取消了，而这实际上是把精神文明建设的田野撂荒了。

图书馆、书店、音乐厅、美术馆、博物馆与报刊是城镇文明的不可缺少的组成部分。国内的县市乡镇，尤其是东部沿海发达地区的县市乡镇，在城市建设与商业服务业等方面都与大城市已没有什么区别，但是如果从文化的角度来看，就还有天壤之别。没有文化的地方，再富裕也谈不到文明。

在东部沿海地区，不要说县级市已经成熟发达到了足够富裕的程度，就连更下一级的乡镇，有的也已经俨然是小城市的气派。凡是去过长三角、珠三角的乡镇的人都会对此有同感。

正是认识到这一商机，不少报纸都在打社区与乡镇报纸的主意。十年前我就曾为《社区服务报》作过改版方案，目标指向北京新兴的大型社区。后来，《北京娱乐信报》等报纸也开辟出了郊县版，最近一些大城市的主流都市报也纷纷推出各自的同类专刊专版。与此同时，没有正式报纸刊号的县市，也都采取内部许可证的形式，出版了一大批县市报。

从社会效益角度出发，现在有必要鼓励社会各界办报，争取不仅市市有报，还要县县有报，最好镇镇有报甚至村村有报。尽管现在网络发达，社区网替代不了社区报。

县市报以及地市报重新定位

7月应邀到浙江参加《新闻实践》杂志组织的县市报论坛，我提出一个观点，在新的传播市场格局中，县市报以及地市报应重新定位，不要再画地为牢，固守着传统的采编印发报纸这一业务范围。在中小城市里，县市报有着得天独厚的垄断优势，而且还具备经营上的资源特权，完全可以不只限于一个城市的报纸生产与供应，而有条件、有机会改造成集报纸、杂志、图书甚至网络、图片等信息产品为一身的服务生产与供应商。

县市报的人力资源与政策资源、品牌商誉，都为拓展业务范围提供了便利，在新闻出版交叉领域，如杂志、图书、广告、摄影，县市报不必增加人力物力就可以兼营。县市报在一个市场区域里拥有官方特许的编辑印刷出版权与发行权，而且政策没有明确限制或禁止其生产的商品类型。换句话说，只要沾边就都可以放手经营。

这是一个尚未充分开发的市场，机会多多，可谓是海阔凭鱼跃，天高任鸟飞。对一些边缘或新兴市场领域，先下手为强，先到先得。如《江阴日报》就在城区开发设立了十个大型电视屏幕，形成了一个视频信息展示平台。从长远看，其经济效益回报是相当可观的。

即使是在传统市场领域，也有可开拓的余地，如最传统的书报刊发行市场，县市报完全可以在各自的城镇建成覆盖面大、服务半径短、时效强的图书、报纸、杂志销售网络，与网络书店合作，做到低成本扩张，集约化经营。

（发表于《新闻记者》杂志 2009 年第 9 期）

报刊该如何对待企业与企业宣传报道？

我参加中共中央组织部与共青团中央共同组织的博士服务团，到云南省国有资产监督管理委员会挂职任副主任，转眼已经整整一年，由于我的具体分工是负责新闻宣传与政策法规，得以深入了解了企业主要是国有企业是如何看待、对待报刊新闻宣传的，在有些方面大大改变了过去的观念与印象，大有觉今是而昨非之感。知己知彼，百战不殆。报刊在市场中离不开企业，学会换位思考，应当有助于改进工作，提高效率与效益。

多跑勤跑，密切与企业的联系

企业是经济建设的主体，对经济宣传报道工作来说，一定要深入企业、熟悉企业、热爱企业。就我个人所见，现在报社的编辑记者跑企业不够。一些常出新闻、能代表某一行业或某一地区的大型企业，记者编辑虽然会不断报道，但都是通过新闻发布会或浮在面上的宣传，体现在版面上尽管很热闹，但是由于不够深入，发现不了企业真正的新闻价值，发表的稿件华而不实，多是表面文章，解决不了实质性问题，所以，企业并不真的重视或需要。在一定程度上，报纸与企业存在隔膜或距离，因此，企业对于订阅报纸也就难以发自内心地主动积极。密切与企业的联系，熟悉企业的情况，能够与企业息息相关，才抢得到、发现得了最鲜活的经济新闻，而有价值的新闻报道则是报纸的核心竞争力。

前辈报人说，好新闻是脚底板跑出来的。只有多跑企业，才做得到专业内行。企业欢迎的是内行的记者、内行的报刊。

人熟是个宝。报纸的记者与部门主任、社领导应尽可能多到企业走走，如果能够不断密切报纸与企业的联系，广交企业界朋友，报业发展就有了坚实的基础与广阔的空间。

有的放矢，切实为企业提供有效的服务

现在有些报纸发行难，广告少，表面原因是报纸可读性差，可用性更差，根源则在于脱离了读者与广告服务对象，把报刊办成了编辑记者自娱自乐自我满足的舞台，结果当然就是没有观众捧场，更没人喝彩、没人买票了。报刊应当是办给读者看的，而不能是办给编辑记者的。

党报要为企业服务，不能是采编本位导向，而应是企业需要导向。换句话说，不能是单纯的居高临下的指导，而要做到在为企业、为读者服务中引导。所谓有的放矢，也就是要找准定位，知道企业真正的想法与需要，而不能光是从报纸角度出发想问题，否则就相当于乱放空箭，而根本不管靶子在哪里。

报纸在企业宣传报道方面，还须多听听企业的意见，多听听专家的意见，不要想当然自己想题目，也不能靠来稿或新闻发布稿充数混日子。真正有价值、有分量的新闻不会是在新闻发布会上采访到的。

报纸服务企业，大致分为锦上添花与雪中送炭两大类，我们应当同样重视做好这两种类型的服务工作，对于存在困难、问题的企业热心帮助；对事业蒸蒸日上的企业加大支持力度。这样一来才能做到无论企业是困难还是繁荣，都要阅读报纸、都需要报纸的关心与支持。总之，服务要有实效，这样才能保证报纸的广告与发行的市场生命力。

有效的反面就是无效。报人有必要重新审视分析一下自己的报纸，看看对企业的报道，有多少对企业是完全有效的，又有多少是基本无效的。扩大有效内容的份额，去除或者至少减少无效的内容，既是改进服务质量，又能增加经济效益。

正派办报，不搞庸俗化的交易

不必讳言，由于受社会风气影响，新闻工作者的形象与声誉大有今不如昔之势。刚刚爆出来的新闻，中央电视台原主持人方宏进涉嫌诈骗被拘，引起网上一片沸沸扬扬。事实上，报刊编辑记者利用手里的权力为自己谋取私利，已经不是偶然例外现象。

作为国家权威新闻单位，党报有着很高的地位与品牌优势，因此，在采编工作与发行广告工作中，要有大报的风范与气度，不能受小报小刊特别是地方商业性报刊的影响，唯利是图，以报格与尊严为代价去换取经济回报。现在，企业领导对报纸工作人员大都会有先入之见，心理上有所戒备，认为无非就是拉广告或摊派订报的，而一旦记者编辑真的有这方面的任务或压力，就很难与企业家平等来往。

国有企业都是从体制内成长起来的，对中央大报普遍都有感情与敬意，如果我们为了眼下的物质利益而去摊派发行、拉广告，虽然企业领导出于各种考虑也许会同意合作，但是内心肯定不情愿，更不会尊重你，因此，也就没有可持续发展。大多数这种带有行政摊派性质的发行或广告，都难以持久。在某种程度上，庸俗化的交易只是饮鸩止渴，虽然一时可以有效，但结果是致命的。

报纸最宝贵的资本就是品牌形象与影响力，正派的编辑记者严肃认真地提供专业新闻，赢得读者信任与尊重，从而带来发行与广告收益，是报纸在市场中得到经济回报的最可靠途径。

把握机会，把信息资源优势转化成经济效益

中国的经济正处在高速发展时期，有很多机会。企业对经济机会的把握与开发利用，较之新闻单位要超前得多、敏感得多，相关的人才与信息也更多。报纸作为消息灵通的大众传播媒介，本来职责就是及时、快速反映现实社会政治、经济、科技、文化等各个方面的动态与进展以及变革。但是，由于过去新闻工作者大都不操心本单位经济方面的事情，而且报社的运行机制也不适合按照企业模式做事，所以，尽管在很多项目或行业发展上得风气之先，第一

时间了解掌握了新的经济或商品信息,但是很少能真正沾到光,产生近水楼台先得月的效益。

比如,在新闻传播行业内,中国各家报纸几乎都没有把握住互联网的机遇。新浪、搜狐、网易、腾讯、阿里巴巴在创业之初,大都只需几十万元或几百万元的资金,当时各大城市的报业集团只需一点盈余零头就能支付这笔小钱。而且,这些互联网的创业者当初做梦都想攀上报社的高枝,得到报业资本的垂青与提携,可是,没有一家报纸有此眼力与远见。只几年工夫,这些互联网企业就从小公司成长为超大型企业,每年利润数以亿元计,而且还在继续上升!对报业来说,教训不可谓不深刻。

借船出海,引进战略合作者

在文化体制改革的大环境中,不少报社都改制转为企业,在商言商,如何在市场中做到效益回报最大化,是业内需要严肃对待的当务之急。

在目前对报刊来说,如何改制、如何走向市场是最大的现实课题,光靠本专业、本行业的经验根本解决不了问题,而报社、杂志社、出版社今天的难题,其实对其他企业来说却是十年二十年前就已成功破解了的、有现成答案的问题。所以,文化体制改革中,报刊社的改制,最简单可行的模式就是借鉴企业改革经验。

对报刊社来说,要走向市场,手里最大的牌就是刊号这一相当于国有垄断行业特许证的资源。到目前为止,刊号还没有放开,但是不意味着将来或永远都不放开。直到20世纪80年代以前,粮食市场都不放开,城市人吃饭都得用粮票,因此,拥有粮票分配权就是不得了的权力。而20世纪90年代以后,粮食市场放开,粮票作废,谁再持有大把粮票便一文不值。

应当认识到刊号与粮票一样,是阶段性的、过期作废的资源,刊号的拥有者如果想效益最大化,就该懂得优化资源配置,与企业界优势互补、强强联合。具体地说,就是在报刊经营中,引进战略合作者,按照市场经济的游戏规则,改造重组,从市场的弱势处境,转变为市场的强者。

对于经历了全球经济危机之后的中国企业,如今也在寻找新的经济增长点，寻找投资机会，而报刊业的资金需求额度相对都较小，对于省一级国有企业来说，在实力上不存在问题，只要有合作的诚意，只要按经济规律办事，报刊并不难找到合作者。

（发表于《新闻记者》杂志 2009 年第 11 期）

报业衰退加剧　寻找转向出路是当务之急

在互联网与移动通讯的强劲竞争挑战以及广告商的分流与持续缩减投入的双向夹击下，报纸作为一个行业在全球市场范围内日渐衰退。而中国报业又受到政策约束限制，形势更是严峻。虽然在形式上报纸不见得会在短时期内退出中国社会舞台，但是其生命力与存在的意义已经开始逐渐丧失。

一个显而易见的事实是：20 世纪 60 年代以后出生的报人们，除了少数幸运者以外，不论多么热爱报纸工作，很可能无法避免一次改行再就业的命运。和前一阶段的新闻出版单位改制转企相比，报纸的前景黯淡与生命力式微，对从业人员来说关系更为重大：这已经不再是能否发展的问题，而是能否生存的问题。面对空前的事业危机，各地报业的有识之士已经在不约而同地纷纷思考或寻找转向与出路。

事倍功半全行业萎缩

全国报纸总体滑坡已经是定局，不过，如果只看广告发行前十或前二十强，直到去年为止似乎都还没有明显的大幅下跌：各报的缩水普遍是匀速负增长。但是，和表面现象相比，真实的情况要严重得多。北京、上海、广州、杭州的报业市场领跑者，普遍陷入了止步不前的困境，持续多年的连续增长已成历史，报纸全行业停滞，相当多的报社经营出现大幅缩水，最好的情况是停步不前，即营业收入保持去年水平，而为客户提供的服务却大大增加，实际是采取变相的降价形式，买一赠一，给客户以可观优惠让利。

报业经济本来是与宏观经济形势共进退的，因此，前年美国次贷危机导致全球经济萧条，中国经济再次进入低谷，报业广告收入也相应下跌，看上去顺理成章，因为房地产等市场也都遭遇了不景气，所以随后政府出台了救市政策。去年在官方政策推动下，中国经济全面复苏，房地产甚至又攀新高……然而，报业居然没有能分享到这轮牛市行情，仍然还是自由落体地下降。跟跌不跟涨，报业的处境就是如此尴尬。

从媒介经济学的角度来分析，报纸在商品形态、生产经营特点、成本定价成规与盈利模式以及市场竞争者、消费者生活方式变化等诸多方面都已经发生了深刻的危机，作为生意，报业经营必须改弦更张才行。

出台救市措施犹未为晚

报业的救市措施离不开政策支持。主管部门为了救市，可以调动的手段包括价格、税收以及财政预算投入，可以划拨资源注入报业，如给予土地等资产。其实，对中国报业来说，最重要的政策首先还是准入制度，即根据市场需要及自身条件创办新报新刊的权利。事实上，只要能因地制宜、随机应变地调整产品与服务，中国报业还是有自救能力的。因为中国和西方国家报业盛极而衰有本质的区别，中国报刊在人均拥有量与订阅率、采编质量等指标上，都远没有达到过真正的饱和与成熟。中国与世界发达国家相比，始终有经济时差的存在，如今的报业衰退，在中国是未老先衰。

报网合一与全媒体、跨媒体发展

互联网的兴起与报业的衰退是此涨彼消的关系，所以，报业寻找出路最容易选中的方向，就是互联网。如何实现报网合一，在电子传媒领域突围，是很多报社的现实课题。越是总体实力强大的报社，越是有这种意识。南方报业传媒集团在国内被公认为是最成功的报业集团之一，最近《南方传媒研究》推出一期探讨报网合一策略、报业如何转向互联网的专辑，而杭州日报报业集团也在进行一项报业网络传播的课题调研。总之，在纸介质的报纸之外，报社都在探索今后的用武之地与出路所在。

　　新华通讯社挥师电视，打造中国电视网。作为采编队伍最庞大、分布全球站点最多的中国新闻机构，文字、图片之外，提供音像制品与音频、视频产品服务，完全是合乎逻辑的。新华通讯社作为国家通讯社，正在努力转型成为中国最大的全媒介信息服务供应商，甚至成为最大的新闻传播媒介集团。

　　必须认识到，过去十年，除新闻门户类网站以外，没有一家成功的、全国知名的一流互联网企业是由报社创办的，人民网、新华网、浙江在线等新闻单位所办网站都占尽了天时地利人和，得到国家大量资源投入，但是在市场层面还是不如新浪、搜狐。

　　在报纸的衍生产品方面也存在同样现象。报纸与图书出版本来就是上下游产品的关系，但是迄今为止，中国的报纸没有一家能够在图书出版领域赚到足够多的钱，甚至没有推出过一本真正成功的畅销书。张悟本的《把吃出来的病吃回去》，被拆穿了内幕，神话般的高人轰然垮台，为天下所哄笑，这里不去评说其是非。报业人士对此事有必要反省的是：既然一个没有大学学历的江湖草医写本粗制滥造的书都能一卖上百万册，就足以说明中国的图书市场购买力何等可观！

第二次经商浪潮

　　既然报纸作为商品已经处于无可挽回的夕阳产业境地，那么，如何调整资源与经营生产方向以做到自食其力养活自己，就是头等大事。

　　20世纪80年代，报业兴起过兴办第三产业热，即办公司企业热，从出租车公司到学校，在定位上都是副业，那时的报纸发行与广告还在高速增长，日进斗金，根本不指着三产吃饭。总体而言，第一次经商热虽然波及的新闻单位很多，但是真正赚到钱的不多。

　　如果说以往新闻单位办公司只是全民经商热的大背景下试水经商的话，现在则是因为报社主业不保，不得不另谋财路，一是为了继续办好报纸，二是为了养活队伍。因此，这一轮的报业经商热，要郑重得多，也要正规得多，许多报社都采取相当规范的现代企业制度，把组建公司开发新的经济增长点，视为关乎报社生死存亡的大事。

房地产是众多新闻单位都热衷的投资开发项目，各地报社不乏成功的范例。云南日报报业集团的房地产公司，开发了一系列楼盘，既有商住楼，也有公寓、别墅，成为云南房地产企业的重要一员，打出了品牌。自办公司，以房地产养报纸，主营收入显然是房地产，在经济账面层次上，已经很难说报纸与房地产何者为主业何者为副业。

(发表于《新闻记者》杂志2010年第7期)

"报刊困难户"起死回生亟待政策支持

新闻出版系统对全国报刊治散治滥、进行报刊结构调整已经进行了多年，取得了可观成效。对比治理整顿前后的情况，可以看出在政策的调控与引导下，培育出了一批社会效益、经济效益都很好，生命力旺盛、市场表现活跃的新报新刊，其中不少还成为各地或各行业领域的领头羊。

由于主管部门采取的是报刊品种总量控制，兼之20世纪90年代后期出台的传媒集团化发展战略，在客观上促使强势报刊集团接管或兼并收购质量不高、市场基础差、社会效益与经济效益都乏善可陈的报刊，而这些半死不活或奄奄一息的报刊，除了一个正式刊号外，几乎再没有别的资产或资本，实际上，接管或兼并收购方所图的也只是一个正式刊号。有相当一批难以维持的报刊，投靠了新东家后，都改头换面，以新的刊名、新的定位来重新在市场寻找生存机会。

运用更改报名刊名的手段，引导并鼓励那些办得不好、勉强维持生存的报刊重新调整定位，用市场的手段自救自强，事实证明是行之有效的政策。

在工商行政管理以及高科技、互联网、信息产业等领域，相应的主管部门对更改或调整企业或产品的名称与市场定位，如今已经是大开方便之门，形成了有章可循的制度，甚至规定了具体的受理与审批的时间限制，非常透明，阳光运作。

报刊市场目前的形势并不乐观，事实上，在西方发达国家，政府部门早已开始关注如何扶持、保护报刊，而在市场的压力下，甚至连多年雄踞全球报业领军地位的《纽约时报》，都宣布要终结印刷版，改为网络版发行。在西方报业市场，一切都是由经济因素决定的，所以，名报名刊的倒闭与消失，政府没有什么灵丹妙药。而在中国则有所不同，报刊是国有资产，主管部门有责任、有义务积极努力地促进报刊繁荣，避免类似美国那样名报名刊接连停刊出局的悲剧。

部分好报好刊是更名的结果

中国近三十年来，是人类历史上前所未有的大变革、大发展时期，革旧布新是改革开放的主旋律，新闻出版行业也不例外。由于"文化大革命"，中国的报刊在20世纪70年代末才重新启动，逐步发展起来的，所以，基本上没有多少老本可吃。除了比例很小的官办主流报刊以外，在市场里唱主角的以新办报刊为多。直到20世纪80年代末，党政部门或文化事业单位都还可以根据需要申请创办报刊。在90年代以后，新闻出版总署出台了报刊治理整顿政策后再问世的新报新刊，便大都是从80年代创办的并不成功的报刊更改刊名和定位而来的。这些往日的报刊困难户，有不少都成功地做到了重新投胎，东山再起。

盘点一下，在报纸领域，北京、上海、广州三大中心城市的都市报，就有《新京报》《京华时报》《新闻晨报》《东方早报》《南方都市报》《新快报》等报业新贵，发行量与影响力都有压倒原有老牌晚报之势，成为业界不容忽视的大报名报。而如果查考一番这些报纸当年的名称，则大都是很少有人听说或知道，名不见经传。

杂志领域则更说明问题，现在声名赫赫的市场大刊，相当一部分都是由别的名称改过来的，如《时尚》《财经》《中国国家地理》等。《中国旅游商品》这样一份旅游专业刊物是《时尚》的前身，很容易理解，如果还用旧名，肯定就做不成现在的杂志业老大。

这种现象说明有一部分好报刊是改出来的，因此，主管部门应当有意识地引导支持办不好、生存不下去的报刊利用更改报刊名称作为一条"脱困"之路。

更名是市场与时俱进的必然

在新闻出版系统全面改制转企的大形势下，新闻出版单位是企业、报纸杂志图书是商品，这已经成为全社会共识。

既然新闻出版单位是企业，所生产的是商品，那么，根据企业生产能力、市场需要与消费者需求，进行企业更名或商品更名，就是最正常不过的经营活动。就像现在银行不可能再沿续票号、钱庄的名称，典当行也不愿再叫当铺，报纸与杂志当然也有时过境迁的问题，从实际出发更名理所当然。

在20世纪七八十年代创办的报刊，至今有不少仍然用原名出版发行，但毕竟当时还是计划经济体制，在社会环境与市场需要以及人才队伍方面，与改革开放后不可同日而语，所以，很多报刊名称就不再适合市场。如《中国引进时报》这样的报纸，在全面开放后，就显得没有存在的必要：在过去引进外国人才靠的是外国专家局，而现在只要出钱，哪国人才都可聘请，不必非要经过外国专家局。其他报刊同理可证。

新生事物层出不穷，对于报刊来说就意味着空白点与处女地越来越多。例如，现在艺术拍卖公司全国数以千计，办一份艺术拍卖杂志，绝对有市场。如果不能新批刊号，随便哪个办不下去的旧刊名，都可以通过更名重新定位，来占领这一市场。

市场力量可优化报刊结构

优化报刊结构，经验与历史业已证明，还是要依靠市场的力量而非行政的手段。政府主管部门制定科学、合理、有利于报刊发展繁荣的政策，并且做好服务工作，市场会自己配置组合资源办好报刊。

以中共中央与国务院各部委为例，有的部委有报刊，有的就没有。有报刊与没报刊，没有一定之规，很大程度上由当初各部委有没有兴趣、条件与必要申请创办报刊决定。如中纪委就有报，而中组部却没有报——实事求是地看，从发行的角度出发，中组部的报该同样受欢迎。办不办报刊与部委的经济实力或经费开支无关，如中国烟草专卖局也没有办报，而烟草行业肯定不差钱。

报刊结构不均衡的一个例子是新闻出版专业期刊与报纸偏多，全国有四五十种正式出版的新闻传播杂志，还有十多种新闻出版专业报纸，这种格局是由新闻出版系统过去一度对办专业报刊非常热衷决定的。在全国性的新闻出版报之外，有的省还办有自己的新闻出版报，如河南省。这样，中国几乎成了全世界拥有新闻出版专业报刊最多的国家。这其实并无必要。作为一个专业领域，新闻传播应当而且有必要创办若干专业报刊，但是美国、英国、德国、日本等国传媒业那样发达，也没有出现这么多专业报刊，这可能与西方高等教育特别是新闻教育发达，而中国的新闻院系却迅速达到六七百家雄居全球第一的情况相类似。在新闻出版与文化教育领域，光有数量，没有质量是没有意义的。

以我开设过专栏的新闻传播杂志为例，先后有中国新闻社的《对外报道》与工人日报社的《新闻三昧》，都已经成为历史，主办单位用其刊号，另行创办了更有市场前景的刊物。

应当充分放开报刊更名

社会经济文化在日新月异地进步，应当对已存在的报刊更名予以支持鼓励。当然，在现实工作中，主管部门已经在这样做，否则也不会有上述成功报刊的面世机会。

对报刊来说，如果一切都顺利，哪家报刊也不愿没事改名称，也就是说，报刊要改名，一定是出于市场需要或专业采编人才条件的需要。政府职能部门不妨允许报刊根据自身情况通过正常渠道申请改名，即使有时报刊机构由于管理或决策问题导致一改再改，甚至改而不用。如由《北京足球报》改名而来的《商务日报》，一期也没印过就又转世投胎了，而深圳的《文博报》则从《深圳法制报》改名、重新定位而来，几年过去了还未创刊。

繁荣发展报刊是关系到精神文明建设与中国文化软实力壮大的大事。由于种种因素，国内报刊数量远比报刊人才数量为多，在比例上，办得好的报刊还是少数，大批办得不好的报刊，在改制转企之后，换汤没换药，仍然没有前途与希望，迫切需要政府部门与新闻出版行业机构进一步放宽政策。

（发表于《新闻记者》杂志 2010 年第 10 期）

他们带走了历史　留下了遗憾
——纪念近来相继去世的新闻出版界名家

改革开放以后，在 20 世纪八九十年代，新闻出版界涌现出一批风云人物，他们的名字以及各自的业绩与贡献，构成了一个时代的新闻出版业的基本面貌。进入 21 世纪以后，虽然新闻出版单位的领导岗位新老交接在按部就班地进行，但职务岗位可以由后来者接手，名气与声望却无法继承。这些名家过早地离世，对新闻出版事业是极大的损失，他们留下的空白成为永远的遗憾。

有句老话说，今天的新闻就是明天的历史，但是，记录明天历史的人，只有最出类拔萃的才有可能成为历史人物。如果有人撰写过去三十年的中国当代史，那么，最近去世的多位新闻出版界名家，就都是不可或缺的人物。

新闻出版界名家讣闻频传

最近一个时期，多位新闻出版界名家相继谢世，其中社会反响最大、成为互联网以及报刊新闻热点的是范敬宜先生 79 岁病逝，很多新闻出版业同行撰写了纪念文章。范敬宜先生先后任《辽宁日报》总编辑、国家外文局局长、《经济日报》总编辑、《人民日报》总编辑，在国内报界享有盛誉。此前去世的几位新闻出版界名家也都是重量级的：

——华君武先生，享年 95 岁，也是报界前辈，著名漫画家，曾任《人民日报》文艺部主任，是新闻美术专家。"文革"以后他主要在美术界活动，当到了全国美术家协会副主席，因此，报界往往没意识到华君武的专业首先不是漫画家而是报人，他不只是一位作者，还是报人。

——朱厚泽先生，作为中共中央宣传部原部长，对新闻出版业的影响也是巨大的。1985年他从贵州省委书记调任中宣部部长。他在中宣部工作一年期间倡导"宽厚、宽松、宽容"三宽政策，并且自己率先为则，以部长之尊能够让演员刘晓庆未经通报便进入办公室投诉主演的《无情的情人》被扣压，成为轰动一时的"刘晓庆事件"。

——另一位在八九十年代非常活跃的新闻界人物喻权域先生，享年75岁，先后在新华通讯社与人民日报社任职，后曾任中国社会科学院新闻与传播研究所所长，再后来长期负责新闻宣传专业的社会科学研究课题规划与管理。他的长篇文章以及观点，不止一次在关键时期产生重要影响，在一定程度上可以说是"虽千万人吾往矣"。

——出版家范用，主要以生活·读书·新知三联书店与《读书》杂志为阵地，在中国当代图书出版界声誉卓著。他本人在出版社任一把手之外，还是图书封面设计师，三联书店的很多图书，封面都是他的手笔。2007年结集为《叶雨书衣》由三联书店出版，读者才知道，原来这位出版家还有一个第二职业。现在的出版社社长、总编，除非是学美术出身的，恐怕再也没有这种雅兴与专业技能了吧。

——前不久去世的另一位新闻出版界名人丁聪先生，他的名声全靠漫画，而其职业身份却首先是报刊编辑，直到去世都是《读书》杂志的美术编辑。这位可敬的老人一直以笔名"小丁"署名，所发表的漫画作品多为讽世之作，尖锐程度较之华君武有过之无不及。

——新华通讯社原副社长李普先生以92岁高龄去世，作为新华体的创立者之一，他是新闻界资格很老的老一辈名记者。

更早些时候，还有两位代表着中国报刊界重要类型的名家去世，分别是创办了《时尚》集团的吴泓先生与创办了《中华工商时报》的丁望先生，让同行为之惋惜不已，尤其是吴泓先生去世时才40几岁，正处在人生与事业的鼎盛时期，他所创办的《时尚》集团是中国报刊界最成功也最有经济活力的企业之一。丁望先生曾经在《工人日报》《经济日报》工作，在离开《中华工商时报》后又曾在《中国经营报》《现代市场经济周刊》等多家报刊贡献过余热，其办报办刊理念与手法相当超前，后来胡舒立等人就曾在他手下工作。

工作紧张压力大负担重

以新闻出版界名人为主人公的这一系列讣闻，除了华君武、李普、丁聪几位年过九旬，按照传统说法算是所谓喜丧，其余的都可说属于英年早逝。

这恐怕并不是巧合。事实上，新闻出版工作，特别是中国当今新闻出版工作的压力大、负担重、节奏快、变数多，高强度的劳动以及精神付出，不规律的生活习惯，对于从业人员的身心健康已经造成严重的威胁与损害。

近年来，新闻界还创下了一个黑色的纪录，中国规模最大、级别最高的两家中央新闻单位人民日报社、新华通讯社的一把手许中田同志与郭超人同志，作为党政系统正部级高级领导，不幸竟都是在职期间病故。由于范敬宜先生在离开《人民日报》总编辑职位之后又曾任全国人大教科文卫委员会副主任委员，其后又出任清华大学新闻与传播学院院长，也是事实上的在职工作、没有退休的正部级领导干部。而在其他部门，正部级领导在岗病逝的情况则相当罕见。

在悼念这些新闻出版界名家的同时，从业人士有必要提醒自己：工作重要，身体也重要，身体是革命的本钱，一定要珍惜健康！

敬业爱岗壮志未酬

上述这些名家代表着一个时代（即过去的三十年）新闻出版专业的高度与成就，他们在各自的领域都取得了业内公认的成就，他们的成名，可谓实至名归。不论职务多高，名气多大，他们永远不满足于现状，不满足于已取得的成就，不吃老本，不摆架子，不打官腔。他们对新闻出版事业是发自内心的热爱，因此，一生奉献，无怨无悔。

以范敬宜为例，在改革开放以后才真正开始有了用武之地。他曾说"如果有来生，还是做记者"，可见对新闻工作念兹在兹，敬业爱岗，无以复加。这种事业心与严肃认真的工作作风，是现在的中青年新闻工作者所缺乏的。

范敬宜在清华大学出任院长，开创了中国新闻单位领导退职后转岗到新闻院校的先河，其后则有邵华泽到北京大学、杨伟光到上海交通大学、赵启正到中国人民大学任院长等。在省级新闻单位也曾有文汇新民联合报业集团的一把手赵凯到复旦大学、南方报业传媒集团的一把手范以锦到暨南大学，不约而同都是出任院长一职。对于新闻教育，这是一种强势资源的注入。当然，新闻高官到退休年龄后转任新闻学院领导，有利也有弊，在某种程度上也是大学行政化官本位的一种产物。不过，从务实的角度出发，各所大学的新闻学院还是都得到了极高的回报。

在新闻出版界名家告别人世之际，对自己所从事的新闻出版业都有共同的遗憾与不甘，因为新闻出版业在中国国民经济与文化科技教育领域的相对地位远非领先，和全世界同行业相比也尚处在发展中水平，因此，虽然新闻出版业不乏个人的辉煌与成功，但作为整体事业仍需大家继续努力。

（发表于《新闻记者》杂志2010年第12期）

反对假新闻要标本兼治三管齐下

中央相关主管部门共同采取行动,当前正在全国新闻单位开展"杜绝虚假报道增强社会责任加强新闻职业道德建设"专项教育活动。治理假新闻,摆上新闻界的重要议事日程。

作为在全国最早以评选"年度十大假新闻"的形式,长期、系统地对假新闻予以揭露抨击的《新闻记者》杂志,已经连续十年刊发专稿,对杜绝虚假报道、反对制造伪新闻,可谓筚路蓝缕,有开创之功,尽管刊物也曾因此而付出了陷于法律纠纷等代价,但是,成绩与贡献有目共睹。

反对假新闻也是我们这个专栏的老话题。不过,对于面向新闻工作者的专业刊物的一个专栏,不可能也不必要每期每篇都要别出心裁、标新立异,更重要的是发现、提出、思考、探讨中国新闻业的实际问题,促进新闻工作的进步与发展。只要能起到对同行有所提醒、有所启发、有所帮助的作用,就足够了。有些话题我之所以一再重复,不是不自觉地老调重弹,而是实在感到这些问题太重要,只要现实状况没有改善甚至反而不断恶化,那么就有责任不厌其烦地提请业内人士关注重视。

正是这种反复强调,使得一些问题得到了业内重视,如"有偿不闻",本专栏很早以前就率先使用了这一说法,并且在2008年结集出版的《把脉中国传媒》一书中不止一次阐述其危害,现在终于在官方正式文件与领导讲话中开始作为一个新概念、新说法出现,可见当初一而再、再而三地分析"有偿不闻"

问题，还是产生了一定影响的。认识并提出问题，是解决问题的前提。因此，关于假新闻，我认为很有必要再予剖析针砭。

诚信危机扩散到新闻业

官方主管部门出台政策对新闻传播业进行假新闻的专项治理，这种政府行为在世界新闻史上也是罕见的，可见假新闻之泛滥猖獗。

杜绝假新闻泛滥，不能头痛医头、脚痛医脚，而应深入透视其病灶成因。假新闻泛滥，不是简单的新闻从业人员职业道德与专业素质问题，而是诚信危机在新闻传播领域的表现，事出有因，有着深层次的根源。认识清楚这一点，才谈得到如何杜绝、如何治理。

从20世纪90年代"质量万里行"开始打假，再到王海商场打假以及方舟子学术打假，都是假冒伪劣成灾的典型反映。这种大环境下，新闻业出现假新闻泛滥，也就不足为奇了。新闻传播工作以真实为新闻的生命线，所以，最不能容忍虚假失实，或者说虚假失实对新闻工作的危害最致命。

实事求是地看，要想真正做到根治假新闻，必须正本清源，解决全社会的诚信危机，否则就很难达到新闻业"独善其身""举世皆假我独真"的目标。

失实与制假有本质区别

假新闻的成因，既有主观上的故意行为，也就是造假；也有客观上的无意行为，也就是失实。无意地报道了不实新闻，与别有用心的、空穴来风的造谣贩假，有本质上的区别。但二者的共同表现都是"虚假"。

言多必失。当前，新闻来源更多元化、更复杂、更无序，控制把关难度加大，互联网与移动通信等媒体的多种形式传播，在新闻信息量增加后，各种传媒每天都在传播铺天盖地的海量信息，难免就会出现虚假或者失实的新闻。要认识到这是正常现象。虚假新闻与新闻失实不能简单地划等号，作假与失实有主观与客观上的本质不同。谁也不能保证自己报道的新闻永远、绝对百分之百正确准确，但应该做到保证绝对不作假、不造谣。老话说："无心错，不为过，

"有心错，才是过"，作为负责任的新闻工作者，不能苛求我们所报道发表的所有新闻都绝对不失实或绝对正确、准确，但是，可以要求绝对没有造假与杜撰、臆测。

在新闻报道的具体操作中，要懂得一个道理：谣言与传言、小道消息，本身也是新闻舆论的一个组成部分，哪个社会都无法避免谣言与传言、小道消息，无视它们的存在也是鸵鸟政策，正视并评论、核对，才是理性的态度，辟谣也是新闻传播的日常工作。水至清则无鱼，在股市尤其真假消息层出不穷，都是正常现象。如果要求新闻一点都不能失实，那既不现实也不可能。一犬吠影，百犬吠声。人云亦云，一传十十传百，转载扩散假新闻，往往比媒体发表假新闻的影响危害大得多，现在的新闻已经不再是抢第一时间、抢独家新闻的时代，而是再传播时代，或者叫转载时代。

理性地对待回应各种不实传闻，是新闻工作者的职责与义务。对新闻工作来说，不传谣是纪律原则，但是当谣言如果不予以澄清或否认就会有恶劣后果时，就必须不仅报道而且要辟谣。

反假新闻必须抓反面典型

反对假新闻，关系到新闻工作的生命线，是所有新闻工作者与主管部门都要参与行动的长期任务。反对假新闻最有力的措施，不是简单地讲道理、上课，而是抓典型。每年评选"十大假新闻"，就是为了抓典型。

只是这一坚持十年的新闻打假项目，完全是一家专业期刊的行为，未能调动政府资源与全行业的力量群策群力。所以，力度尚嫌不够。建议全国记协在每年评选全国新闻奖以及长江韬奋奖的同时，加设假新闻评选活动，并且设一项"客里空"奖——这绝非玩笑或调侃，而是非常负责任并且认真的。事实上，通过假新闻评选与"客里空"奖，让新闻界人人都知道那些造假者的大名，并且永不录用，才是真正有威慑的措施。

早在20世纪40年代延安时期，中央曾经开展过反对"客里空"的运动，时过六七十年，痼疾照旧，这实在是说不过去。

一票罚下终身取消从业资格

重庆市"杜绝虚假报道增强社会责任加强新闻职业道德建设"专项教育活动动员大会公布了一个决定：恶意制造假新闻者，终身不得在重庆市从事新闻职业。

此举当然是很有必要，较起真来却还有可商榷的余地，重庆的新闻宣传单位当然职权范围只在重庆一市，不过，对于制造假新闻者，如果只是不许在重庆市从事新闻职业，则仍不能在根本上解决问题。在反对假新闻这一问题上，必须打破地区行政区划，全国作为一个整体，不论是在哪个地区哪个城市制造假新闻，一旦被核实查处，全国任何地区都不能再让当事人从事新闻职业。

假新闻不是一个简单的职业道德问题，而是行业规范问题。新闻没有真实的保证，就失去了生存的合法性。所以，触犯新闻失实这一高压线，必须一票罚下、严惩不贷。对假新闻不能姑息，不能纵容，对其他错误可以纠正改过以观后效，对假新闻则应该实行"零容忍"。

当然，在具体工作中，对假新闻当事者的惩罚，就不能只靠新闻单位本身，而必须有主管部门的政策措施配合。如新闻单位可以开除记者，并把其记者证吊销，但是如果没有国家新闻出版总署或全国记协同时配套跟进，当事人换个地方又可以干新闻了。

新闻记者的职业资格审批机构，如记者证发放机关，完全可以编写历年假新闻及责任人的黑名单，在网上发布，或公开出版，让上了黑名单的假新闻责任人，永远无法再混入新闻队伍。

专业报刊要担负起监督新闻业的责任

在反对假新闻这一问题上，新闻专业报刊应当负起更多的责任。新闻工作者在社会上扮演着舆论监督的角色，而对舆论监督者的舆论监督职责，则非新闻专业报刊莫属。对假新闻或疑似假新闻负责追查、深入调查、挖掘真相，除新闻专业报刊之外，其他传媒当然也可以做类似性质的工作，只不过，可能会有同行的关系与情面顾忌，事实上，至今为止这种对其他媒体新闻失实的揭露与批评，在同行传媒机构发表时，往往有市场竞争关系，专业报刊则因为与大众传媒不是同场竞争对手，而是对传媒业进行评论、报道、批评、探讨的园地，所以，在针对某一传媒的新闻失实进行报道时，立场更加客观公正，而且是建设性的。

在中央主管部门有明确的政策法规约束指导、新闻专业报刊客观地予以监督，各新闻单位在工作中实行更严格的自律与自我把关，把新闻真实性提升到更高的高度，关卡前移，强化核实与把关、审阅制度，并且实施追惩问责，建立常效机制——三管齐下治理假新闻，才有可能取得显著效果。

（发表于《新闻记者》杂志 2011 年第 1 期）

书报刊亟待破除行业壁垒

以往在北京的地铁里，常能看到乘客读书看报翻杂志，而今这种场面几乎难得一见了，因为乘客大都在看手机或便携的平板电脑。纸质书报刊本来就有限的阅读空间与时间，就这样在不断被挤占、侵夺。

全民阅读的状况是综合国力的重要指标，在全球范围，提倡与引导民众阅读，都是主流社会的价值观。在网络信息的全面冲击下，图书、报纸杂志等平面媒体的地盘日益被蚕食，读者数量以加速度流失、阅读时间的锐减，已经是摆在书报刊全体从业人员面前的严峻现实，书报刊全行业都遭遇生存危机，有必要积极行动起来，携手合作，共同倡导阅读——鼓励、支持阅读行为，培养更多的读者，书报刊市场才有前景可言。

从新闻出版业的大局出发，图书报纸与杂志要想在逆境中生存并发展，就不能再画地为牢、井水不犯河水，而应采取更灵活、更务实的市场策划，根据自身资源与市场需求，打通图书、报纸、杂志的分工界限，哪种形式能做好就做哪种，这样才有可能打造出有国际影响力的出版社与报社、杂志社。

图书品种增长　报刊品种萎缩

单纯的统计数据有时并不说明什么问题，关键要结合市场现实与趋势。7月9日国家新闻出版总署发布《2011年新闻出版产业分析报告》，公布了新闻出版行业一系列统计数字，其中值得重视的是两组数字：（1）2011年全国出版图书品种37万种，较上年增长12.5%，达到历史最高水平，其中重版、重印图书16.2万种，较上年增长16.5%；（2）2011年全国报纸、期刊品种下降，共出版期刊9849种，较上年减少35种，降低0.4%，共出版报纸1928种，较上年减少11种，降低0.6%。

图书出版的增长，与报刊的减少，一升一降，对比鲜明。如果再考虑到相当一些报纸与期刊处在长年亏损状态，仅仅是出于保住刊号资源的原因才没停刊，报纸与期刊的实际经营情况比统计数字显示的要严峻得多。据新公布的数据，在全国范围报业不止是发行萎缩，广告收入也锐减——偶有个别报社宣称增长也只是数字上的增长，并不是实际增长，不是经济效益上的增长。从经济角度出发，在商言商，与利润效益无涉的数字增长其实全无意义。

三十年河东　三十年河西

图书报纸与杂志，在改革开放以来的三十多年的时期，已经出现了不止一次行业繁荣与萧条的循环。如果把视野放大到广播、电视与互联网，就更能清楚地看到，各媒体行业都有大起大伏，真是"三十年河东，三十年河西"。20世纪末至21世纪初，世界上变化最剧烈、最没规律可循、最难预测未来的行业，就是信息传媒业，我们这代从业人员恭逢其盛，面临的压力是空前的，当然，机遇也是空前的，遗憾的是绝大多数人都只受到了压力的考验，没有把握住机遇的挑战。

20世纪90年代中期，中国的图书业进入了大萧条，图书的起印数从过去动辄几万几十万册，掉到了三五千册，至今仍未改观。所以，官方公布的图书品种数量创新高，并不意味着图书行业的景气指数上升。客观地分析，书报刊的评价指标一是社会效益、二是经济效益，而在这两个效益的坐标系，图书迄今没恢复到20世纪80年代的辉煌程度——这一点，只要是出版界的过来人都会承认。

大致就在图书大萧条的同时，中国的报业迎来一轮高速成长的行情，从20世纪90年代中期到2000年前后，各地的报业大厦纷纷成为新地标，报业经济一时间成为新闻传播界最大的热门，报业的领军人物是何等的顾盼自雄、不可一世。然而，没多少年就形势逆转，报业市场每况愈下。

本是同根生　何必分太清

20 世纪 90 年代以降，随着国家新闻出版署的成立以及新闻出版管理规范制度的建立，图书和报纸与杂志分了家，成为界限分明、彼此不得越雷池一步的三个行当。这样规定的初衷，是为了规范管理。

图书、报纸与杂志都是纸张印刷品，在很长的历史时期里，三者并没有严格的界限与区别，杂志与图书的血源关系尤其亲近，而中国最早的一些报纸如清末的《外交报》《官报》是书形排版印刷装订的，可以说，书、报、刊本来是一根所生，它们的核心业务都是文字与图片的采写与编排，人才资源以及生产设备是高度重合的，所以，在民国时期各大报馆如《申报》《大公报》，都同时编辑出版图书、年鉴、杂志，如王芸生的名著《六十年来中国与日本》就是先在报纸上连载，然后结集出版的。书、报、刊混营的传统，在延安时期以及新中国成立后，都还是普遍存在的。

近几年，报纸、杂志、图书三业的混营趋势日益显现，南方报业开发出系列图书产品，山东画报出版社的《老照片》也已经出到了八十二辑，其实就是一份成功的杂志，类似例子颇有一些。杂交、混营、延伸产品链、做深度系列开发给书、报、刊带来了活力与生机。

引导阅读　互动互利

《中国新闻出版报》近不久做了一个面向全国报纸的深度调查，集中检阅了国内报纸的书评类版面。作为国家新闻出版总署主办的行业报纸，《中国新闻出版报》本身就有对新闻与出版两个专业领域进行报道评论的任务，因此，对报纸与图书的嫁接产品——书评版，予以重视并梳理、研究，是题中应有之义。

书、报、刊是近亲，在媒体性质上同属纸介质，虽然有发行、订阅、阅读的渠道、形式与习惯上有所不同，但是，总体而言，它们的受众群体有着很大范围的重合，因此，过去很长时期都把"读书看报"作为一个固定搭配词组，表示二者有着不可分割的联系。一般而言，报纸面向的是大众，而图书面向的是小众，报纸能得到更多的读者，因此，报纸对图书的推介评论，会对图书的销售与阅读产生直接的影响。

近来国内各地报纸对开设读书、书评类的专刊或专版，表现出日益高涨的热情。在报业广告持续萎缩，并且没有掉头回升的势头。同时，互联网、移动通信等信息终端都在强劲增长，蚕食了报纸的读者资源，在视频声频图片、迅速、及时、信息量、背景等方面，报纸都已经宣告败北，只有在图文的深度、精细加工上还有优势可言，因此，各地报纸对书评版的加大投入，并不是出于对图书出版事业的扶助，也不是因为书评能得到多少经济效益，而是，书评能够留住或吸引住读者，特别是层次较高的读者。

报纸创办书评版是老传统，中国最早的书评研究专著作者、老报人、作家、翻译家萧乾先生在20世纪30年代担任《大公报》书评专版的编辑时，撰写了《书评研究》，其中引用美国的调查统计数据，指出报刊的评介直接促进提高图书的销售与阅读。

英国的《泰晤士报》、美国的《纽约时报》都有大型书评周刊，报纸的书评版，成为西方国家引导读书潮流的导航灯。

中央大报中《人民日报》对图书评介是比较重视的。其副刊系列有一个"读书"专版，在此之外，发表书评稿件的园地还有"文艺评论"专版、"理论"专版等。

北京、上海等超级大都市的市场化报纸近来也都很热衷书评，因为北京、上海同时也是国内出版社最集中的两个中心制高点，出版社每有重点新书，总是会借助报纸的宣传力量。

书报刊需要政策扶持

作为行业，图书、报纸与杂志受到政策层面的制约很大，有一些规定是过去传统计划经济条件下制定的，如对书报刊在印刷、装订、订阅、发行等商品形式与营销渠道上的明确区别与限制——事实上，有些规定是不够科学合理的，无论是历史上的中国书、报、刊还是世界当今书、报、刊惯例都没有类似规定。

打个比方，饮食服务业的主管部门，管酒的规格与标准可以，但不要过细地管瓶子、坛子、罐子等包装形式，管食品的质量与标准可以，但不要过细地管饺子、包子、馅饼、馄饨的制作手法。书、报、刊虽然是国民经济支柱产业之一，但有明显的精神产品特点，因此，在加强内容管理的同时，尊重新闻出版事业的规律，让书、报、刊在产品形式与营销服务上能够放开手脚，才有利于挽狂澜于既倒，真正促进书、报、刊的繁荣与进步。

（发表于《新闻记者》杂志2012年第8期）

新闻传播队伍进入重新洗牌时代

最近一个时期，就我个人所接触或认识的范围内，新闻传播同行们的站位状态，正在频繁地、普遍地发生剧烈变化。这种全行业的从业人员大调整，20世纪80年代初期出现过一次，那时"文革"刚结束，新闻单位扩充队伍，全国各地媒体都大批招聘新人；20世纪80年代末90年代初又出现一次新陈代谢，而以中央电视台"东方时空"为代表的聘用制开始引发新闻工作者全国大范围的流动；2000年前后又出现一次，伴生的是体制外报刊的出现，传媒职业经理人与打工记者应运而生。眼下的这次，可以说是新闻队伍重新洗牌的第四次浪潮。

新闻界风云人物斗转星移

回顾与总结这十几年中国新闻界的风云人物，真可谓是斗转星移、物是人非！

体制内的新闻界风云人物，范敬宜先生显然可以作为代表，他的过早辞世，标志着一个时代的结束。而其后不久，工人日报原社长李冀先生的病逝，也让同行感慨不已。两位老报人虽是两种风格、两种背景，但本质上他们的历史地位与贡献旗鼓相当。

20世纪90年代以后活跃在报界的那些赫赫有名的领军人物，现在基本上都已经退隐江湖。只有范以锦等少数前辈，依然宝刀不老，但是，身份已经不再是新闻单位的老总，而是新闻院校的专家。

老一辈名记者基本已封笔

按道理讲，记者在不在职，都可以用自己手里的笔从事新闻报道。即使是不再作为工作任务而报道写作，也不会停下笔来；成名成家的记者，更是没理由放下手里的笔。老一辈名记者的封笔，是一种评价体系的必然结果。在世的老一辈名记者没有声音，没有作为，这种现象耐人寻味。

解放前的名记者，如黄远生、邵飘萍、张季鸾、王芸生、陶菊隐、顾执中、徐铸成等，即使新入行的没听说过他们的名字，只要读读他们的文章与书籍，就会佩服得五体投地，道一句"名下无虚士"。而新中国成立后特别是改革开放以来的名记者，虽然在同辈同行中名气很大，不过，新入行的不读他们的文章与书还好，真的读了会感觉莫明其妙！

有一个检验名记者名气含金量的简易方法，那就是：文章结集成书，在市场上是否能卖得动、有人读。有些民国老报人的书也许并不畅销，但是对专业读者来说，是很难得的好书，如《许君远文集》。再如张季鸾，近来两家出版社分别来找我约《季鸾文存》的书稿，就说明民国报界领袖的号召力仍然很大。而新中国成立后的名记者，我一时想不出，谁的新闻作品结集出版后可以被出版社列入本版书来对待。

资深报刊人相继退休

近来相继收到多位同行师友退休的消息，推算一下，他们几乎都是1966年至1968年中学"老三届"与1977年恢复高考上了大学的"新三届"，也就是三十年前三十岁左右，正是干事业的好年纪。宋词有句："忆昔午桥桥上饮，座中多是精英。"时光如梭，20世纪80年代意气风发的报界青年才俊，现在确实到了国家规定的退休年限。

这一代报刊人，据我的了解，大都没有充分施展出全部才能，虽然都在新闻专业上作出了很多贡献，可是和他们的实力与潜力相比，留下的业绩并不算多。说他们的才能没有得到充分施展，这主要是因为环境原因。

可能是命中注定，老三届与新三届，遭受了几乎所有的磨难。比较起来，这一代人被浪费的时间最多、所受精神折磨最大、付出代价最沉重、同龄人中成才率最低——这就尤其凸显了这代人中的佼佼者是何等难得。

新一代精英选择了改行

年轻人越来越务实，也越来越缺少耐心。体现在新闻业，就是不再能吸引出类拔萃的青年投身事业。特别值得指出的是，新闻单位经过了前些年的泡沫经济，已经恢复到清水衙门的收入水平，这就更让离去的年轻同行们义无反顾地选择放弃。

几年前在《中国新闻出版报》工作的资深编辑王燕枫选择了改行，进入了航空业，当时给我震动很大。她是中国人民大学新闻学院科班毕业的，按说从事的又是特别对口的专业，怎么就会决然离开呢？现在回过头来看，就不得不佩服她的先见之明。

必须正视一个现实，越来越多优秀的青年，已经不再选择新闻传播作为第一志愿的职业。相当一些已经入行的年轻人，竞相改行，对新闻专业用脚投出了自己的一票。

新闻传播专业工作的特点是门槛相对较低，易会难精，因此，对从业人员的专业才能的要求其实并不高，具有高中以上文化程度，略加训练，都可胜任一般的编采工作。但是，新闻工作者还有一个角色与使命，是社会和时代最前沿的瞭望者与预言者，甚至还是思想者与引导者，所以，真正要做好新闻传播工作，又非优秀的人才不可。在大众传播市场化、世俗化、功利化的现实中，新闻工作者的精英意识淡漠了，这是行业的不幸。青年精英不再选择新闻工作作为值得奋斗的事业，甚至从新闻单位改行，恰恰意味着中国报刊的质量与前景堪忧。

（发表于《新闻记者》杂志 2011 年第 7 期）

报纸再不改可就真没机会了！

并非危言耸听，对传统媒体中多年来占据霸主地位的报纸来说，现在到了生死存亡的关头，就目前中国大陆报业的总体状况而论，虽然还有老本可以吃，尽管出于惯性还维持着原有格局，可是，在信息传播的竞争市场中，无一例外地面临着空前的生存危机——受众资源以加速度的势头流失、广告与发行双向衰减、人才队伍空前不稳定、经济效益日益走下坡路。

NAA（美国报业协会）于2012年3月发布报告称，美国报业的广告收入连续六年下滑，已探底至近年来最低点，过去五年印刷广告收入减半。这说明西方国家的报业到了全行业崩溃边缘，一家又一家的大报、名报、老报相继停刊已经不再是新闻。前些年有专家预言过报纸的末日很快就要到来，现在正视现实，报人们不得不承认这很可能是大势所趋。

在过去的十几年时间里，本专栏始终在呼吁报业改革，如果说在中国大陆报业的高速增长的繁荣时期，这种对改革的呼吁是居安思危的话，那么，现在我要郑重地提醒报业同行们：报纸到了非改不可的地步，因为，再不改就没有机会了！

挽狂澜于既倒是天大的难事，不过，把握住最后的机会，尽量改进报纸质量、增强报纸生命力，在困境中探索出路，坚守阵地，是这一代报人的职责。

实际阅读率与读者满意度

在信息传播空前发达的今天，传统报纸的从业人员最失落的是被告知：你们的报纸没有什么声音呀。报纸印出来，是为了给人看的，而不能仅仅是因为有人编。

有一些机关化的报社运作模式所生产出来的报纸，几乎完全不顾实际阅读率与读者满意度，由于全行业的规则与评价体系已经形成固定格局，使得某些报纸可以超越发行订户、广告客户、读者等上游与下游制约，在没有办好报纸、没有读者好评、没有订户与客户主动支持的条件下，仍然能维持下去。

很多企业有两本账，这种做法不规范，可是普遍存在。中国大陆的主流报纸至今是党政机关事业单位，非时政类报刊改制转企也仍然是国有性质，还不至于冒作假账的风险，然而，如果较起真来，在发行量、广告额等反映本单位工作成绩与效益的指标上，有很多报社事实上存在着两套账，是禁不起严格审计的。

报纸不是完全意义上的商品，在中国的社会环境里，报纸首先要有社会效益。所以，不能把报纸的发行数量与阅读率与网络或广电做简单的比较，某些报纸的实际有效读者数量也许低于发行量，但是，只要报纸真正被阅读，哪怕只有几百份或几千份，也可以发挥实实在在的作用，即使在经济上考量不理想，甚至成为经济负担或财政包袱，必要时也要坚持办下去。

真实是新闻工作的生命线，实事求是是新闻宣传工作的指导思想，官方媒体应当发挥相应的传播功能与效果，而不能形同虚设，这不是什么过高的要求。不考虑、不重视实际阅读率与读者满意度，即使报纸发出去了，也如同微博中的僵尸粉，除了充门面唬人，没任何意义。

报纸的主营业务调整

要迎接媒介生态环境的变化与挑战，报纸从内容到形式都需要再设计。一些被奉为金律玉律的行业规则也要调整、修改，否则，敬酒不吃，罚酒也得吃！全新的信息革命的浪潮已经席卷了世界，很多旧事物都会消亡，会被洪水吞没，报纸要想生存，就得识时务，而不能保守刻板。近年来在通信市场先后有两大媒介已经寿终正寝：一是老资格的电报，在很长时期都是邮政电信业的支柱业务；一是风光了没几年的新产品寻呼机，在20世纪90年代叱咤风云。

报纸从诞生之日起，就是以新闻为主营业务的，办报与新闻工作差不多可以划约等于号，报纸工作最重要的就是抢发独家新闻，新闻是时政综合类报纸的立报之本——这一直是报人的共识，然而，随着信息传播业的发展与进步，在互联网与移动通信已经繁荣到无孔不入、无所不在、随时刷新、只争分秒的今天，一天生产一次的报纸要在提供突发新闻上有所作为，实在是太难，而在相应的新闻宣传纪律约束下，中国大陆的报纸普遍极少有抢发的独家新闻，对于上网、有手机、看电视、听广播的读者来说，任何一种、任何一天的日报，打开来看，都基本是已经通过其他媒介知道了的新闻，事实上报纸所刊登的大部分已经是旧闻了。

失去抢新闻的优势，很大程度上报纸的功能变成主要被读者用来证实网络消息的真实与可靠，这是因为报纸有官方色彩与正式性、权威性。不管承认现实与否，正视这一传播角色的转换，调整主营业务，不再以新闻特别是时效性突发新闻为主要卖点，不打肿脸充胖子、不再以老大自居，与时俱进，切实地扬长避短，发挥报纸特有的优势，才有可能保住尽量多的受众资源份额。

互联网与移动通信所带来的信息革命，加快了新闻的传播速度，在及时、迅速传播新闻的竞赛中，和微博、短信等新兴媒体相比，报纸一天出刊一次，与周刊、月刊杂志一周出刊一次或一月出刊一次，也就是五十步笑百步的差别！

在这样的竞争环境中，报纸有必要向杂志学习，不要再盲目地、徒劳地追求时效性新闻，加强评论与观点、分析，从拼快转向拼精、拼深，从拼信息量转向拼信息质量。

电报与寻呼机消失了，经营电报业务与寻呼业务的企业摇身一变，改做电信网络与无线通信以及手机了。这种紧跟市场潮流与消费者需要而全行业华丽转身的做法，值得报业借鉴。

电报给报业的启示，还在于只要牢牢地把握住市场需求的本质，服务与商品的形式是可以像外衣一样更换的，电报局可以不再提供以打印纸为形式的电报服务，报纸也不见得就一定以纸的形式印刷出版。

西方报业已经有不止一家大报宣布全面转向网络化，也就是停止纸版的日报印刷发行。从消极角度看这是信息市场竞争中报业在成本压力下的被迫放弃，而从积极角度看这是对森林环境资源的保护。在党政机关与企业都倡导无纸化办公，着眼于长远，报纸的未来可能也将是无纸化生产。

从内容到形式的再设计

报纸的改革势在必为。为了生存与发展，报纸需要全面的改进。全国各地的报纸版面上的改变，对具体的报社也许是孤立的个案，但是汇总起来，则显示出潮流所向。

2012年各地报纸的版面格局，总体来说，减版是主调，扩版热潮已经成为历史。各报在精简了版面之后，更加精耕细作，以期在社会效益与经济效益上能够减量增效。

就都市类报纸的情况看，一个明显的趋势是更加杂志化，美术收藏类版面与阅读、书评类版面明显增加，副刊扩大，可读性、趣味性与知识性内容比例增加。

报纸的改进还应体现在产品细节上。在手机、笔记本电脑与平板电脑、电子书阅读器等新兴信息产品不断升级换代、挖空心思进行形式与技术的创新与优化的同时，要承认一点，报纸对于改进自身的产品包装与技术上，太不在意、太不用心了。例如，报纸是以文字为主为工具来传播信息的，但是，对于用什么样的字体、多大的字号等形式来印刷编排报纸，业内大都是要么沿袭成规、要么照抄照搬，很少有哪家报纸认真研究开发。

我注意到有的地方晚报的报刊字体字号过小，正文用六号宋体字，而全国各地晚报读者中的主要群体都是中老年人，也即视力日趋下降的人群，这种为追求视觉上的设计时尚而背离阅读实际效果的潮流，不值得肯定。

书报刊用小字是2000年左右兴起的平面设计时尚，客观地说，小字、大留白确实能产生一种雅致的感觉。不过，形式上的美观，如果与实际阅读效果发生冲突，作为艺术类报刊也许还可以选择美观，而大众报刊则首先要考虑实用。2004年我注意到这个问题，在我当时主编的《中国书画》全面调整加大了一号字体，大概全国书报刊，这是最早的一例。当然，这也不是什么创新，"文革"期间，《参考消息》以及一些古籍、马列经典著作都印过大字本，是为了服务于老干部，后来《参考消息》还保留了另印大字本的做法。

来自不同报社的信息表明，报纸的广告与发行，越来越艰难，每况愈下，在经营管理层面，报业也需要重新设计流程与规则。中国报业这三十年，走过了由俭入奢的历程，现在由奢返俭，其难可想而知。

省级以上的党报很大比例的广告来自于形象广告，也就是说依赖于政府资源与人脉影响力，说白了，很多广告不是为了商业目的而投放的。今后报纸的广告增长点应当目标锁定在小广告、分类广告、廉价收费服务信息，广种薄收，而不能好大喜功。亏本发行、靠广告补贴的原有经营模式，已经快走到尽头了。

（发表于《新闻记者》杂志2012年第4期）

公益广告：传统媒体大有用武之地

自 1986 年中央电视台开播《广而告之》栏目至今，中国的公益广告由无到有、由少到多，成长为主流媒体的一个重要组成部分，中央文明办、国家工商总局、国家新闻出版广电总局等相关部门作为公益广告的政策制定者与指导者，相当于总导演，二十几年来收获颇丰，全国产生了一大批优秀的公益广告作品，对促进精神文明建设、倡导健康文明的生活方式，起到了潜移默化的宣传作用，可谓功德无量。

近来国际国内形势空前复杂多变，处于转轨变形期，社会上存在着思想、观念的混乱以及道德、伦理的危机，正是公益广告发挥自身优势，可以大有用武之地的时候，党的十八大以后，随着"讲文明树新风"活动深入开展，以《人民日报》为代表的官方媒体明显加大了公益广告的投放力度。

与此同时，报纸、广播、电视等传统媒体在互联网与移动通信等新媒体的冲击下，在新闻时效性、评论权威性、海量信息、无限链接、公众参与度以及覆盖人群数量等方面，客观地说处在节节败退的状态，公益广告由于其非盈利性与非商业性的本质特点，决定了新媒体投入的热情与动力不足，而传统媒体却因为要服从上级部门的领导布置，相当于完成规定动作，没有讨价还价的余地，必须把公益广告作为政治任务来完成，因此，反而可以在公益广告上大有作为。换个角度来看，公益广告的社会效益导向，本来就是官方新闻单位的义不容辞的责任。从积极的方面出发，传统媒体应当认清媒体生态环境，把公益广告作为自身的优势强项来打造，把公益广告当成正戏来唱。

在舆论引导上补新闻评论之所短

公益广告具有广告的形式特点，也就是可以反复频繁播出或刊登，对于引导社会舆论，这一特点具有极其重要的价值。

5月是旅游旺季，一个学生爬泰山看日出，拍了山顶观景台的照片，我注意到虽然有垃圾箱，但地上还是散乱地丢弃有食品饮料包装盒袋以及果皮、烟头等，实在是大煞风景。这样的现象，相信在其他旅游名胜也同样存在。批评这种现象的各类新闻评论，很多年以来，在报纸、杂志、广播电视没有停息过，但是似乎无法从根本上解决问题。

5月还有一个引人注目的社会新闻，北京开始对行人闯红灯予以罚款十元的处罚，此前，有领导曾明确批评"中国式过马路"行为。即使在首善之区的北京，面对路口红灯，行人们也往往会"凑够人数就可以过了"。行人不遵守交通规则，抢机动车的道，造成车辆通过路口缓慢，加剧了道路拥堵。围绕这一话题，新闻评论也做了很多文章，但是同样不能解决问题。

原因何在？新闻与评论在性质上都要求是原创的、一次性发表的，这样一来，即使是最有分量的新闻与最有说服力的评论，哪怕用新闻联播或新华社播发通稿的形式，也只能刊登播发一次。

社会不良陋习的感染人群是巨大的，如吸烟、酗酒灌酒、醉驾、家庭暴力、随份子钱、赌博等，陋习的形成是有很长历史的，一个人即使是认识到了危害性与错误性，也很难做到立竿见影地改邪归正，而在当前的传播环境里，任何一种媒体也难以让全社会大多数人都阅读收听收看到某一特定的一次性传播的信息。要纠正涉及很多人的不文明行为或不健康、不安全行为，必须有无远弗届的覆盖面与反复强化的穿透力。

新闻与评论的批评揭露与苦口良药、谆谆教导固然重要，但是，仅仅靠新闻与评论是不够的，在影响人的思想观念、引导人的行为方面，广告特别是公益广告有着不可替代的优势，它可以长时期多次反复大量刊登播放，可以让受众耳濡目染、潜移默化，任何新闻与评论也做不到全国人民都倒背如流，而成功的广告却可以把一句话变成流行语，妇孺皆知。

报纸要向电视学习如何做公益广告

中国最早的公益广告是贵阳电视台的"节约用水"广告，电视台在公益广告创意与制作上，始终保持着领先优势。由于近年来影视文化的发达，无论是在技术上、设备上、人才上，都为拍好电视片提供了更理想的条件。

以倡导慈善、环保、助残为诉求的公益广告的形象好，使得大牌明星愿意出演，甚至是义务赞助出演，如在铁路系统车厢里电视屏幕上播出的姜文出演的提倡保护野生动物、不吃鱼翅、不用象牙制品的公益广告电视片，已经接近国际水平，效果很好。

中央电视台的公益广告，在国内传统媒体中始终处在领军地位，每天播出的公益广告节目也最多，形式风格多种多样。当然，这不等于没有水平质量平庸的公益广告滥竽充数。

为了保证公益广告的传播效果，有关部门对公益广告的时长与时段及版面都有硬性指标规定。新闻单位也都能按照指令完成任务，但是，所刊登播出的公益广告，总体而言还是多少都存在空洞说教，老生常谈，没有新意，没有美感，不能吸引人也就不能影响人的缺点与不足。

应当形成一个共识：广告也是新闻传播的一个组成部分，八股风不仅在新闻评论上有市场，在广告上也有市场，公益广告中的"假大空"与官腔、套话，不仅无益于公德、公益，反而会妨害所宣传的主题。

特别值得注意的是在报刊平面媒体上，有些公益广告就成了标语口号加图片，浅薄简单，几乎就是黑板报水平，让人望而生厌。这种做法太老套、太过时，几乎没有信息含量，更谈不上创新，很难打动今天的读者。

公益广告需要政策扶植

公益广告作为非经营性广告，在新闻单位主动自觉地贡献以外，更重要的是需要政策扶持引导。鉴于公益广告只有广告的外表，内在成份其实是宣传，在实际操作上，就没必要把公益广告非得划归工商行政部门主管。过去出于行业条块分割的考虑，各家新闻单位都把公益广告划归到广告部的分工范围，时过境迁，现在已经可以下结论：公益广告和工商局基本上不搭界！公益广告本质上不是工商广告，而是精神文明建设的组成部分，是严格意义上的宣传工作，虽然在播发环节可以归广告部门，但是创意、策划、制作、编排，不是单纯的广告人员所能完全胜任的。在实际工作中，有些单位的公益广告并没有交给最能干的广告高手，而是由普通广告人员应付差事，并且只要政治上把好关，在创意与设计水平上并没有严格的标准，所以，做出来的公益广告就有粗制滥造之嫌。

过去新闻单位习惯于把工作分成新闻宣传、印刷发行制作、广告三大块，把广告完全划为经营性工作，广告部工作人员也完全是市场营销人员，在"两分开"的政策下更是泾渭分明，目的在于严格禁止采编人员参与插手广告发行，这对于整顿新闻队伍作风、加强新闻宣传纪律是有必要的，不过，并不是反过来禁止广告工作人员关心或参与新闻宣传工作，也就是说，记者编辑不能也不该拉广告，而广告业务员或设计师写稿子，却完全是符合政策的。因为这符合"全党办报、群众办报"的方针。

反过来，禁止采编人员参与广告发行等经营活动，出发点与目的都是为了职业道德与新闻宣传纪律上防微杜渐，并不等于编辑记者评论员绝对不能为广告提供创意或文字策划，实事求是地说，至今为止新闻单位的采编人员思想水平、文化素质与文字写作能力，总体而言还是比广告人员高出一筹。这在公益广告的创作上体现得更明显。要切实提高公益广告的质量水平，达到更好的传播效果，就有必要调动采编人才共同参与。好钢要用在刀刃上，从传播效果考量，公益广告现在差不多是传统媒体所剩不多的能与新媒体相竞争的优势所在，值得投入最精锐的人才！

在全新的传播环境中，完全可以打破旧的束缚，建立与时俱进的新闻理念，例如传统媒体的优秀报道或评论文章，按照惯例都是一次性发表，其实，如果确实是观点精彩、事实感人，难道就不能采用广告形式，予以重播、重复发表？一篇重要的评论，难道不能作为公益广告发表？新闻报道与评论中的闪亮点，难道不是现成的极好的公益广告文案？

要让公益广告专业人才队伍可持续发展，鼓励更多、更好的公益广告精品诞生，有关部门还可以借鉴参考文化艺术领域普遍行之有效的奖励机制与政策，如建立课题申报制，围绕着特定任务面向全国乃至全世界招标征稿，重赏之下必有勇夫，吸引最优秀的专业精英投身到公益广告事业。还可以借鉴参考电影电视专业的百花奖、金鸡奖、中国新闻奖，设立有足够权威的公益广告奖，每年重奖公益广告优秀人才与优秀作品。

（发表于《新闻记者》杂志2013年第6期）

"传媒观察家"专栏的结束语

　　天底下没有不散的筵席。我为"传媒观察家"这个专栏撰写稿件已经将近十五年，是时候说声再见了。最后这一篇，请容许我再唠叨几句。

　　我从1999年3月开始在《新闻记者》刊发第一篇"传媒观察家"专栏，到2013年12月，只差两个月就满十五年。这期间，除了有一年是与其他同行轮流撰写，十四年都是我的个人专栏，每期三千字左右。在新闻专业期刊，持续十五年时间的个人专栏，大概至今找不出第二个例子。这一专栏的稿件，先后结集出版了《中国媒介前沿》（新华出版社2003年）、《把脉中国传媒》（中国广播电视出版社2008年）两部专业书籍。对我个人来说，收获很大。

　　如此漫长的马拉松，说实话事先我是根本没料到自己能坚持下来跑这么远的，这与其说是考验了我的耐力与后劲，不如说是体现了《新闻记者》杂志编者的气度与恒心。我永远感念给我这一机会的吕怡然、贾亦凡、刘鹏诸位先生。

　　在我开始执笔写"传媒观察家"专栏时，年龄三十五岁，刚刚博士毕业，因此，好些年我的作者署名前都冠有"博士"二字，这是因为当时新闻传播专业博士还是凤毛麟角，而我年少气盛，还以此沾沾自喜。回过头来看，当年写下的文章，有不少幼稚粗疏之处，如果说当时还有不少专业报刊转载摘引，也只是因为"初生牛犊不怕虎"，顾虑少、敢说大实话而已。

　　十五年，一个在校新闻专业学生足够留校任教升为教授了，一个刚入行的编辑记者足够成长为社长、总编了。十五年，多少报界的人事兴替，多少人一夜成名天下知，又有多少人跌倒出局声名扫地！十五年，多少新办的报纸创办后一路高歌成为传媒重镇，同时又有多少占尽风光的报纸盛极而衰，甚至关停并转！我庆幸自己能够有机会对这十五年来的中国传媒业留下了一份大致连贯的记录。

回顾十五年来，我在"传媒观察家"这个专栏的系列文章里，记录了、评说了中国传媒界的方方面面，有些现象与问题事过境迁，现在重读已经没有意义了，但也有些现象与问题，我一直在反复强调，可是至今仍然是老大难痼疾。

这十五年来，我虽然一直从事新闻传播专业工作，也出了五六种新闻传播图书，但是同时也在美术、文学、茶学、文物收藏等几个专业多少做点研究，出了多种杂书闲书，相比而言，我出书品种最多的专业是美术与文物收藏，迄今已逾十种。事实上，新闻业内一些朋友知道我一直在转型、调整专业结构。希望今后继续得到大家的支持与帮助！

2001年我在广州出版过一本茶书，后来在北京又有两家出版社先后出新版，这就是《闲闲堂茶话》，在后记里我写过一首诗，是题赠约我开茶文化专栏与为我出书的编辑的，录在这里向新闻界同行讨教：

> 茶书一册赖君成，
> 我本无心续茶经。
> 文章报国时未许，
> 万千滋味且品茗。

2013年10月

（发表于《新闻记者》杂志2013年第12期）

新闻传播专论

Research Papers on Journalism

媒体转型与重建

影响力经济概念的提出与媒介核心竞争力简析
——在北京广播学院的学术演讲

摘要： 网络经济的产生和发展一直以注意力经济的概念为基础。但注意力经济实际是一个传播学的概念，它无法指导媒介市场经营。因此有必要引入影响力经济的概念去解释媒介的盈利机制。媒介的核心竞争力主要不在于资本，它由核心人才、核心内容、核心受众三个要素组成。

随着媒介市场的繁荣发展，竞争日益激烈，各种媒介的决策者与经营者越来越重视引进企业市场营销理念与方法。核心竞争力，近来开始在媒介业界受到关注。核心竞争力的确立与营造，成为媒介市场竞争的重要策略组成。但是，媒介的核心竞争力具体内涵是什么，至今没有一个明确的说法或共识。

分析媒介核心竞争力的构成要素，必须首先引进"影响力经济"这个新概念。一望而知，"影响力经济"是从流行多时的"注意力经济"衍生而来的，是对注意力经济学说的升级提高。

媒介的双向销售，体现在报刊市场，是发行销售与广告销售两个环节。事实上，全面解析媒介的市场营销过程，"影响力经济"只是就广告营销而言，在发行市场真正起作用的应当是吸引力，即争取受众的努力。在这个角度可以称之为"吸引力经济"，吸引了受众，得到了第一次销售机会，然后才谈得到

"影响力经济"。

为什么说注意力经济现在已经不能够解释媒介市场的现实，也不能够指导媒介市场经营了呢？这是因为注意力经济更多的是一个传播学的概念。也就是说，当初提出注意力经济的时候，主要是依靠以网络为主要对象，为网络经济代言的。网络经济当时在注意力经济大旗的号召鼓动之下，在市场中吸纳了很多资金，也吸纳了很多人才，促成了网络经济的繁荣。但是，注意力经济不是一个营销理论，它没有坚实的市场营销基础。

所有的网站，特别是知名度很高的网站，它们按照注意力经济的逻辑去运作，基本都会把所有的资源、所有的资金，大部分用在争取或者说吸引更多的注意力上面。

事实证明，这个理论对硅谷、对IT媒介曾经有奇效，短期内能够由一个很小的公司发展到一个庞大的企业。比如说像雅虎，创业时是一个很小的企业，短时间内能够膨胀为一个市值数百亿美元的大企业，这显然是借助了注意力经济的理论威力。

一个事实是，在人类历史上，凡是能够超常规发展，出现非常不同寻常的事业或成就，一定是依赖一个新理论。没有理论是做不成大事业的。

近十年的网络经济风起云涌，靠的就是"注意力经济"这个新的理论。注意力经济的逻辑基础是什么呢？——只要能争取到注意力就能够在市场上成功，就能升值、融资、发展。这是对注意力经济的比较简单的解释。

当时很多人都认为这是一个创新的理论，在一定程度上它也确实是一个创新的理论。因为它使得大家对信息时代、信息社会和信息经济的特性有了新的认识角度。在未经实践检验之前，这一理论看上去很有蛊惑力，让人们感到它说得非常有道理。

如果是用网络经济、用注意力经济那种运作手法去操作报业，容易犯烧钱的错误。例如在北京，近来有相当比例的灯箱被各种报纸所占据。灯箱广告是一种很昂贵的媒体，很多大企业都没有用它，而这些新办报纸，却大出风头，这实际上是接了网站的班，因为以前，繁华地段的灯箱广告，基本上都是网站广告的天下。后来网站广告撤下来了，这些报纸广告就跟进来了。报纸灯箱广告把网络、IT媒体的游戏规则和做法都继承下来了。很有意思的现象是，《北京青年报》和《北京晚报》的灯箱广告并不多,至少我看到的不多。看到最多的是《京华时报》《信报》,甚至《劳动午报》《华夏时报》,这些报纸没有把精力、把自己需要投入的资源集中在核心竞争力上面,而是去拼夺或打造注意力资源,这显然是本末倒置。

注意力经济解决的只是传播学这部分的问题,而在市场经济现实中,传播学理论不见得适用于企业经营。毫无疑问,任何企业,特别是信息企业生存的首要因素,是要借助甚至是追求注意力资源。但是,仅仅有注意力,解决不了全部问题,也就是说解决不了企业的生存问题。不管是做什么营销的,仅仅被市场消费者注意到,不一定能让你赚到钱。很多企业知名度并不低,像爱多就是如此,注意力资源无比可观,但是仍然挽救不了市场中失败的命运。为什么很多企业有了那么多的注意力资源,或者叫知名度、品牌价值,还会在经济上遭遇死亡呢?这就说明,用注意力经济来解释市场现象是有缺陷的。它可能说明了一部分真理,但不是全部。

影响力经济和注意力经济,虽然只是两个字的区别,但是,影响力经济是一个营销学概念,已经不再是传播学概念了,它是基于传播学理论的营销概念。正如广告领域的整合营销传播,实际上在学科的定性分析上是一个营销的学问,而不是一个传播的学问,它只不过是用了传播学的工具技术和科学方法,解决的是营销问题。假如某个广告公司所做的整合营销传播企划案在传播方面的效果很好,但是在营销的层面没有收益,显然是失败的。

如果说注意力经济突出的是受众对媒介发布信息的注意,那么影响力经济实际上解决的是一个互动关系。在信息发布者,媒介或者是信息企业与其消费者之间,不仅仅是一个单向的注意,不是作为一个企业其产品或服务为尽可能多的人所注意,而是还要影响了足够多的人。也就是说,媒介企业在市场里的收益和经济效益如何,不取决于注意力资源得到了多少,而取决于它的影响力的大小。

影响力经济解释的是媒介进行广告销售的一个盈利机制问题。媒介要想在广告领域里生存盈利,不管是什么样的媒介,广告量和广告收费标准的多少,取决于它对多少、什么样的受众有多大的影响力。如果没有实质性的影响力,而仅仅是受众注意到了,那实际上等于是无效广告。

在报刊领域探讨市场营销问题的时候，经常有人提出"无效发行"现象，我认为无效发行并不准确，严格地说应当是无效广告。就是在这部分发行上面依附的广告，没有产生任何的效果，也没有任何的影响力。影响力与受众对象直接相关，如果对一个下岗工人去推销冰红茶，可能会有影响，但如果对下岗工人推销劳斯莱斯汽车，显然就没有效果。而反过来如果对亿万富翁推销劳斯莱斯汽车，成交的可能性就很大。

对媒介来说，首先要确立核心竞争力。媒介的核心竞争力是什么？在竞争的过程中，不同的媒体之间，拼的究竟是什么？有一些人很简单地认为：拼的是钱。为什么有很多人认为媒介之间现在已经到了拼钱的地步了呢？实际上是把其他企业的竞争情况直接移植引进到媒介里来了。在很多企业，核心竞争力要素之一就是资金。虽然美国的营销理论认为核心竞争力是一种文化，但是在实际中，例如搞金融企业、证券、投资，在核心竞争力中如果没有资金，别的就都谈不上。银行家如果没有资金，还谈得到什么核心竞争力呢？因此，很多企业，谈到核心竞争力的时候，第一条就会强调资金实力。有的媒介提出自己是新型主流媒介，实际上却是支流媒体。这种报纸的创意应该说是不差的，但是，有的时候目标和理想必须得有现实基础，想建一个世贸中心那样的摩天大楼，就必须得有那样的人才和那样的实力。如果设计能力达不到，仅仅有一个设计的愿望、目标，当然不行。实际上近来一些新办报纸的人才与机制，都存在问题，不足以支撑其目标。想做一个新型主流媒体，就应该有一个精英团队。但是，新办的媒介往往没有精英团队。

新闻报道涉及企业界时，尤其企业做自我宣传的时候，大都会把资金雄厚当作很重要的指标。像石油、航空、航天这样的企业，没有资金，去谈别的，都是空对空。而媒介业我认为并不是一个资金密集型的行业。这又涉及一个现在颇为流行的一个观点，就是认为中国的媒介现在已经到了资金大投入、大产出阶段。它的潜台词就是说，现在媒介行业实际上需要的是资金密集，而且资金的门槛越来越高。资金门槛越来越高是一个事实，但是，在本质上讲，如果和其他行业比较，媒介显然仍然不是一个资金主导的、资金密集的行业。

那么，媒介核心竞争力的核心要素是由什么组成的？我个人认为，它应该有这样三个要素：一是核心人才，或者叫核心的团队；二是核心内容；三是核心受众。这是和其他任何行业都有很大不同的。当然对智力产业和文化行业来说，核心团队应该说都是首要的。

媒介核心竞争力的第一个要素是核心人才。媒介本身应该是一个智慧密集型的行业，它需要的是一流的人才、一流的智慧。如果没有一流的人才、一流的智慧，就谈不到有什么竞争力。中外的媒介市场中，这样的例子不胜枚举，凡是取得辉煌成功的媒介，必然是有一个出色的核心团队，或者是有一个灵魂人物发挥影响。

媒介市场里面有很多反面的例子。过去在没有竞争的时候，某个媒介的市场占位、市场份额都很好，市场一旦发展起来，很快它就垮台了，甚至到关张的地步。比如有20世纪90年代中期中国广告收入名列前十位的大报社，很早就广告收入过亿，但是，随着新兴报纸的崛起，它迅速崩溃以至被人收编。这说明一个媒介机构如果没有核心团队的话，一旦出现竞争，它就会被那些有核心团队的竞争对手打败。

构成媒介核心竞争力的第二个方面是核心内容，它与核心人才密切相关，但又不完全重合。媒介从产业性质上看就是一个内容供应商，作为信息产品，其内容是由什么构成的？有没有自己的特色？这是至关重要的。核心内容就是特色和拳头产品，是别人所没有办法竞争的。在媒介的传播市场中，受众对媒介的消费选择，取决于对其内容的判别，只有拥有足够多的吸引人的、能让受众满足的核心内容，才有生存的可能。

由于网络的普及，信息爆炸、知识爆炸成为社会现实，对传统媒介来说，信息的来源可以说接近于无限大，如果还按照信息短缺时代的模式运作，只强调多、全、快，就难以在市场中立足。因为在平面媒介的版面增多、电子媒介的播出时间增多的条件下，不同的媒介都可以做到信息量的多、全、快，仅仅靠这些无法树立竞争优势，媒介必须要有自己独特的核心内容，也就是独具匠心的、更个性化的、更有新意的信息产品。有一种观点认为现在从事新闻传播只是选择的角度与处理手法不同，这是外行的看法，真正的高质量媒介，首先要能源源不断地向受众提供独家的核心内容。

媒介核心竞争力的第三个方面是核心受众。核心受众与影响力经济密切相关。所谓的核心受众，意味着能够让某个媒介在市场中、在社会效益和经济效益方面有足够的影响,能够在市场里面得到应该得到的收益。媒介与其他商品在消费者导向方面别无二致,能否拥有稳定的、可观的铁杆顾客,决定其市场竞争力的大小有无。

媒介近来竞争很激烈,在报业市场尤其明显,不同的报纸在市场里面的位置、效益好与坏,其实主要取决于各自拥有的受众群体。如果面向的是一个没有广告消费能力的群体,就只能得到社会效益,而得不到经济效益。典型的例子是少年儿童报。少年儿童报的发行量都是非常高的,甚至可以高到数百万份,但是,普遍的情况是,少儿报的广告额都少得可怜。为什么这么高的发行量,居然不能换来相应的广告?是因为它的受众是少儿群体,对消费采购没有决定权。少年儿童报其实基本上都是很赚钱的,因为发行价格本身比成本高。而大部分的、市场化的尤其是新闻类的报纸,现在都是赔本发行。因此,就形成了这样一个市场格局,综合性报纸想得到足够多的广告收入,就要放弃发行的利润,就不要指望靠发行赚钱。

为什么少年儿童报纸能够定价高呢?是因为现在的少年儿童报纸,大部分是带有强制性的。并不是孩子要订这份报纸,而是他们的老师要订这份报纸,学校要学生订这份报纸。它的运行不是完全的市场行为。

有广告盈利需求的报纸,就不能依靠强制手段来逼迫读者订阅某一种报,只能让读者感到所付出的报款很值得,而且所得消费满足远远超过开支。因此,分析研究媒介的盈利模式,对于媒介在市场中的科学决策是非常关键的前提。媒介作为商品可以是发行盈利导向也可以是广告收入导向,这两种类型的媒介必须明确知道自己的定位,这样才会有的放矢。

所谓的影响力实际上是一个受众问题,也是传播的效果问题,这表现在受众的人口统计学特点上,相关数据如受众的消费偏好、消费实力、收入水平都是可以量化的。一些发行量并不大的报纸,像《计算机世界》《中国计算机报》发行量只有十几万份,却能够有很好的广告效果。因为这两种报纸,能够告诉所有计算机厂商:读本报纸的人都具备对IT产品和服务的消费愿望,同时,一般而言,都具备消费能力。订这个报纸的人一定在IT消费方面是社会的主流人群。

眼下所谓的媒介调查,即受众调查,之所以市场这么活跃,有这么多的公司愿意投资做媒介调查,也就是因为,它虽然不能够准确地提供一个影响力指标的数据,但它至少能够提供一个近似值。越是细分市场的媒介,越需要有很能够说服人的具体数据。比如现在有一种媒介《高尔夫》,面向的都是高尔夫的会员、消费者,那么,它提供给广告主的数据就比较明确:要成为一个高尔夫俱乐部的会员,他应该是收入在什么水平?他应该至少支付了多少会员费?由此,杂志吸引了大量高档消费品的广告。该杂志发行量并不大,对广告主来说,媒介发行量不是最重要的,能不能真正促进商品销售额才是重要的。

媒介的核心竞争力是由核心人才、核心内容与核心受众这三点组成的。可以说,它是以人为本的。其他物质化的资源,比如房地产、设备、资金,都不构成媒介行业的核心竞争力。一个新办的报纸能不能成功,不取决于有多大一个办公楼,有多大的一个印刷厂,或者说有多少启动的资金。真正按照现代市场经济规律做媒介,竞争力不应该体现在资金方面,而应该体现在人才、内容、受众上,这才是媒介决策者应当真正重视、真正全力以赴去抓的工作重点。

(发表于《杭州师范学院学报》2002年第2期)

就传媒创新答复旦大学博士生问

问：一直以来我们都在谈论传媒创新问题，那么目前我国传媒创新的关键点在什么地方？它所面临的是怎样的一条路？

答：和其他产品市场一样，传媒市场也要首先发育成熟，再谈创新。目前我国的传媒市场还没有完全成熟，创新还远远不够。如果市场没有完全放开，生产者就不可能完全释放出所有潜在的能量。这是缺乏创新的根源所在。在没有充分竞争的市场里，生产者会求稳、求保守。这也是垄断市场的规律，有垄断存在，就会懒于创新。创新意味着产品更新换代，投入增加。创新需要钱，需要智慧，需要很高的成本。在充分竞争的市场中，自然而然就会追求创新。现在的传媒市场局部竞争还是有的，各媒体间有利益关系、竞争关系，需要创新，逐步培养起了创新的热情。只有鼓励竞争、充分竞争，市场才会形成创新的动力。

问：传媒创新目前涉及哪些领域呢？又体现在哪些具体方面？

答：传媒创新现在已经涉及了各个领域。例如广电媒体，电视从字幕、配音到插播广告、主持人主持形式都在创新。回想1983年到1993年这十年中，央视的主持人没有什么变化，形式和风格都很单一，而现在却一直在创新的探索中。报纸杂志也在借鉴新技术，从纸张到印刷工艺都在寻求突破。传媒领域不能故步自封。所谓"新"就是要满足消费者的不断增长的新需求。消费者欢迎创新，会对每一个细节每一个小的创新有兴趣。媒介应该超前引导，用更时尚、更科学的方式把资讯提供给消费者。创新的最高境界就是要在本行业中领跑。

问：您刚才提到中国目前的传媒市场还不是一个充分竞争的市场。那么现在中国的传媒市场是以垄断为主导还以创新为主导？

答：中国传媒市场是相对垄断而不是充分竞争的。如果真正放开手脚的话，创新是会蓬勃发展起来的。决定创新与否或把握创新方向的是传媒集团的老总，也是"木桶效应"中最低的那块板，其办报思路、设计构想对所负责的传媒的创新负有决定性责任。

问：传媒如何做到真正的创新？您对报刊创新有什么样的设想呢？

答：我把创新划分为两个境界。一是要达标，即不管纵向视野还是横向视野是否达到专业标准。以历史上的《申报》《新报》和《时报》水准为标准，现在办报纸没有达到前辈水平的，需要重新补课。横向的国际比较也是如此。二是要真正的创新。这在国内还极为少见，新闻传播实务和研究都缺乏突破性的创新。创新和充分竞争、自由竞争是密切相关的。报刊创新的一个方面是传媒衍生产品。一个小小的随刊纪念品，或是有创意的宣传小卡片可能都对消费者有很强的吸引力。举个例子，每个学期开学时报刊可以附赠读者空白的铜版纸来供学生包书皮，可以设计得很美观，一面是广告一面是空白，这样既有很好的广告效果，也是设身处地地为读者服务，增加报刊的实用性。

问：入世对传媒创新的影响主要体现在什么方面？传媒的体制改革会有什么样的成效呢？

答：主要体现在广电领域与互联网领域，入世对电视的影响是最直接的，互联网是一个更开放的环境。在报刊领域，入世的影响很微弱，因为报刊是本土化产品，是民族语言产品。传媒的体制改革，尤其是报业的整顿、整合，现在看还是影响非常深远的。下一阶段，就是要划分开公务员和报刊社工作人员的身份，从事业单位剥离出去，直接进入市场，变成了一个独立生存的机构。目前这个阶段是中国报业有史以来最繁荣的阶段。和国际报业相比，我们在人均报纸拥有率、报纸版面信息量方面还有差距，而这个差距意味着机会和发展空间。中国报业的发展空间还是非常广阔的。现在中国的传媒从业人员生逢其时，应该大有可为。

问：众所周知创新是需要很高成本的，那对一些经济实力相对弱势的传媒集团来说，他们所能做的可能就是模仿或跟进，您怎样看待创新与跟进的关系？

答：主动创新是强者的权利。体现在国内报刊界，近年来率先尝试新的形式、新的做法的，往往也是实力雄厚、业绩出众的传媒。弱者无法承担创新带来的高成本。明智的策略是加强对行业动态的观察和扫描，建立一个借鉴引进的机制，类似于复制、粘贴。我一直建议大的传媒机构建立健全创新机制、研发机构。如果在北京做一个新的日报，就要把全国值得借鉴的经验拷贝过来，就是模仿创新。模仿是经济发展的重要促进力量。及时、巧妙的模仿本身也是一种创新。这种模仿从大的方面可以是整份报纸或杂志的克隆，从小的方面可以是一个专版或一种版式的拷贝。但同时自己还要有自主创新的能力，重新组合，博采众长。创新的成本很高，有主动创新也有被动创新，动力来自追求市场优势。我主张媒介要成为学习型企业，也就是追求创新。

问：您讲过在一定程度上，传媒是一个经验性的行业，经验和创新之间有矛盾吗？您认为传媒如何在经验和创新之间寻求最佳结合点呢？

答：从本质上讲，媒介需要经验来做主导。《纽约时报》从来没用过一个不到三十岁的总编。年轻一代的学术学问、知识结构、天分都很好，但需要火候，这就需要时间。做报刊，最短也应该做十五年才能谈得到完全精通。没有十五年，有的东西就超出了经验范围。

现在整个媒介行业处在既需要创新又创新不够的阶段。如果想创新，还要进一步改革开放，要创造一个良好的进入机制。在不充分竞争的环境下，创新是很难谈到的。

问：随着传媒经济运作日益规范化与市场竞争加剧，现在出现了一批传媒机构职业经理人。这对传媒行业来说可能也是一种创新。传媒职业经理人在传媒创新中的价值在何处？目前其现状如何呢？

答：职业经理人只有在企业化运作中才会出现。中国报业现在有很多创新和探索，包括多种形式办报，职业经理人的出现是以利润指标为前提的情况下才成立的，实际上负责的是财务报表，为利润负责，要用专业的手段去管理。眼下这样的职业经理人在国内还是非常少，但是是一个发展方向。没有足够多的职业经理人，会制约中国媒介产业今后的发展。

（发表于《新闻实践》杂志 2003 年第 11 期）

从事新闻传播工作应具备哪些素质

新闻传播业是一个发现与探索的行业，需要复合型人才，从业人员要具有很多方面的素质才能够胜任工作。我认为新闻工作者必须具备以下几个最主要的素质：

第一个素质就是好奇心。这是一种发自内心的不可抑制的好奇心，对外面的世界好奇并乐于探索，它不是简单的猎奇心理。猎奇是对特殊事物的兴趣，而好奇是对任何事物都感兴趣。好奇心强的人碰到什么都感兴趣都想了解，对各种社会事件或活动，都想知道究竟。一个好记者和一个差记者的区别就是有没有好奇心。好记者善于发现，因为他好奇。有的记者总是知难而退，浅尝辄止，给他指到哪就到哪。优秀的记者却不是这样，他能够从平常事件中看到不平常，因为好奇他会追查事件背后的问题。最典型的例子就是美国历史上的水门事件，那两位记者是有好奇心的，他俩不满足于报道一宗简单的入室盗窃案，而是发现更多的线索，如果他们不具备强烈的好奇心，水门事件能搞这么大吗？所有名记者都是有好奇心的。范长江能出名是因为对陕北红军的好奇，斯诺能出名是因为对中国红军、中国共产党的好奇。没有好奇心，他们就不会付诸行动，就没有后面的成功。好记者都是这样的，只要对某个人、某件事、某个现象和某个问题感兴趣，就会去了解，去调查，去发现，去报道。好记者是不需要别人去指挥的，在一个大的新闻机构里，真正的大牌记者是特立独行的，你不用去管他，他就忙着工作，并且忙不过来，给自己安排的事情多得很，不会闲下来，这是好奇心自始至终在起作用。和普通记者相比，他会收集到很多额外的信息。与之相对比，一个差的记者却什么新的东西都没有发现。

第二个素质是反应要非常快。没有反应能力只凭好奇心是不行的，新闻敏感其实就是反应能力，反应能力强、反应快的人，就能够很快发现问题。遇到一个事件，有的人就放过去了，有的人就会很快反应过来并认识到问题的重要性。还是以水门事件为例，当时许多人把它只是作为一个小小的入室盗窃案来报道的，而这两个记者却感到这个事件不简单，迅速调查事件的背后，反应很快。又例如另外一个新闻史上的例子，两个记者同样是去参加一个会议，到了以后得知会议被取消，一个记者就立刻打道回府，另一个却马上追问会议为什么取消，结果发现了一个重大的新闻。同一件事，一个记者回去说今天没有新闻，另一个却发现了一个重大新闻，差别就这么大。没有反应能力就会错失良机。这种反应能力有的是天生具备的，有的是可以后天培养的。在有生存与工作压力的状态下，职业的本能激励记者必须找到新闻，必须做出反应，没有先天的敏感也可以培养出来了。

第三个素质是真诚与正派。正义感不是心理层面的而是精神方面的。记者要实事求是，要认真负责，对他担任的工作有责任感、有正义感。我认为新闻工作者应当传播有效的、有价值的和有意义的信息，而不是无意义的、无价值的信息。什么是有意义的信息？举个简单的例子，寓言里孩子说"狼来了"，就是假新闻，它的本质是传播一个不存在的信息，它传播开来结果是骗人的，最后是害人害己，这就导致传播的失灵，传播者和受众的通道不再畅通。在信息传播中没有正确这个概念，只有真实和尽可能的准确。诚实是融化于血液里的品质，做新闻传播的人必须是诚实的人而不是虚伪的人。现实社会中骗子作新闻的，言而无信的，说大话和说空话的大有人在，这都是无效、无意义的传播。真诚与正派是新闻工作者最重要的素质，也是最起码的素质。没有真诚与正派，就不能当好新闻工作者。对社会而言不真实的新闻还不如没有新闻。

第四个素质是较真。较真就是钻牛角尖，追根问底，抓住这个东西不放，对很多东西都要弄个水落石出不可。在传播过程中较真可以保证媒介的品质。一个高质量的媒介和一个很差的媒介，最大的区别就是细节和品质。较真就有品质，不较真就没有品质。不较真怎么行！本身不去注意细节，做起工作来就是低层次的，产品也是低层次的。较真和不拘小节是矛盾的，也就是作为高质量的报刊或广播电视节目就是要注意细节，谁也不能做到完全正确或永远不错，认真较真还会错，不较真更会出错。现在新闻传播都是大批量生产，大工业化并不意味着很多环节是可以放松和减少对细节的严格要求。如果媒介追求精益求精的较真精神，对细节和品质有严格的要求绝不放松，那么传播的品质就会有保障。

第五个素质是老老实实的态度。也就是知之为知之，不知为不知的态度。虽然都是主要以文字或平面视觉表达为媒介，新闻工作与文艺创作不同，诗人画家可以不老老实实，文学艺术界认为自高自大是自信的表现，"老子天下第一"这句话在艺术圈里大家是认可的，比如黄永玉有一方印"老子天下第九"，很诙谐；唐寅也有一方印"江南第一才子"，这都是自诩的，态度显然不够老实，这些都是艺术家的个性表现。新闻传播业却必须老老实实地工作，不能自大自夸。

以上是新闻传播从业人员应具备的最主要的五个方面的素质，总结历史上优秀的新闻传播工作者，我们不难发现他们都具备以上五个方面的素质。

（2005年）

让报纸为城镇建设服务

对新闻传播事业来说，无论是何时何地，报纸总是有比无好，多比少好。这是全世界新闻工作者共同的价值观。

中国的改革开放事业的进程，也就是大都市建设与农村城镇化建设进程。报纸对大城市的建设性贡献，基本上已经成为社会共识，也就是说，没有人会质疑大城市离不开报纸这一结论。但是对于中小城市，却有人误以为可以没有报纸。其实，中小城市甚至小镇都同样需要报纸来促进发展与进步。新闻传播事业有着自身规律，我们要正视科学、尊重规律。就像大都市需要报纸一样，县城与县级市同样需要报纸。

报纸是现代文明的传播者与促进者，是现代化生活方式不可或缺的组成部分、是市场经济的信息交流中心。马克思主义新闻学思想早就指出一个基本原则：报纸与杂志、图书的品种与类型越多越好，越丰富越好。

在发达国家，每一个小城镇基本上都会有各自的报纸，而在中国，却没有鼓励、发展县市报。一个县城或一个县级市没有自己的报纸，这是一种缺憾而绝对不是值得自豪的事情。在文化体制改革的大环境中，显然，有必要出台新的政策予以调整。

尽管中国的经济社会发展已经连续多年保持两位数的增长，中国的县城与乡镇也逐渐成长壮大起来，尤其是在东部沿海地区，甚至有不少县级市如江阴、义乌在经济总量与综合实力上远远超过了一般的地级市，但是，在近两千个县城中，只有几十家还保留着县市报。这显然与各个县城与县级市的实际需要远远不能匹配。这是一个极为不合理的现象。

新闻传播事业在中国有着特殊的地位，受政策影响至深。以广播电视为例，由于政府主管部门提出四级办广播电视的政策，并且推行村村通广播电视工程，把传播覆盖作为政治任务来抓，于是，就取得了举世瞩目的成就。当然，广播电视与报纸有所不同，在现有条件下，也无法实行让每个村、乡、镇都办有自己的报纸（其实在技术上并不存在障碍），不过，在县城与县级市这一层面，把报纸列入事业单位配套，就如同县新华书店、县医院或县文化馆一样，这总不是什么难事。中国的近两千个县，完全能够做到各自拥有至少一份自己的报纸。

有各级县委、县政策的强有力领导，县级报在政治上完全是能够保证正确导向的，而在采编力量上，由于多年来新闻院校专业扩招，已经培养了相对可观的大批专业人才，最重要的是发行市场与广告市场，由于各地都在发展，也完全能够承载一份小型报纸的生存。无论是在政治上，还是安排就业或者是扩大内需，创办一份报纸，对于没有自己报纸的县城或县级市，都是有百利而无一害之举！

报纸对于县城与县级市精神文明建设以及物质文明建设意义重大，以《江阴日报》为例，世人都知道江阴在全国百强县名列前茅，江阴的经济奇迹当然有诸多天时地利人和优势条件，其中，江阴拥有一份高质量、高品位的日刊报纸作为全市的信息交流沟通平台，也是重要的一个因素。尤其是中西部相对落后地区，要想向东部发达县份学习，尤其需要报纸来传播新思想、新理念。

报纸在中国的城镇遍地开花，才是新闻出版事业真正繁荣发展的应有面貌！

（发表于《新闻与写作》杂志 2010 年第 3 期）

媒介经营管理关键词

题 记

《媒介经营管理关键词》最初是应约为《新闻知识500问》（湖南大学出版社2000年出版）一书而撰写，作为系列文章2001年分六期发表于《新闻实践》杂志，这也是我原计划撰写的《媒介经济学》或《媒介经营管理》的部分要点。

此文后来被我忘掉了，结集出版新闻传播论著时都未收录，直到编此书期间偶然在网上查到，其中不少当年还算有新意的材料与说法，现在看已经是陈迹，可能有些材料可以作为媒介市场史料记录来看。

作 者

无论是何种行业或专业，都有其核心概念与基本术语，它们就是关键词。举凡日常经营管理运作、专业会议研讨、谈判与业务交流以及学术理论著述，都是围绕着关键词进行的。关键词的使用频率非常高，而且其作用无可替代。对关键词的熟悉掌握，是进入一个行业或专业所必不可少的前提条件。

中国当今的媒介经营管理，历史较短，基础薄弱，在理论学术研究领域可以说是一门新学科。筛选提炼出媒介经营管理最基本的、至关重要的关键词，并加以简要介绍与阐释，应当有助于大家在实践中尽可能短平快地掌握媒介经济学与市场营销的常识。了解、吃透了关键词，再结合实际工作经验，就容易做到纲举目张。下面我们根据国内媒介市场的现实，初步整理出如下一份媒介经营管理关键词一览表。有必要指出，这些关键词的选择、确认与释义，纯属一家之言。所以，一定会有缺点与不足，还望大方之家多多赐教、斧正。

报业集团

以大报为龙头组合若干报刊以及出版社、文化机构与经济实体形成的企业集团称作报业集团。报业集团始见于美国，企业家出于规模效益考虑，经营系列报纸，形成跨地区的媒介集团公司，最早的报团是斯克里普斯创办的。

报业集团的核心是优化资源配置，取得规模效益，确保市场竞争优势。兼并集中是报业集团的市场发展趋势，也是规模化经营的必然结果。美国的时报镜报集团与论坛报集团达成的购并案，使新的论坛报集团一跃而成全美第三大媒介企业。中国的报业集团第一家试点是1996年元旦挂牌的广州日报报业集团。

本儿报

由北京滥觞的消费广告导向的报刊，采取的是杂志化形式，厚厚一本儿，所以被俗称为"本儿报"。典型的本儿报是《精品购物指南》《购物导报》以及《为您服务报》，还有一些杂志编排成报纸型，也被看成是本儿报，如《壹周便利》《科技新闻生活周刊》等。本儿报形式上都是四开，至少二十四版以上，往往还有彩色铜版四封，绝大多数是周刊，个别有周二刊。

虽然多版化以及低订价是国际报业的潮流，但是本儿报的定义并不仅仅是版面数量与定价，它实际上是效法西方的广告免费报与小报的杂交产物，主要服务于大都市的消费者，文化趣味与新闻品位不算高，追求发行量以换来广告客户。因此，严格地说，本儿报与其说是报人的用武之地，不如说是广告人的用武之地。

经营管理人才短缺

经营管理人才是当今中国媒介最稀缺的资源，人才资源的薄弱势必在竞争中导致失败。

国内新闻单位传统上是在广播电视报纸杂志系统内交流干部的，尤其是领导干部，这样在新闻宣传方面肯定有利于提高领导素质，但是因为新闻单位普遍缺少经营管理人才，因此解决不了经营人才的短缺。

媒介资本市场

在世界范围内，新闻媒介都是市场经济的组成部分，因此，也就有一个资本构成问题，由于西方的媒介是作为企业存在的，不少媒介都是上市公司。

随着改革开放的深化，国内新闻媒介因为事业的发展与市场的开拓，对资金产生了新的需求，证券市场的吸引力越来越大。湖南广播电视发展中心成功地在证券交易所上市"电广实业"（后易名为"电广传媒"），四川的成都商报下属公司收购"四川电器"，借壳上市，易名"博瑞传播"，是国内媒介下属企业步入资本市场的先锋。

企业化管理

企业化管理就是按照企业管理的原则与规律进行管理。

作为经济实体的媒介机构，在管理体制上可分为事业管理、企业管理与企业化管理。即使是在美国，媒介也有采取事业管理模式的，一些电台、报社是作为宣传工具，而非盈利组织，进行规划与运作的。不过，除了这些身负特殊使命的媒介，西方的媒介都是实行的企业管理制度。

国内除极个别媒介仍沿用事业管理模式以外，绝大部分都已改革为企业化管理。必须正视一点：在国内经济领域各行业中，媒介产业是经营管理水平最低的行业之一，企业管理与企业化管理，一字之差，差异甚大。

商业广播电视

商业广播电视是以出售播出时间、赚取广告费为唯一收入来源的广播电视机构，与公共广播电视相对，是盈利为最终目的的广播电视台，一般是私营企业。美国的 NBC、ABC、CBS 等都是商业广播电视网。除了有线电视网络可以收取订户费或服务费以外，商业广播电视只能依赖广告费为唯一收入来源。也正是因为这样，美国的有些官方广播机构就不得播出广告，以免与私营广播电视台形成不平等竞争，因为政府机构拿纳税人的钱兴办的媒介机构，不应当争利于民。

国内各地出现的经济广播电视台，有些就有商业广播电视的因素。

制片人

制片人是影视业中对节目或作品的生产总体负责者或者是投资人，或者是投资人的代理者。对参与拍摄人员，包括导演、演员、编剧以及剧本、时间、成本都有直接的决定权，相当于企业里的董事长兼总经理。

在国有电视台，制片人是节目的最高负责人，有相对独立的用人权与财权。对于外聘人员与打工的摄像、采编人员，制片人实际上是"老板"。

电子采编系统

电子采编系统是新闻媒介在新闻采集、编辑、排版以及传输、制版等一系列生产流程中，所依赖的计算机系统，是关系到新闻媒介效率与工艺水平的重要技术手段。

国内报刊从 20 世纪 80 年代开始了第一次技术飞跃，也就是"告别火与铅"，普及了电脑汉字激光照排，90 年代又实现了"迎来光与电"，也就是完全计算机化、网络化、新闻采编全过程无纸化作业。电子采编系统极大地提高了报刊业生产率，也是报刊业市场连续十几年持续高速发展奇迹的重要背景因素。

媒介定位

媒介定位是媒介在市场中确定自身特色与竞争者的差异，寻找哪种类型的受众群体，发行目标与广告目标如何设置并完成。媒体的定位按照双向销售的原则，应当分为发行／阅读定位，也就是内容风格定位，什么人、多少人订阅，以及广告定位，也就是什么广告主愿意投放什么样的、多少广告。什么样的读者群，直接决定着有什么样的广告业绩。媒体定位是总体设计的核心所在。

媒介在已有同类产品或相近竞争者时，尤其要精心定位，以在市场中找到立脚点。国内大部分报刊在经营中失利，症结基本上都可归于定位失误。

媒介设计

在某种媒介正式投产面市之前，决策者对生产、加工、营销、管理等全流程的规划与准备，就是媒介设计。当媒介是由资深人士与一支有媒介资历的团队创办或接办时，由于其他环节都可照搬成规，媒介设计也可以只集中在定位与内容、风格层面，在这种情况下媒介设计更像是研制新产品。

媒介设计相当于一项建设工程的总体规划加细节设计，就好比是兴建一个住宅小区或一个工厂，要用科学的方法把人力资源、组织结构、物资采购、设备工具以及施工进度、市场计划、经济目标都一一安排妥当。专业水平的媒介设计，大大提高了媒介经营的效率，保证了媒介创新的成功概率。

在西方国家，媒介设计已经成为一门很成熟的市场工程学，甚至具体到标题所用字体、字号，都可请专家单独设计。

国内媒介因为长时期实行的是计划经济，因此，在媒介设计方面往往采取跟着感觉走、摸着石头过河的策略，经常不得不付出失败的代价。

电视业由于市场化程度较高，在媒介设计方面近来有所突破，湖南卫视的娱乐节目就高薪聘请了海外专业设计师，对节目以及主持人进行整体包装。

目标受众

目标受众指的是预期争取的受众群体，也就是读者、听众、观众以及网民等媒介内容的服务对象。由于环境的变化，市场的竞争与多样化导致媒介出现分众趋势，"普天之下莫非王土"式的以天下万众为己任的媒体越来越少，绝大多数媒介只能瞄准一个相对较小的受众范围、领域或层面。此时，如何圈定自己的受众目标，就至关重要。

目标受众对于媒介营销来说，不仅是内容的消费者，也是广告的最终消费者。广告主深知如果无法到达目标受众，世界上最优秀的广告也等于是做无用功。

注意力经济

注意力经济是网络时代的新名词，它的基本内涵是在网络时代因为信息过剩，经济利益驱动网络企业尽最大努力争取更多的受众注意，也就是所谓争夺眼球之战。

在网络经济中，一切都是围绕着网民点击与浏览而设计的，因此，能受到网民的注意，能保持这种注意，就意味着企业有前途有希望。没有注意力，或者缺少足够的注意力，媒介就形同虚设，作为企业是死路一条。

注意力经济主要是广告学概念，在网络经济之外，还不普及。注意力经济这个概念，也适用于图书、报纸、杂志以及广播、电视行业。

总之，传播媒介的生命线，就是受众的注意力。注意力就是资本，注意力就是生产力，注意力就是效益。

市场细分

市场细分是伴随着市场的成熟与竞争加剧而出现的。

受众分流直接导致分众的诞生，市场细分便日益成为媒介经营者必须研究的课题。媒介的市场细分是以独特的风格与某一方面的相对优势，在竞争的市场中立足。它往往意味着与同类媒介错开角度与重点，形成互补关系，而不是简单的有你无我。

当一个领域或一个市场尚处在空白的阶段时，媒介很容易凭借垄断独享的优势，获得可观回报。受利润平均化规律的驱动，肯定会有更多的同类投资者创办相似媒介，这样，如果想不被淘汰出局，就必须确立自己的特色。市场细分，使得媒介更加丰富多彩，质量也往往比垄断状态下更高。

广告媒介

广告媒介是企业或广告主借以完成营销或形象推广的媒介，在报纸杂志广播电视以及网络之外，还有路牌、灯箱、宣传册、招贴画、车体、汽球等各种载体形式。

新闻媒介在市场中作为商品出现时，兼具广告媒介的功能，而且主要依赖广告媒介的性质得到足够的经济收益。新闻媒介作为广告载体，是影响力最大的，在市场份额上也是最大的。

报纸杂志在国内实行刊号审批制，但是，纸介质的广告媒介并不必然就是新闻媒介。纯粹的广告媒介，也即刊发内容全部是广告的媒介，不需要通过新闻出版部门批准，因为工商局的权力范围就包括核批广告许可证。这样，一些貌似报刊的广告媒介就应运而生，以商情、直投广告等形式出现，除了不刊登新闻采编内容以外，完全是常规的报刊形式。

北京的书报刊型广告媒介最发达，尤其是在计算机行业，出现了一大批刊登报价与商品信息的广告媒介，最典型的有《慧聪商情》《联合商情》。虽然它们看上去极像专业杂志，但是根本没有杂志刊号，而只是申请了工商局的临时广告许可证。流风所及，一些广告公司推出了面向写字楼、宾馆、高档社区的杂志型广告，如《生活速递》《目标广告》。

北京的广告公司有多种专门服务广告业的报刊型广告媒介，如《尚邦广告》《桌面黄页》等。瞄准不同层面的需求提供翔实专业的资讯。

版面数量

报纸与杂志都是以版面来承载信息的，版面数量既表明纸介质媒介内容的多少，也表明刊布广告能力的大小，事实上，版面总量以及刊出广告的版面量是衡量报刊广告营业额的最直观指标。报纸的版面一般是四的倍数，但是传统上也有苏联《真理报》与上海《新民晚报》这样的六版报纸。杂志版面数量一般是超过二十页的偶数。西方国家的报刊是根据每期广告的多少而随意调整版面数量。国内新闻出版系统规定要报批，核定版面数量。

在广告客源不足的报纸中，很少有哪家敢于日出对开十六版以上，这也就成为国内报纸版面数量的上限。

在国际报业中，中国主流大报的版面偏少，省以上综合性报纸极少突破对开十六版者，而发达国家的大报一般都在一百版上下。

扩版加张

在报刊领域，扩版加张一般都是与广告业务直接相关的。但是，在具体运作中，扩版、加张的时机，却往往让决策者无从把握，事实上，在版面与广告量之间，其关系是先有鸡还是先有蛋。

由于计划经济与垄断经营，造成中国报刊在长时间内经营无章可循。在北京、上海等地的主要晚报，几年的时间内都存在广告供不应求，客户排长队等候刊出，却不肯扩版加张的怪现象。受其影响，国内报刊大多不自觉地倾向于当广告出现过剩时再扩版，以免先期扩版白白浪费。

扩版加张要核算纸张、印刷成本与增加广告额的关系，也就是所谓边际成本与边际收入的关系。因为发行量、广告费标准与纸价三者都是变量，因此，有时会出现扩版加张反而无利可图的情况。

增　刊

增刊一般都是临时性的，是报纸或杂志有特别的理由或内容需要在正常版面之外增加相对独立的专刊。传统上报纸的增刊有"号外",主要是应对突发的重大时事政治新闻。如今国内报纸已极少出版号外,而较多的是广告增刊。

相对而言,杂志的增刊较为普遍。因为杂志出版周期较长,对于一些需要集中处理的题材,只有增刊才合适。按国内现行管理体制,杂志出增刊是有比例限制的,月刊一般一年不得超过二期增刊。杂志的增刊一般以本行业本专业或本地区的重要活动、事件为主题,或者就是专题性的。西方的著名杂志也往往出版增刊,在1999年至2000年,不少杂志都推出了世纪回顾增刊。这些增刊是可以另外定价销售的。

纸 价

在纸介质大众媒介中,纸张是最主要的生产原料,纸价对媒介成本关系重大,在全部开支中占有举足轻重的比例。新闻媒介印刷用纸张,大都是由木浆生产的,而森林资源在全球都呈递减趋势,世界市场纸价一直是在波动的。

1995年中国出现了一次严重的新闻纸市场危机,半年时间连续4次提价,当年纸张价格上涨60%以上,全国报纸相应成本增加近20亿元,而当年广告总收入64亿元。

近年来纸价持续上涨的现象,对大城市的版面奇多售价极低,靠广告收入补贴发行的亏损报纸,势必产生破坏性的影响,形成难以消化的经济压力。

合办协办

由媒介以外的机构参与媒介的采编与经营,是为合办或协办,它可以是某版面或栏目、节目,也可以是媒介整体,如有的杂志就与企业全面协办。

媒介让企业或外界参与合办与协办,最主要的动机就是争取到经济资助。还有一些是新创媒介,需要企业资金开发市场。

合办协办与广告费以及赞助的区别在于,合办协办很可能并不希求该媒介在广告方面给予足够回报,而主要是作为一种投资行为。有时企业也会有影响力与社会地位以及文化方面的意图。

晚报与都市报现象

晚报现象是 20 世纪 80 年代出现的，都市报是 20 世纪 90 年代出现的，两者其实是一码事，只是因为有关方面不再批准新办晚报，所以才导致新办的晚报易名都市报（生活报）。在市场中，晚报、都市报与机关报是相对应的，因为晚报、都市报全部是由各级党委机关报社主办的。晚报、都市报的崛起，其实原因并不复杂，它只是社会公众对新闻纸的正常需求，因为机关报一直是政治宣传为主的宣传纸，而不是单纯的新闻纸。

中国的晚报与都市报现象，反映了中国市场经济的进程中，新闻纸重新在市场中获得了商品生命力。

报纸广告都市化、区域化

媒介经济学早已总结出报纸是更适合在地方性市场生存的产品，因此，近来国内报纸的都市化、区域化就很容易解释：广告主在市场营销中是以都市为目标，步步为营的，它们投放在报纸上的广告也就集中在地方报上。20 世纪 90 年代中国报纸广告排名的前十位，就基本上被《广州日报》《羊城晚报》《深圳特区报》《新民晚报》《解放日报》所占据。

全国性报纸与行业性、专业性报纸并不是先天的缺少广告亲和力，事实上，报纸的定位以及有效发行如果符合市场需求，非地方性报纸同样可以得到巨额广告收入。美国的《华尔街日报》与《今日美国报》都是全国性报纸，广告收入在全美名列前茅。中国的计算机类报纸，如《计算机世界》与《中国计算机报》虽然不是地方性的而是行业性的，广告业务照样生意兴隆。

受众调查

受众调查是媒介市场的基础工作，其重要性日益显著。在一定程度上，不是媒介自己主动需要受众调查，而是广告主向媒介索要受众数据，以决定是否投放广告、投放多少广告。

受众在不同的媒介分为听众、观众、读者等不同的对象，调查的内容主要是受众对媒介的需求偏好、态度、评价、意见以及建议，当然还有对媒介的接触渠道、时间以及购买习惯、价格承受能力，有时还包括受众的经济收入、文化教育水平以及地域、职业、年龄等方面。受众调查已形成一套科学方法，主要依赖抽样统计、数据收集和处理程序。

受众调查形式可分访问、座谈、问卷、信函、电话甚至网上填表、仪器监测等多种，抽样调查是主要形式。

市场调查是一个专门的行业，它的技术性很强。媒介一般都喜欢自己设计并在本媒介发布受众调查表，事实上常常不够专业，因为设计者没有人口统计学背景，所设计的调查方案科学性不够。

视听率

因为广播电视没有具体的商品化的载体，因此在评估受众数量时，就无法像报刊那样拿出具体的文字证据。视听率是广播电视在目标市场中收看、收听节目占同一范围总人口的比例。

视听率是一个重要的指标，它是衡量一个广播电视机构或一个节目受欢迎程度的凭据，也是广告主赖以决策的依据。广播电视机构把视听率视为生命线。在网络媒介，技术的革新使得网站可以监测点击、浏览的实际人数。

媒介融合

大众新闻传媒可以分为报纸、杂志、广播、电视与网络五种。近年来把网络说成第四媒介，源自把媒介按载体划分为纸介质、声讯、视听与电脑网络四种。

在媒介经济发展史上，报纸与杂志、广播与电视，本来就有血缘关系，是你中有我，我中有你的关系。市场的规律使得媒介的相互转化、融合成为潮流。报纸的杂志化，甚至夹带杂志，已经屡见不鲜。而报刊附赠光盘影碟，也早不再是新闻。上千种报刊都有了网络版，大量的网络媒介出版了配套的书刊。

在网络经济时代，各种媒介之间的"杂交"非常方便，纸介质与网络媒介以及音像媒介相互融合成为大势所趋。

报刊连锁店

以连锁店形式建设报刊发行网点，在报刊业很有市场基础，尤其是自办发行的报刊，需要建设大批发行征订以及零售网点。邮局的报刊零售网点，其实也是以连锁店模式经营的。

广州日报社最早创办的连锁店，起初是将其作为报纸零售与征订网络的，后来成为分类广告营业服务网。当然，既然是连锁店，走的是商业零售的路子，就不必只局限在报刊一个领域，目前国内的报刊连锁店就都同时出售图书与音像制品，有的还兼营生活日用品。

上　摊

能够在城市报刊摊点露面并站住脚，是检验一份报纸的市场生命力的最简便可靠的指标。过去主流报纸对上摊不大看得起，后来才在实践中发现，不是什么报纸都能上得了摊的。

上摊不是一个简单的批发行为，它首先要求媒介根据市场零售进行定位，有时还需要全新的媒介设计。报刊的上摊，有些像是企业的上市，至今很少有哪家新闻单位正视并研究上摊的程序与运作。

报摊也不是谁送来报纸都接受，这倒不是仅仅指邮政对报刊零售的控制与管理，而是报摊也讲究市场效益，如果送来的报刊不受读者欢迎，那么就会造成机会成本的损失。因此，在北京的报摊上，常常有一些不知趣的新手想白送给报贩报刊而遭拒绝的轶事。白给都不要的报刊，在京城报贩心目中还真有不少。

全彩印刷

报刊全部彩色印刷，成本费用比黑白印刷或部分版面彩印要高。彩色印刷的最大优势在于，图片可以更为清晰、美观。全彩印刷对于广告主来说更有吸引力，因为无论报刊的内容如何，广告的平面设计都是彩色胜于黑白。

以往报刊以黑白印刷为主，所以在广告刊例中规定彩版要加价，一般在50%至30%之间。

以书代刊

由于中国的报刊采取严格的审批制，进入20世纪90年代后基本冻结，不再批准新申请刊号，因此就出现了以图书的形式办刊的变通。

以书代刊，除了是书号而没有刊号以外，可以做到在其他方面与杂志别无二致。

改版改刊

媒介为了改进传播效果，争取更多受众的较好评价，而对内容结构以及形式风格进行刷新。一般而言，成功的媒介改版改刊的频率不会很高，世界上出类拔萃的媒介往往是几年甚至十几年才改一次，频频改版改刊可能说明是决策者无经验。

新闻媒介的改版改刊，相当于企业产品的创新与革新，应当以充分科学的市场调查为基础。国内媒介的改版改刊，往往由个别具体负责人拍脑袋想方案，没有专业技术支持，因此失误率较高。

读图时代

报刊版面上图片数量日益增多，同时，图片的尺寸越来越大，以至于版面上经常是图比文多。一般认为如今在影视的影响下，受众更喜欢直观的形象资讯，因此产生了"读图时代"这个概念。

报刊传统上就很重视图片，有"一图胜千言"的说法。不过，报刊在媒介产品属性上毕竟是以文字为主的，报刊的真正优势也正在文字方面，所以，过多地使用图片，未必是一种可取的做法。事实上，美国最著名的以图片取胜的《生活》杂志，就几起几落，最终停刊。

广　告

广告是以盈利或获得有利影响为目的的信息传播形式。通过大众传媒发布的广告，与新闻、娱乐等内容最大的不同在于它是由具体企业或机构、个人花钱发布的。

美国是广告第一大国。广告是现代化大众传媒市场的主要经济支柱，它是媒介经济生命线。

广告主

广告主又称广告客户，也就是出资制作发布广告的企业、单位或个人。在广告市场中，广告主拥有绝对的主动权，可以根据自己的意愿决定何时、何地、如何在何种媒介上投放多少、什么样的广告。广告主追求的是为了达到自己市场营销目标，通过广告为自己创造利润。因此，只有当媒介确实能为广告主带来利益时，广告主才会感兴趣做广告。

广告主既可以委托专业广告公司代理广告，也可以直接找媒介投放广告。虽然不少广告代理公司掌握着广告费，但实际上只是受人之托，属于当家不作主。

新闻媒介也存在营销推广的问题。西方市场的报刊广播电视，就都有在其他媒体上花钱做广告的传统。国内的新闻单位则很少主动出资做广告，也就是虽然希望拥有越来越多的广告主，自己却不大情愿当广告主。

千人成本

广告通过某种媒体到达一千个受众单位所需要的成本叫作千人成本，是广告业基本概念与核心术语。千人成本对广告经营决策来说是极重要的数据指标。

广告代理制

广告主通过专业广告公司制作发布广告，广告媒介借助专业广告公司承揽广告业务。广告公司是广告代理制的核心，国家工商局大力推行广告代理制，不少媒介与企业为了得到代理收益成立了自己的广告公司。广告代理制是市场经济达到相对发达水平时的产物，它的意义在于合理分工，提高广告质量，同时在管理上更为有序。广告代理费又称佣金，一般占广告主投放的广告费的15%，由媒介返还支付给广告公司。

有偿新闻与收费专版

以新闻或其他编辑作品形式出现的实质上的广告稿件，就是有偿新闻。一些报刊以企业形象专版等形式推出的，不标明广告字样，同时不走广告经营手续的版面，就是收费专版，性质上也是有偿新闻，虽然可能是集体或部门行为而不是个人行为。

有偿新闻有违职业道德。在西方，有偿新闻被称为广告走私，也就是采编人员不严格遵守工商管理制度，暗中收钱发布广告。由于有偿新闻与收费专版在形式上没有特别的标志，容易对读者形成误导，认为不是企业付钱的广告，因此更加可信。

从长远角度看，有偿新闻不利于新闻从业人员的经济利益，因为它是低价成交的广告，让媒介损失了应得的收益。在西方资本主义报刊业中，有偿新闻是没有容身之地的，因为它与资本家的切身利益直接冲突，另外，也为社会公众所不齿。

国内新闻主管部门长时期以来严厉反对有偿新闻，并公布了监督举报电话，但是在市场中还没有根除。

广告刊例

广告刊例是指媒介公布并实行的广告价格标准。

广告收费标准，在广播电视业以秒计算，而在报刊则以面积或行数为单位计算。广告价格标准的设定，不能单纯由媒介一厢情愿，而应充分考虑到市场竞争、随行就市，以及企业承受能力。由于中国媒介业的特点，广告收费价格很少是从成本出发推算而成的。

广告刊例并不是恒定不变的，一般每年要有一次调整。

分类广告

分类广告是报纸与杂志为了方便广告主刊发零散小广告的需要，而专门开辟出来的分门别类的广告版面，一般不必过于讲究平面设计与美术装饰，做到平白、清楚、齐全即可。分类广告与个人生活消费的关联度甚高，尤其是求职招聘以及房屋租售等信息，是城市人所无法离开的。分类广告不仅便利了广告主，也便利了读者。

分类广告既是对公众的服务，也是报刊的主要财源。在美国，分类广告的收入一般占广告总收入三成以上的比例。

在西方媒介市场，网络媒介给纸介质媒介最大的冲击，不是别的方面，恰恰就是抢去了可观的分类广告业务。美国的报业经营者公开声称，美国报纸上网的主要原因，就是为了争夺分类广告。

广告导向专版专刊

为吸引专业广告投放而开辟的广告导向专版专刊，目前国内各报集中体现在汽车、旅游、通信、电脑、医疗保健、房地产、装修等方面。

这种专刊之所以对相应的广告主有吸引力，一方面是集中了专业资讯，可以受到对该专业或行业感兴趣的读者注意；另一方面，有同题专版的编辑内容，在很大程度上能衬托或呼应广告，收到事半功倍的效果。

广告易货交易

广告易货交易是指媒介与广告主出于减少交易成本或仅仅是减少现金支付的目的而达成的广告发布交易。广告易货交易是一种比较普遍的现象，它的生存前提是媒介总是有相对过剩的广告版面或时间，而广告主则有相对过剩的非货币商品或服务，当媒介希望增加广告收入，而广告主又不想以现金结算时，很容易双方达成协议。以等值商品或服务换取广告。在美国，据统计有七成以上电视台经常与企业高易货交易，甚至出现专门的经纪公司。

办公用品、汽车都是广告易货交易的常规项目。

媒介与媒介之间也存在广告易货交易，报刊与报刊之间互相刊发征订广告，也有报刊与电视之间互相作广告的情况。

发 行

书报刊等纸介质媒体与音像电子制品的销售，一般要依靠发行渠道完成。对报刊来说，发行的两种基本形式是征订与零售，也就是在某一时段内连续购买，或者是随机零购。从发行的效率出发，报刊都很重视征订订户，但是由于国内公费订阅与公关发行导致无效发行，因此，广告主都把报刊零售数量作为购买广告版面时的重要依据。因此，近几年大都市的报纸发行在零售上投入人力物力甚巨。

代印点

报刊在自己的印刷厂之外，委托印制报刊的其他印刷厂代印报刊。它可以是在本地的，因为某种报纸发行量过大而自己印刷厂生产能力不足；也可以是在外地的，如全国性报刊与省报，除报社所在地之外，在主要的发行范围地区设立印点。代印点的主要意义在于保证及时出报。

不少报刊既在别处有代印点，又代印其他报刊，这是报刊印刷发行的特殊性决定的。因为出报有很强的时间性，而在一天一次性出报之后，设备如不代印外报外刊，就要闲置。

发行大战

发行大战是指报刊为了争取发行份额，具体地说，争取读者的报刊消费预算，而进行的激烈竞争。公费订阅发行大战集中在第四季度，也就是每年10月以后。

发行费率

报刊支付给发行商的费用，在报刊订价中所占比例，就是发行费率。即使是报刊自办发行，也存在发行费。一般来说，地方性尤其是城市报刊出于发行费用与效率的考虑，往往选择自办发行，而费率相应都低于邮局的标准。

中国邮政在报刊发行费率上实行的是多种价格政策，从百分之十几到百分之四十几不等。即使是对同样的报纸，由于报纸的临时加版等原因造成的发行成本上升，其收费标准也是不同的。

发行量

发行量与印数、发出数不是完全一样的概念，它是指通过市场销售发到读者手中的数字，因为广告主投放广告看的是发行量。因此，有些报刊就利用生产过程中的不透明、信息不完全，以开印数、发出数虚报发行量。

近两年报业竞争中，出现了发行量公证，但是由于报刊的发行主要是以年度为单位计算的，因此，各地由公证处出面公证的发行量，往往是一种公关宣传手段。即使当时公证处确实依法证明了开机甚至发行了多少份，也没有价值。

一天的报纸发行量，是完全可以用不正常的手段制造出来的。

有效发行

与办报办刊所追求的目标能够吻合的发行范围与发行量，就是有效发行。按照报刊的规律，有效发行可分为社会效益和经济效益两个坐标系。极端的例子是内参，虽然发行量有限，但是可以在决策层产生影响，从而解决实际问题，无论发行量是1000份还是100份，甚至是几份，只要读者都是关键人物，就应视为有效发行。

在经济效益方面，有效发行量是指能为报刊创造发行收入与广告收入的那部分发行量。读者群中，对广告推介的商品或服务有消费能力的那部分，对于广告主来说真正能带来回报的发行，方是有效发行。

赠阅不收订费，所以即使赠阅份数很多，也不算有效发行。公费订阅报刊，虽然也完成了发行程序，但是这些报刊往往被阅读得不够认真，甚至没有阅读，很大程度上构成无效的发行。有效发行不仅仅是把报刊发送到了读者那里，而是读者真正地阅读了。

有效发行的数量达到多少才好？这要根据广告主在投放广告后能达到预期营销计划的情况定。只要能让广告主在某媒介斥资投放广告后不仅收回广告成本而且有利润，这个边际线就是有效发行的基点。

赠　阅

赠阅是指报刊经营者免费向特定读者提供报刊。赠阅分几种情况：一是初创期间，赠给目标市场中的广大读者试阅，这往往是有限的几期，相当于请消费者试用、试尝，是一种新产品上市的公关策略；二是在扩大发行时，争取新读者，这也是有期限的，一般不超过一个月；三是与其他报刊合作，买一赠一，订某种报刊，便搭赠该报刊，严格地说，这种赠阅形式是捆绑削价销售，不是完全的免费；最后一种形式是报刊社出于发行订阅之外的目的，向作者、广告主、同行、专家权威以及本单位退休人员或其他人士赠阅，这一般都是报刊社常规计划内的固定开支。

赠阅报刊，除了专门的免费报刊以外，是不能计算进有效发行量的，对于广告主来说，赠阅基本上没有任何经济意义，因为赠阅的报刊很难保证阅读效果。

非自办发行的报刊，为了保证被赠阅者能及时看到报刊，往往采用请被赠阅者去邮局花钱订阅，然后予以报销的方法，这实际上构成一笔现金开支。在实际效果上比用信封邮寄要好得多，接近于正常的订阅。

邮发合一

邮发合一是指由邮政统一代理报刊的订购与运输、投递。1950年邮电部与新闻总署制定发布了邮发合一政策，由《人民日报》率先实行，迅即在国内全面推开，是计划经济时代的发行模式，收订与投递都可以保证基本覆盖各地。

杂志实行邮发合一的不如报纸多，因为周期长、数量少，自办发行较易操作。

邮发合一至今在全国的报刊发行中占有重要地位。行业报与专业报一般都是邮发，在综合性新闻纸中，发行范围不限于一地一市的，也往往采取邮发形式。

自办发行

由报刊社自己建立发行系统，开展发行工作称为自办发行。这是由于邮发合一不适应新的经济形势，同时价格与服务无法让报刊满意。

1985年《洛阳日报》在中国率先搞自办发行，至今全国的地方报纸几乎大半都已实现自办发行。

全国性的报纸一般难于自办发行，但是也有例外。比如《人民铁道报》就很早实行了自办发行，它依靠遍布全国的铁路交通网，效率并不比邮发差。事实上，邮发合一的报纸相当大比例都是通过火车完成运输的。

自办发行在中国报业市场中起到了催化剂作用，各地的报社走向市场，开始经济腾飞，大多是在改为自办发行之后，由于直接进入了市场，建立了庞大的配送网络以及交通运输队伍，使生产资源以及市场营销渠道得到优化与强化，订报款也能够及时收回，形成了资金良性循环，更重要的是有了充分的自主权与独立反应能力。如《广州日报》与《北京青年报》就是在自办发行后，才如虎添翼，随心所欲地根据市场涨落扩版加张。

报刊零售

报刊通过市场渠道零售，是报刊发行的重要方面，对某些报刊来说，零售甚至关系到能否在市场中立足。

近年来大城市的综合性新闻纸都很重视零售，甚至投资建设报刊亭和摊点用于销售。

近年来广告主越来越重视报刊的零售份额，这是因为订户与印数非常难以搞清，而零售则是在街头市场公开进行的，很难作假。

报刊调价

除了免费报刊以外，报刊的价格与物价一样呈总体上涨趋势。由于有广告的补偿，不少报刊把售价定在低于成本的标准上，以便吸引更多的读者购阅。相对而言，大部分杂志都采取高于成本定价策略，也就是通过发行即可盈利。在报纸领域，凡是广告量少的，必须要保持相对高的定价，否则就无法维持，比如少儿报纸与教辅类报纸就是这样。

美国的报业市场经验表明，对质量与信誉都很优异的报纸来说，每年的订价随通货膨胀的比例而上涨，对发行是不会有什么显著的损害的。如果坚持常年不调，最终会因为成本高涨而导致无法运转，因为广告收入一旦抵冲不了纸张印刷费用差额，就会陷入无利可图甚至亏损的境地。

由于报纸的版面越来越多，纸张与印刷档次也都很高，事实上对很多报纸来说，发行订价并不能按成本计算，而只是从读者的消费能力与承受能力角度出发，寻找一个对报纸来说恰当的补贴标准。

削价竞争

削价竞争是指报刊为了达到扩大发行与影响的目的,以大幅度减价的手段进行促销。削价竞争是有同行目标的,是以争取市场份额为目的的。一般而言,进入20世纪90年代以后,中国的绝大多数新闻与消费类报纸大多是以低于生产成本定价的,因此,削价等于是在低于成本的价格基础上再予以降价。事实上,如果没有足够的广告回报,这样做是不可能持久的,因此只能是临时性的竞争策略。

自动售报

把报纸摆放在公共场所,由读者自己取阅并付款,称为自动售报。西方有自动售报机,是因为人力成本太高,公民道德素养与消费实力适合自动式消费。

国内媒介早几年就开始引进自动售报这一形式,至今无一例成功,不管自动售报采取的是什么形式、什么材料,几乎都同样受到冷落与淘汰。

如果无需付款,免费取阅的报刊,倒是能够生存。首都的写字楼、宾馆、机场等场所就都有宣传性免费报刊,但往往是没有正规刊号的媒介,这是因为正规报刊通过免费派发无法收回成本,无利可图。

敲门发行

自办发行的报纸,深入城市居民区,入户推销,就是所谓的敲门发行,成都、天津等地最为典型。这种推销手段是从保险推销员那里借鉴来的。在具体操作上,敲门发行的成交率较高,一般敲门发行都采取一周或一月的免费试读,相当于变相的赊销。

敲门发行能够在市场中存在,是因为中国邮政投递存在空白,而且服务意识与质量均不尽如人意,居民若不出家门,就无法享受到邮政订报服务。

敲门发行建立的订户网络往往是相对集中的住宅楼小区,报纸每天定时投放在安装在居民楼道里的报箱内。印有报名的报箱既是存放报纸的器具,又被作为一种广告宣传。由于各地的自办发行网络并不是单一的，因此在住宅楼中，常常是不止一家报纸同时投递到户，各家报纸安装各自的报箱。

报　头

北京从事报刊批发的商贩，习惯上被称为"报头"。他们是比报贩要高一个层次的发行商。京城的报头，既有社区范围的，也有区一级的，还有若干家全市范围内批发报刊的报头。一般而言，"报头"都已进化成发行公司。报头一般都雇用专人从事送报到报摊，起到二级批发的作用。

和图书市场中的二渠道基本相同，报头的经营模式更少官商色彩，是纯粹的民营经济。随着市场发展，不同地方的报头也建立了协作联网渠道，以达到跨地区营销的目的。

一份报刊如果想在北京上摊，除了走邮局发行网以外，就要走找报头这条路，因为自建发行网是远水难解近渴。至少在京城，不少卖得很火的报纸，就是靠报头起家的。

报　摊

拥有固定摊位的报刊零售点，在城市里一般都属于个体劳动者经营。报摊所销售报刊的来源，一部分靠邮局渠道，自己去邮局提货，另一部分靠报头批发，这基本上会送报到摊。新打市场的报刊偶尔会直接找报摊代销。

报摊与报刊亭的区别，在于它是露天经营。各地的报摊都有一个共同特点，那就是以三轮车与自行车为运货与摆放报刊的摊架。北京有关部门一度规定必须用某种型号的卖报车，而且事实上也确实做到了让所有报摊都改为特制卖报车。

报刊销售是特种行业，报摊的经营需要办理执照。但是，有相当一批无业人员或进城务工人员，选择卖报来临时打工，因为这毕竟是不需本钱而且风险很低的小生意。报摊的多少反映着一个城市报业市场与广告市场的发育程度。

近年来北京兴建了近千个街头报刊亭，倡导报摊从露天进到小亭，这对经营环境与工作条件来说是一大改善。

流动报贩

和报刊亭、报摊不同,流动零售报纸的小贩要付出更多的辛苦,因为需要在街头穿行。过去报纸零售都靠流动报贩,这在文学与影视作品中都可看到,报童出没在城市街头。严格地说,流动卖报更符合报纸的市场特性,因为作为易过期的特殊商品,日刊报纸一般最多仅有半天的生命周期,只有在人流密集的地方,才有可能尽快找到消费者,而且这样也就大限度地便利了读者。

由于国内城市都很重视社会秩序与市场管理,因此原则上反对商品或服务的流动零售,倾向于流动销售不如定点摊贩、街头路边摊贩不如进入室内市场,也即所谓"退路进厅"。因此,流动报贩总体在各地都不太发达。

POP 广告

POP 是英文缩写,意为销售场地促销广告。国内报刊零售业对 POP 广告形式格外重视,因为报摊与报刊亭集中展示众多报刊,因此,若想突出某一种报刊,就必须要借助广告手段。

各地报刊在 POP 广告开发方面,最常见的是太阳伞,上面印着报刊的 Logo 与广告词。一次性的 POP 广告招贴海报也很普遍,也就是把某一期报刊的内容加以渲染,印成大幅招贴,在报刊亭悬挂或张贴。其他的 POP 广告媒体有太阳帽、马夹、背心、书包、腰包(报贩收款专用)、报刊架以及镇纸(压在报刊上以防风刮)等。

辛迪加

辛迪加是媒介市场分工的产物,也是媒介机构最大限度开发自身产品的经济效益的经营形式,它可以是文字、图片,也可以是版面甚至专刊,更多的是广播电视节目。辛迪加提供的内容,著作权归作者或辛迪加,而各家媒介付费只获取刊出权或播出权。美国的媒介辛迪加非常发达，成功的主流媒介，大都设有辛迪加企业，分售自己的衍生产品。如李普曼的评论专栏，当年除了在纽约报纸上刊出，还通过辛迪加提供给各地的报章刊发。在美国，一位专栏作家的成就与地位，主要体现在有多少家报刊同时刊登其同一作品。专业的辛迪加，如漫画作品辛迪加，是美国报业重要的不可或缺的组成部分。一些报业公司开发出专刊，以成品的形式出售，较为典型的是《行列》。

辛迪加是一种规范的建立在著作权交易基础上的媒介内容服务，它的市场机制使各地的媒介在只支付较少费用的同时得到一流的内容，不同的报纸读者并不重合。辛迪加就像是标准件供应商，可以让媒介不必费力就拥有了高水平的采编内容，可以把精力更多地用在广告营销上。

在国内，辛迪加最突出地体现在电视领域，不少受欢迎的电视剧与综艺、体育节目都分别在不同的台播出，尤其是连续剧更是采用辛迪加的模式发行。

影响力经济

以互联网为载体、主战场的新经济、信息经济，是建立在注意力经济这个核心理念上的。但是，注意力经济其实只是在传播学范围成立，它并不是一个能站住脚的市场营销概念。事实上，媒介市场的生存哲学，应当是影响力经济。也就是通过传播，不仅是被广大受众所注意，更重要的是能够影响受众，使之对媒介搭载的广告促销的商品或服务进行真正的消费。打个比喻，一个保险推销员如果仅仅通过推销让很多潜在客户注意到了自己，并不能解决收入问题，他的收入需建立在能够真正影响多少人使之成为客户的基础上。

报刊编辑业务研究

Studies on Newspaper and Magazine Editing

媒体转型与重建

报纸标题点评札记

标题是报纸编辑工作的重中之重，标题作为稿件的提要与广告，是否精彩得体，直接关系到稿件的传播效果。可以说，标题是稿件的眼睛，报纸的脸面，有句老话"读报读题"，在生活节奏越来越快、信息来源越来越多的今天，报纸要想争取到读者的注意、吸引读者进行阅读，必须依靠精彩的标题。在电脑排版已经模块化的今天，版面责任编辑在排版上不必花费太多精力，应当把更多的时间投入在稿件的选择、润色与标题的制作上。

这篇札记是对《经济日报》刊出的标题所作系列点评，时间大致为2013年至2017年，原稿大都未标年份。

标题"唯陈言之务去"

新闻标题最能反映报纸编辑水平的高低，编辑在制作标题时，要精心推敲、字斟句酌，即使遇到一些无法出彩出新见好的稿件，也要把握好底线，起码要能让标题看得过去，不能太图省事，粗制滥造，疏于把关，导致版面上出现一些有失专业水平的标题。

6月16日二版有一篇稿件，标题为"青春在基层闪光"。这样的标题出现在2013年的大报上，实在有些让人看不过去，这不是说"青春在基层闪光"

这句话有什么问题，而是这句话在过去几十年被用滥了，今天刊登在报纸上不仅没有新意，甚至会让很多读者看了反感，因为官八股的气息太浓，太陈旧，不合时宜。如果制作标题的理想目标是争取读者看了有好感，那么，制作标题的底线应当是读者看了不反感！

进一步讲，"青春在基层闪光"这句话除了过去被用得太频繁、太滥以外，作为一句话本身也是空洞没什么意思的，道理很简单，青春在哪里都闪光，基层青年多，用"青春在基层闪光"这样的标题当然没错，可是也没什么新鲜的，因为同样闪光的青年还很多，所以"青春在基层闪光"就不是新闻，作为标题也没任何吸引力，不会有读者看了这样的标题产生阅读正文的兴趣。说老实话，"青春在高层闪光"也许才是人们想看的新闻，对不对？

希望编辑们不要再让这种老掉牙的标题登上版面了。

时评标题推陈出新形象贴切

近些年文艺家与文艺团体到外国去办音乐会、演唱会越来越多，这是加强国际文化交流的表现，但是也有一些人把在外国著名场馆举办展览或演出，看成是一种资历与荣誉，挖空心思钻营，甚至采取花钱倒贴的方法达到"镀金"的目的。这种现象已经引起公众舆论的关注。

8月4日第5版时评发表的《若是真金不镀金》一文，就是针对这种不择手段借外国著名场馆自我包装炒作的不正之风进行批评，这篇评论字数不多，要言不烦，标题《若是真金不镀金》引人注目，文中介绍了这是唐代诗人李绅的诗："假金方用真金镀，若是真金不镀金。"

"若是真金不镀金"，浅显明白，用在这里非常贴切形象，作者把唐诗里的句子巧妙地予以借用，推陈出新，既准确，又简洁，典雅大方，值得称道。

报道正文要照应标题内容

9月2日3版"综合"发表的消息《天津市：勇于向陈规陋习宣战》报道了天津市践行群众路线整改的成果，既有天津市领导的活动，又有基层采访的事例，文章中列举了十多项任务、目标与成果的数字，内容很充实。只是有一点，对照标题，这篇报道通篇没有关于天津过去有哪些陈规陋习的内容，只是原则性地提到了整治三公经费开支过大、车轮上的铺张浪费、舌尖上的浪费、会所与培训中心的腐败、裸官、懒政、收受红包等现象。

中央出台"八项规定"反四风以来，全国各地都在深入落实相关政策进行整改，天津市勇于向陈规陋习宣战，当然值得媒体关注，但是，如果不报道天津的陈规陋习的具体内容，宣战也就成了无的之矢。事实上，陈规陋习并不是只有天津才有，陈规陋习的存在也不是个别的、偶然的现象，如果真要调查了解，并没有什么难度。

天津市有勇气向陈规陋习宣战，也就有勇气让陈规陋习被揭露出来、展示出来。

在报道中只写天津市的成绩，而把陈规陋习一笔带过，这样回避了问题，但同时也就无法让读者信服。

好话重复一万遍就成了空话

标题中使用陈词滥调是一种很不好的风气。8月1日第16版特别报道有一篇新闻，标题是《黑龙江尚志市一面坡镇长营村村委会主任张秀林——"把群众的事当自己的事办"》，报道了一位基层村干部的事迹。这篇稿件还是生动活泼的，只是主标题"把群众的事当自己的事办"，也太没个性了，过去几十年，一模一样的标题，从《人民日报》到县市报，不知重复出现了多少遍！

新闻新闻，新闻报道一定要有新意，标题如果一点新意也没有，怎么吸引读者阅读？任何一个读者在看了"把群众的事当自己的事办"这样的标题，还会继续阅读报道正文吗？

戈培尔有句臭名昭著的名言"谎话重复一万遍就成了真理"，反过来，在新闻宣传中，有些好话重复一万遍也就成了空话，就成了党八股，人云亦云，空洞无物。

标题不要过度粉饰

鲁迅先生在谈写作技巧时有句名言："将可有可无的字眼一律删掉。"这个道理非常适用于新闻报道写作，尤其适用于标题制作。

新闻稿件的标题，如果没有更优美的效果，就宁可朴素也不要华丽，宁可直白也不要粉饰。"看报看题"，有时标题处理得不恰当，会影响整篇稿件的效果。

以最近的版面为例，12月30日有两篇报道的标题就值得商榷，一是《高端餐饮理性回落》，一是《美丽中国需要美丽你我——防治雾霾从自身做起、从点滴做起》，这两篇稿件都是记者下了力气采写的贴近现实热点的新闻，内容很扎实，标题却有可推敲之处。

高端餐饮在中国本来就是畸形发展繁荣，中央实施"八项规定"，提出反"四风"之后，奢华豪华餐饮遭遇了公款消费大幅度降温，高端餐饮全行业跌入严重不景气的局面，在这一大背景下，高端餐饮面对的是"死抗"还是转向的选择，就其经营理念与定位来说，根本谈不到什么理性回落。把话说简单点，只有公款消费才支撑得住高端餐饮，而在中央政策严令禁止之下，原本设计时就专靠公款消费的高端餐饮企业，基本上只能血本无归了，让它们放下架子做大众化消费、为百姓服务，就好比让装修过亿元的会所卖早点服务社区一样，没一点可行性。

"美丽中国需要美丽你我"这样的一句话放在"防治雾霾从自身做起、从点滴做起"前面，显然有缓和雾霾空气污染形势严峻情况的效果，但是，"美丽中国需要美丽你我"这句话没有什么具体信息，雾霾很可怕、雾霾很恐怖，大标题上用两个"美丽"字眼，也不能改变雾霾丑陋的现实。这篇报道是记者花费了不少时间精力采写的，内容很有分量，事实上，如果删掉这句"美丽中国需要美丽你我"，只用"防治雾霾从自身做起、从点滴做起"来当标题，效果反而更好。

标题要全面不要片面

11月11日4版头条新闻是《中国治污努力获得国际肯定》，这条标题很突出。可是，报道内容主题与标题并不完全一致。

瑞士绿十字会与美国布莱克斯密思研究所近日发布2013年环境毒素报告指出，全球污染最严重的十个地区分属阿根廷、孟加拉国、加纳、印度尼西亚、尼日利亚、俄罗斯、赞比亚和乌克兰等八个国家，其中没有中国。

中国没有地区进入全球污染最严重黑名单，当然值得庆幸。但是，这篇报道的核心内容显然是公布全球污染最严重的十个地区黑名单，而不是肯定哪个国家治污有成效。

中国特别是北京的环境污染现在形势严峻，在这样的大背景下，对西方发布的调查统计数据，应当客观地看待与处理，不能出于好意将它乔装打扮成一个报喜的好消息，事实上，对全球环境来说，这毫无疑问是个坏消息。

西方两个机构发布的数据，有没有足够的权威性姑且不说，将之视为"国际肯定"，还是有以偏盖全之嫌。

在环境污染这样国际国内普遍关心重视的重大问题上，信息的客观、权威、准确与公正是很重要的。标题作为新闻的提要与展示窗口，处理类似新闻要尽量全面而不要片面，更不能断章取义。

《中国治污努力获得国际肯定》作为头条标题，充其量只能是副题，这篇稿件的主标题应当是"两机构发布全球污染最严重十地区名单"。

虚题没新意，就不如只用实题

4月21日3版刊登的新华社的《传递深情 共建文明——中直机关开展志愿服务活动情况综述》，是一篇综述，作为推进志愿服务制度化的宣传稿件，有意义，有内容，只是，这篇文章从标题到语言都有点老掉牙的感觉。

作为新华通讯社，除特别稿件规定原文照发外，一般性稿件，报纸在上版时，完全可以做编辑加工处理。"中直机关开展志愿服务活动情况综述"，冠以"传递深情 共建文明"这八个字，不是说有什么不对，只是这八个字用得太多，人们已经将之与打官腔、八股味联系起来，给人千篇一律、空洞陈腐的感觉。

其实，只用"中直机关开展志愿服务活动情况综述"这样一个实题，完全够用了，"传递深情 共建文明"近乎于是画蛇添足，反而效果不好。

近来报纸上类似情况还有很多，特别是标题上的这些过去出现频率太高的"大词"，早已让公众产生厌倦甚至反感，事实上"走转改"要改的正是这样的文风痼疾。

建议以后编辑们在处理类似稿件时，不要过分装饰美化标题，少玩虚的，因为虚的不受读者欢迎。虚的如果有新意很巧妙也罢，如果虚题没新意，就不如只用实题。

标题尽量别只来虚的

新闻报道稿件的标题，以简明准确为好，一定要有实际内容，否则读者在版面上读到虚题，会不知所云甚至产生误解。

5月17日九版"综合"，左下角有三篇稿件，一是《74城市4月空气质量平均达标天数比例达70.6%》，排在下边的是《财政部下拨大气污染防治专项资金80亿元》，在这两篇稿件下面，是一条大字标题《共享同一片蓝天》。

空气污染是近一时期来全社会关注的重大问题，版面上这样三条标题组合在一起，非常容易让读者以为《共享同一片蓝天》是关于环境保护的稿件。其实，这篇题为《共享同一片蓝天》的稿件内容写的是残疾人得到国家扶助救助的情况，"蓝天"在这里只是个比喻。

如今读者阅读报纸，很难通读整份报纸，甚至不会通读整版文字，这是客观事实，即使是报纸工作者也基本如此。因此，在编排版面时，一定要牢记"读报读题"这句话，多在标题上下功夫，因为读者很可能会只读了标题，并没有阅读正文。

作为一篇关于残疾人得到国家扶助救助的报道，非常偶然地与两篇谈空气污染的新闻排在了一起，这时《共享同一片蓝天》这样一条虚题，在版面语言上就很可能产生歧义。

新闻标题可虚可实，最好是虚实结合，如果虚与实二者中必须取舍，那么宁可只要实题，也尽量别只来虚的。

头版标题新闻宜实不宜虚

在报纸版面编排中,头版会把其他版面的几篇重要稿件的标题集中予以展示,这样可以起到橱窗的作用,吸引更多的读者注意到后面版面的稿件。这些重要稿件在其他版面一般都占有较突出位置,标题也制作精心,会有虚题实题,在具体编辑过程中,编辑最好不要在头版只登出后面报道的虚题,否则读者就难以了解信息自己是否需要。

以 2016 年 12 月 16 日一版为例,标题新闻版块有三条标题,分别是:

锻造绿色竞争力　2 版

谨防美联储加息负面影响　4 版

综合施策 有扶有控　5 版

三条标题,第一条与第三条都是虚题,俗话说"看报看题",如果只看到了这样的虚题,读者其实无从了解稿件讲的是哪方面的新闻。实际,2 版的稿件完整的标题是《锻造绿色竞争力——江西铜业集团调研行(下)》,5 版的稿件是"发力供给侧结构性改革去杠杆"系列报道的主打文章。这两条标题在头版呈现时,第一条最好是用"江西铜业集团调研行",虽然平白,但是让读者一目了然知道稿件内容主题;第二条最好是加上"去杠杆",让读者知道"综合施策 有扶有控"的对象是什么。

头版标题新闻宜实不宜虚,因为虚题起不到推介效果。

评论标题精彩　一句胜千言

报纸版面上的理论评论类文章的标题往往都很四平八稳,有的甚至有官腔味,缺少新意,没有冲击力。可以说,非新闻时评性质的专论、来论,标题制作起来颇有难度,不容易见彩。6 月 4 日 15 版"新知"发表的来论《专利制度的实质是吸引对天才的投资》,是一篇由国家知识产权局专家撰写的谈专利制度的文章,内容扎实,引经据典,观点鲜明,更抢眼的是其标题——《专利制度的实质是吸引对天才的投资》,一句话把专利工作的实质概括到位,给读者能留下深刻印象。

标题在报纸版面上是读者首先阅读到的信息，字号大、位置突出，比正文要更引人注意，实际阅读中，标题被读的机会也比正文要多得多，标题一句胜千言，读者可能对正文讲了些什么不会有清晰记忆，但是一条精彩的标题能给读者留下深刻印象，因此，锤炼好标题是报纸编辑工作的重中之重。

《专利制度的实质是吸引对天才的投资》这条标题，响亮警醒，让人过目难忘。

别把标题写得像标语

新闻标题应当有新闻性，要具体生动，而不能空洞，更不能千篇一律、官气十足。

8月8日是"全民健身日"，三版右肩发表了一篇消息，标题是《全民健康带动体育产业发展》，这篇稿件的内容还是很扎实的，信息量不小，美中不足的是，新闻标题太像标语了！不是说这样的标题不能用，而是这样的标题什么时候用都行，只是什么时候用这样的标题，读者也从中得不到多少新闻信息。

对比一下，《人民日报》同一天在第15版头条发表了同一新闻，标题是《新版（国家体育锻炼标准）将覆盖6—69岁人群 锻炼效果如何 自己也可打分》。显然，《人民日报》的标题要具体得多、生动得多，读者看了标题，可以得到的信息更多。

部委发布的新闻，等于让各家媒体进行同题新闻报道竞赛，记者一定要注意多向兄弟报纸学习，多研究、多比较，找出差距，才有利于提高进步。

口语化标题多多益善

财经报纸与党报的版面上稿件标题大都是书面语言，还会有不少政治概念与经济术语穿插其间，这样往往严肃有余，生动活泼不足。记者写稿、编辑编版时制作标题，如何软化语言、如何吸引读者，是很多同行都在研究的课题。

近来版面上口语化标题多了起来，不同的记者、不同的编辑都在努力探索打磨出可读性强的标题。以2月17日版面为例，头版《政策工具箱"弹药充足"——看货币闸门如何调节》,就很上口,主题和副题都各用了一个比喻,把枯燥的金融稿件用形象化语言表现出来。

4版"关注"《警惕各种诈骗行为 网络求职你可长点心吧》,以第二人称表述,亲切风趣。

5版"时评"《让监管"跑"在风险前面》,一个"跑"字,动感十足。8版"产经"《除了下棋,人工智能还应做什么》,非常贴近读者关注的热点,用设问句来激发读者阅读兴趣。

11版"新知"《为啥创新活动越来越离不开互联网》,把非常专业的互联网技术与互联网思维,用很简单的句子表达出来。

这些口语化标题,看上去似乎很简单,其实是作者与编辑精心打造出来的,让读者一看就懂,过目不忘,远比正统的四平八稳公文化、口号化的标题有生命力。

这些口语化标题,适应网络传播的特点,在版面上很引人注意,效果很好,类似口语化标题多多益善。

标题口语化　生动、具体、活泼

10月28日4版头条标题为《总理被窃听伤了德国人的心》,是一篇驻柏林记者撰写的一线观察专稿,这篇稿件的文风很平实,标题简明扼要而又生动、具体、活泼,值得肯定。

美国自棱镜门曝光后,窃听丑闻一个接一个被公布出来,早在今年7月,中国国内其他媒体报道就有《德国政府怒批美国:"窃听朋友不能接受"》《德国政界对美窃听表示震惊》等标题,事态发展到现在,德国总理也在被窃听之列,显然是大大伤了德国人的心。

国际时事新闻特别是关系到大国领导人的新闻,标题一般都会比较严肃庄重,大都使用书面语言,很少会用口语来作标题。《总理被窃听伤了德国人的心》则非常口语化,而且不仅仅是概括事实,还有评论的意思在里面,让读者看了一目了然。

标题口语化　传播效果好

经济新闻的标题并不是都适合口语化表达的，编辑在制作标题时需要格外用心，尽可能地概括提炼出口语化标题。报纸版面上的口语化标题，不仅能吸引读者注意力，还能调剂版面气氛，轻松活泼，风趣生动，传播效果很好。

以近期版面标题为例，7月30日7版《说说防腐蚀的那些事儿》，同日8版《田还是那块田，和的却是太阳》，就都既能准确传达新闻的主题，而又朗朗上口，让人过目不忘。7月31日8版《交个燃气费，咋就这么费劲？》，作为读者来信，所反映的内容一目了然。8月2日15版《秸秆成了抢手货》，贴近农业现实，生活气息扑面而来。

报纸上的口语化标题多了，读者读报也就增添了阅读兴趣。

标题给力　版面就有看点

记者编辑在标题制作上日益用心，近来版面看点很多，以4月20日为例，同一天的报纸有多条颇为精彩生动的标题。如头版《用督察的"锤子"钉实改革的"钉子"》，比喻贴切，把评论的观点浓缩在一句人人都看了就明白的话里，让读者过目难忘。

9版"关注"用半版的篇幅推出《中国的汽车还需要新品牌吗》，引题是"从去年至今，几乎每个月都有全新品牌诞生，从而引发追问——"，用问句直击主题，贴近汽车市场的最新趋势，很吸引读者的眼球。

11版"国际"发表的"世纪述评"《日美对口对表不对题》，针对日美4月18日由美国副总统彭斯和日本副首相麻生太郎牵头的首轮日美经济对话，只确认了会谈框架和磋商形式，对话会只一个小时匆匆结束，未就实质内容深入探讨一事进行评论，客观犀利。

13版"财富"《网约车，如何让保险保护你》，以第二人称指向读者，服务意识鲜明，所谈话题又是现实中很热门的网约车，内容专业性很强，对读者很实用。

老话说"题好文半"，又说"看报看题"，标题打磨得到位，标题见彩，会得到更好的传播效果，不仅提高报纸读者对稿件的阅读兴趣，在稿件进入网络传播环节后，标题更是决定内容能否为受众所接受的关键。

标题中的典故最好加以解释

无论是中国还是外国都有大量典故，有些典故一般读者都熟悉，如"特洛伊木马"，但有些典故一般读者可能就不熟悉。从事专业新闻报道的记者与编辑当然比一般读者的知识面要宽，因此在进行稿件撰写与版面编辑时，有时会无意识地不加注解地使用一些对普通人来说是生僻的典故，如2016年1月26日4版《中国驻美国大使崔天凯谈中美关系——我们一定能跨越"修昔底德"陷阱》，这篇稿件除了在主标题中使用了"修昔底德陷阱"这个西方典故，正文里没解释其含义，也没用知识链接的形式加以注释。对于大多数财经报纸的读者来说，如果不从事国际政治与外交专业，很可能就不知道"修昔底德陷阱"是什么意思。

网络上可以检索到，"修昔底德陷阱"，是指一个新崛起的大国必然要挑战现存大国，而现存大国也必然会回应这种威胁，这样战争变得不可避免。此说法源自古希腊著名历史学家修昔底德，他认为，当一个崛起的大国与既有的统治霸主竞争时，双方面临的危险多数以战争告终。

显然，中国驻美大使谈中美关系借用"修昔底德陷阱"这个概念是非常贴切而得体的，但是，记者与编辑可能忘了，一般读者未必都清楚"修昔底德陷阱"的意思是什么，即使是读到过，也或许忘掉了，受众的健忘是普遍现实现象，作为新闻工作者必须牢记这一点，主动为读者考虑，使用典故要就低不就高，特别是在重点稿件的大标题上，最好别出现未加注解的生僻典故。有了这样的观念，在稿件与版面上对"修昔底德陷阱"这类典故加以注解，就只是举手之劳，而对某些不熟悉典故的读者来说，却是非常必要的。

新词头一次上标题最好加以解释

新闻报道反映现实社会生活的方方面面，总会遇到新词，有时新词还会很热成为热词，在采编工作中，新词、热词头一次上标题时，最好加以解释，否则就影响读者阅读理解。

2017年8月1日6版头条是《警惕金融领域"灰犀牛"》，"灰犀牛"就是一个新词、热词，稿件开篇就写道："近两年，人们对"黑天鹅"已经比较熟悉，主要指的是没有预料到的突发事件或问题。"灰犀牛"则是金融领域一个"新面孔"，比喻大概率且影响巨大的潜在危机。这一概念是古根海姆学者奖获得者米歇尔·渥克在2013年1月份达沃斯经济论坛年会上提出的。他认为，"灰犀牛"是一种大概率危机。

有了对"灰犀牛"的含意以及来龙去脉的解释，读者就明白了《警惕金融领域"灰犀牛"》说的是什么意思。

非常巧的是同一天报纸的7版头条标题也用了一个新词：《"赋能"公路物流》，稿件讲的是货车帮打造公路物流信息整合平台的情况，但是，全文没有解释"赋能"是什么意思。

查考的结果，赋能是为谁或某个主体赋予某种能力和能量。赋能授权（Empowerment）是近年来应用很多的工商管理人力资源管理术语之一。赋能授权的意思就是授权给企业员工——赋予他们更多额外的权力。逻辑上来说，这样做意味着为了追求企业的整体利益而给予员工更多参与决策的权力。《"赋能"公路物流》这个标题，既简洁又精确，如果能在文中或文后有个知识链接，就不会有读者看不懂了。

各版刊发头版转文最好也配标题

头版版面空间有限，寸土寸金，经常会有重要的稿件在头版无法全部登完，需要转到后面的相应版面上。在编排处理头版转文时，后面的版面编辑有时会径直把剩余的正文排上即是，不再做标题。

2017年7月4日头版的《多"大"才算大数据？》就是只在头版发表了很小一部分内容，大头转到6版刊登，但是6版的转文没有出标题，只是在右边位置排了长长一大篇。这样处理的效果值得商榷。

读者未必一定按照从头版到最后一版的自然顺序阅读，而且即使是从头版开始阅读也未必能记住每篇稿件的标题，翻到后面 6 版看到一大篇文字，要想知道写的是什么题目，还需要往前再翻，这样编排处理不便于读者阅读。

办报的人心里要有服务读者便利读者的意识，不要默认读者有耐心、很细心、不健忘，也别期望读者有很强的读报欲望，更不可假设读者会费力气自己做功课追着读某篇稿件，在信息竞争如此激烈的今天，现实是报纸编辑尽最大可能为读者端上可口饭菜，读者都未必肯花时间品尝，如果编辑让读者自助服务，等于放弃了读者。

后面各版刊发头版转文，其实只要加上个实题就可以，如果不便别拟标题，完全可以直接用头版标题。

给标题插上比喻的翅膀

比喻是重要的修辞形式，是根据事物之间的相似点，把某一事物比作另一事物，把抽象的事物变得具体，把深奥的道理变得浅显。比喻能够让文字更加生动形象。用好了比喻，标题就如同插上了翅膀，能在版面上"飞"起来，起到格外好的传播作用。

近来版面就有不少巧用比喻的标题。2016 年 10 月 18 日 9 版《让更多"鲶鱼"游进天然气管道运输》，"鲶鱼"是个隐喻喻体，指的是国家相关部门出台政策引导民营企业进入天然气管道运输，通过竞争促进提高产业服务质量。"鲶鱼效应"是财经读者众所周知的常识，用在天然气管道运输上，有"管道"这一联系，就显得很贴切。

同天同一版面上还有一篇评论的标题是《深化合作共护"金砖"成色》，"金砖"本身就是善于使用比喻，把一个枯燥的相关国家名称首字母缩写词，变成人们耳熟能详的"金砖"，而标题又顺着"金砖"用"成色"来比喻合作的效益与效果，让读者一看就懂了。

2016 年 10 月 23 日头版头条新闻的标题是《河北邯郸：资源型城市换档不失速》，用大家都熟悉的汽车驾驶术语来比喻城市转型与发展速度的关系，很准确，很生动。

财经类报纸的特点是严肃的信息居多，而巧用比喻的标题能让报纸的气氛活跃起来。新闻标题用字立惜墨如金，而要用尽量少的字词表达尽量多的意思，最得力的工具就是比喻。比喻对文采关系重大，新闻工作者虽然不必像文学工作者那样追求文采，但是古话说：言之不文，行之不远。要想达到比较好的传播效果，就得在修辞文笔上下功夫。

用比喻作标题要注意逻辑性

西方修辞学有一句名言是："任何比喻都是跛足的。"也就是比喻不可能完全贴切、吻合。因此，在新闻评论标题中使用比喻，虽然常常会有生动效果，但也容易在逻辑上存在漏洞。尤其是涉及复杂的敏感话题时，如果只考虑到了比喻站得住脚的一面，忽略了同一比喻反过来站不住脚的一面，就不如不用比喻。

2015年9月11日11版发表了一篇评论，标题是《低油价是把"双刃剑"》，文章对近期国际石油价格低落的利弊进行了分析，内容扎实，观点严谨，是一篇有见的的评论，不过，标题所用比喻却还有推敲余地。《低油价是把"双刃剑"》这条标题是有作者的倾向与立场的，显然是认为油价过低对经济有不利影响。这在理论上是有充分的道理的，不过，仅就修辞而言，可以说《低油价是把"双刃剑"》，然而反过来，高油价又何尝不是把"双刃剑"！在高油价与低油价同样都有利有弊的情况下，用"双刃剑"来形容油价就不太合适。

斟酌推敲标题的量化表达

新闻标题经常会用到量化概念，当数字成为新闻要素时，如何在标题里表达得更明快，就需要认真推敲。有的新闻里，绝对数字就具备足够的冲击力，有的新闻里，相对比例才是新闻卖点。如果在表达量化概念时，没有突出读者感兴趣的方面，就会影响新闻的传播效果。

2015年7月8日5版有一篇新闻，标题是《北京8800余辆公交车改造完成 单车可削减氮氧化物排放60%》，这是一条关系到首都空气质量的重要信息，对北京的读者来说很有吸引力，消息不长，最后一句是"此次改造，可使现有国四国五排放标准车辆每年减排氮氧化物 2800 吨左右。"事实上，这句话里包含的"可减排 2800 吨"更直观，更说明问题，从标题编辑制作的角度出发，这才是新闻该重点突出的内容。

作为报纸的读者，对专业问题大都不是专家，因此，用削减氮氧化物 60% 这样的表达方法，很多人没有相应的概念，因此也就无法充分理解其意义。若是在标题里告诉读者一项改造措施可以每年减排 2800 吨氮氧化物，折算成垃圾运输车一辆装运三吨左右，就需要一千辆车。这样解释表现出极其可观的效果，会给读者以更深的印象。

让标题生动上口

中央大报的标题制作，总体来说，容易做到稳重大方板正，不容易做到轻松生动活泼。尤其是时政与经济类新闻稿件，标题大都偏庄重，过于严肃甚至枯燥，难免官腔官气，因此，版面上出现一条明快的口语化标题，会很醒目。

标题与新闻稿件一般情况都是字数越少越好，不过，也会有字数多效果才更好的情况。如 2015 年 5 月 25 日 3 版的报道标题是《辽宁启动"多证合一"改革 一张证取代"满墙证"》，"一张证取代'满墙证'"是大字主题，其实，这篇报道的主题应是《辽宁启动"多证合一"改革》。两相对比，如果只用一行题《辽宁启动"多证合一"改革》，内容意思完全表达到了，是标准的就事说事的平实标题。

"一张证取代'满墙证'"这八个字，生动地概括了"多证合一"的意义所在，因为在企业里，"满墙证"是人们熟悉的场景，今后将为一张证所取代，足以体现政府各主管部门简政放权的改革力度，"一张证取代'满墙证'"把《辽宁启动"多证合一"改革》形象化、具体化了。

报纸采编在新闻传播过程中，需要灵活运用原则，该长则长，当短则短，不能拘泥于条条框框。稿件如此，标题也如此。古诗说"欲把西湖比西子，浓妆淡抹总相宜"，制作标题也要因地制宜，只好效果好，既可以素面朝天，也可以浓妆淡抹。

直接引语作标题有个性

标题沉闷枯燥老套，是报纸版面的大忌，有句话说"看报看题"，又有句话说"题好文一半"，在实际新闻传播过程中，标题的被阅读机会往往比正文要多，因此，对大多数稿件来说，标题是否精彩，是否有吸引力，是一个关系到见报后的传播效果的大事。

在新闻报道中，选择新闻人物或采访对象的语言中比较生动形象的句子制作成标题，往往有事半功倍的效果。如 2015 年 5 月 18 日 11 版的《一只脚踏进了北极圈》，引题很长："烟台中集来福士海洋工程有限公司通过自主研发，打破了欧美国家的核心技术垄断——"，由于主题响亮，引题虽然字数很多，但并不影响读者把握要点。无独有偶，同日 15 版有一篇报道大标题是《我们不卖房子，卖时间！》，也有一条引题："一个年轻的创业团队正在用互联网的方式做房地产金融——"，异曲同工。

直接引语作标题，能让读者第一眼就看到新闻人物的个性化语言，突出稿件的要点或亮点所在，比概念化、公文官腔、陈词滥调、四平八稳标题要更有冲击力。

标题亮点多　版面就好看

2015 年最新一次改版之后，版面面貌一新，标题制作明显更具匠心，版面上标题亮点增多，文风可喜。

以 1 月 14 日报纸为例，这一天可圈可点的标题有：

4 版《拉脱维亚：欧元来了　投资没来》简明扼要，概括了拉脱维亚加入欧元区之后，投资潮没有如期而至的新闻事实，标题质朴，但是表达信息丰富而有动感。

8 版《上市公司如何摆脱"输血依赖"》把证券市场的现象借用人人皆知的医疗术语来作比喻，形象贴切。

9 版《"两套数据"并非要害所在》这是一篇"专家论道"的评论，主题是地方债务规模问题，针对一些地方提交两套数据有差距，评论旗帜鲜明，指出关键是实事求是。标题语言平实,不兜圈子,亮出观点主张。

15版《"拼酒"是种"烂文化"》言论标题是非分明,对社会上流行的拼酒风气予以不留情面的抨击。

16版《给航天器做件"防护服"》这是一篇科技专家的专访,把专业性很强的保护航天器的预成型体,用生活化语言说出来,人们看了都能懂。

一条好标题能把一篇稿件点亮,能吸引读者深入阅读正文。在读者有限的读报时间里,有时往往只翻翻标题,我们必须正视这一现实,要把标题作得让读者看了就感兴趣,让读者过目不忘,因为标题很可能是报纸版面上唯一被读者注意到了的东西。

标题慎用标点符号

报纸版面上的标题文字,应当是千锤百炼的结果,标题是稿件的广告语,必须精练、精彩,不该有多余的字,也不该有多余的标点符号。

最近一个时期,版面上的标题明显存在使用标点符号不当的情况,比较集中的是不必要的地方使用引号,如2016年9月13日,7版头条标题《煤炭产能结构调整"到位"还须"下狠力"》,这里的"到位""下狠力",加上引号意思显然是为了强调突出,但是,其实不加引号反而更明白。

更典型的例子是9版,头条标题是《农村补短板不能止于"解近忧"》,二条《扶贫要抓好基础设施这个"关键"》,下面一大篇标题是《苹果"罚单"或将改变欧盟投资环境》,还有一条标题是《建筑"短命"全因前瞻不足》,这几条标题的引号都是不必要或错误的,相当于画蛇添足。

标题句子成分不宜不完整

版面上的标题是报纸上最突出也是最多被读者阅读的文字,标题虽然不见得都完全合乎语法规律,但是也不宜出现明显的句子成分欠缺现象。编辑不该把疑似有语病的标题交给读者。

2016年7月6日6版刊出一篇长文《内地公安机关通报林荣基案,专家

表示 案件侦办不存在破坏"一国两制"》,"案件侦办不存在破坏'一国两制'"这个主标题,读起来就好像缺了点什么。

一般的表述应当是'案件侦办不存在破坏'一国两制'现象(或行为、问题、情况)",也就是"不存在"这一谓语后面应当是名词宾语,而不能是另一个动词。在不改变意思的前提下,标题也可以改成"案件侦办未(并不)破坏'一国两制'"。

事实上,稿件里引述了宁波市公安局负责人的话,"不存在所谓跨境执法、跟踪控制的问题。""不存在"后面的宾语是"问题"。

多些一次性标题　少些"标准件标题"

报纸版面上稿件日新月异,标题也应每天都有新面貌。按照新闻规律,报纸上的标题本来应当是一次性的,可是事实上有些标题像是标准件一样,不断被重复利用,当然,这样的"标准件标题"对读者来说就必然缺少新意也就没吸引力。标准件标题的存在,当然是因为它们省事、简单,虽然谈不上精彩,可也没什么差错。

以 2016 年 5 月 12 日的版面为例,5 版《国家发改委力推现代综合客运枢纽,提出到 2020 年——特大城市换乘将不超过 45 分钟》,7 版《虚拟现实技术与众多行业结合在巨大潜力——"VR+"还有哪些新玩法》,"特大城市换乘将不超过 45 分钟""'VR+'还有哪些新玩法"都是平铺直叙的标题,可以传达给读者非常具体的特定信息,可以说就是一次性标题。读者在浏览版面时看了这样的标题就可以基本了解稿件内容。而同天的 15 版有两条新闻分别是写的企业员工与一位科研负责人,大标题分别是《百炼成钢》《把青春献给北斗》,"百炼成钢""把青春献给……"这两个短句都是从 20 世纪 50 年代起就在报刊上被反复使用的,几乎能适用于各地各行各业的先进模范与英雄人物,这样的大标题在今天已经很难吸引读者阅读,就更别提让读者爱读了。

编辑记者在新闻标题上最好是多制作一次性标题,尽量避免使用已经被用俗用滥的标准件标题。

标题作了结论　　正文要有数据

以增长与减少为新闻要素的稿件，必须用数据说话，而不能只是泛泛地作结论，否则读者看了半天也搞不清楚事实真相。例如11月27日3版有一篇《教育部发布蓝皮书显示 我国出国留学和学成回国人数持续增加》的消息，正文中对我国出国留学和学成回国人数这一核心数据，没有做一句交代，而在不告诉读者如今与以往我国出国留学和学成回国人数准确数据的前提下，声称持续增加，就没有了支撑点。

从稿件的信息来看，教育部发布的蓝皮书，按常理推断没有道理不收录我国出国留学和学成回国人数的数据，因此，在版面上的稿件出现不应有的关键信息缺失，不知道是在采写环节出现的疏漏，还是在上版编辑的过程中做了不当删节。总之，读者看到的是一篇信息不完整的稿件。

题文照应是编辑规范，标题作了结论，正文要有数据予以证实。进而言之，在类似报道中，"持续增加"之类的结论性用词其实可有可无，只要提供了准确数据，读者自己都能得出结论。

标题别把锋芒磨得太圆

临近国庆黄金周旅游高峰，国内各地景点纷纷出台门票涨价的消息，9月25日15版读者为此发表了一组来信，对门票涨价风予以批评，标题分别是《"门票经济"是短视行为》《景区票价要体现公益性》《打造旅游全产业链》，另外配发了一篇记者调查《"门票经济"困局该如何破解？》。

这样的专题组合，声势很大，从不同的角度对门票涨价现象予以针砭。三篇读者来信用线加框编排在一起，上面加了一条总题《门票涨声没有"掌声"》。总体而言，这组稿件时机把握得很好，在国庆黄金周之前，有针对性地聚焦景点门票涨价风，既对景点经营者提出建设性意见，又能对游客起到打预防针疏导作用。

值得商榷的是，这样一组是非分明的稿件，总标题《门票涨声没有"掌声"》显得有些太含蓄、太温和了。人人皆知的事实是，旅游景点门票上涨得到的是大众的嘘声甚至是骂声，根本和掌声不沾边。用"没有掌声"来形容门票涨价是不恰当的，因为门票涨价除了景点经营者以外，不会有游客欢迎，有了掌声才是怪事。

面对大千世界的社会现象经济现象，报纸要有基本的立场与态度，该赞美时赞美，该批评时批评，对于市场领域个别行业或个别企业的不得民心的做法，报纸完全应当实事求是也予以批评。事实上，这组报道本身已经很尖锐，即使加上一个《门票涨声没有"掌声"》的总题，也缓和不了多少，在总标题上避重就轻不痛不痒，只会让读者觉得表达得不明确。

报纸图片点评札记

虽然至今为止在中央大报上新闻图片都还是次要角色或配角，但是传播生态的演变与新媒体的竞争使得新闻图片在报纸上所占的分量越来越重，图片编辑业务水平对于报纸版面来说是决定性因素。要提高图片编辑质量，避免或减少图片编辑上的差错与不足，就有必要多花些心思研究新闻图片。

新闻图片是报纸采编的重要组成部分，在读图时代，"一图胜千言"已经是报界公认的常识。

2013年起我先后撰写了一系列《经济日报》新闻图片点评札记，现在把它们选摘汇总为一篇，反映的问题更全面一些，内容也更集中一些，有些也是国内报纸普遍存在的问题，供感兴趣的读者参考。

让照片帮着文字说话

一图胜千言。在反映描述现场的情景与事物时，照片有着直观、形象的优势。

2013年8月1日第13版头条《"汴京西瓜"为何论堆贱卖》，是一篇很鲜活的新闻，对开封今年的西瓜行情不好进行了报道，记者做了大量采访，稿件里有一些很新鲜的信息，如稿件里说，西瓜不甜的原因之一是有瓜农把葫芦子与南瓜子秧作为西瓜砧木。

报道中还说，种植成本每公斤五毛，可是客商采购时出价才每公斤八分。这种惨淡行情，让开封瓜农难以支撑。

美中不足的是，这篇新闻没有配一张照片，而在采访时拍现场照片应当是很方便、不费事的。

豫东最大的西瓜交易市场、今年开封西瓜论堆贱卖——这都是很适合新闻图片来表现的题材，配幅照片能让稿件更加饱满充实，版面也更美观（这期整版也没一幅图片）。

让照片帮着文字说话，读者更爱看。

图片说明也应编辑加工

报纸上的图片说明在功能上是解释说明图片内容的，扮演的是配角，但是，经常有一些图片没有详细的说明便让读者无从理解。特别是在涉及外国或人们不熟悉的领域时，图片说明就显得格外重要，有时内行或当事人一目了然的图片，没有背景知识的读者看了却会一头雾水。如2014年11月21日8版（环球）发表的新闻照片，是一辆玩具火车为主题的花车在游行，文字说明是"加拿大多伦多日前举行第110届圣诞大游行，21支乐队、31辆花车及数千人的游行队伍吸引了众多观众观看"。

问题在于，圣诞节是每年的12月下旬，距圣诞节还有一个月的圣诞大游行，会让对西方习俗不大了解的读者难以搞懂。而且，一般国内读者可能也不大知道多伦多圣诞大游行是世界上最大规模的圣诞老人大游行，多伦多圣诞老人大游行始自1905年，不再是一个宗教的活动，已经成为多伦多的节日。

这幅多伦多圣诞大游行的照片是新华社通稿，版面编辑采用直接照发上版，在业务流程上没有什么问题，但是，如果能做点编辑加工，效果就更好。总之，报纸编辑不能假想读者普遍了解不同国家的习俗文化传统，就不作解释或介绍。实际上，在版面上发表文章或图片时，作必要的背景介绍，对记者而言是举手之劳，而对读者而言，善莫大焉。

印刷质量差　毁了好图片

2013年8月11日4版发表邓维摄影报道《彝乡别样"火把节"》，共四幅照片，作为一组来自贵州边远彝区的新闻图片，题材内容是很新鲜的，但是，因为是彩色版，印刷质量出了问题，导致这四幅照片，没有一幅是清晰的，都有重影，而这四幅照片都是以人物为主角，人的面容表情经不起重影、模糊处理，因此，这组新闻图片的效果简直惨不忍睹！

报纸彩色印刷确实容易出现图片失真问题，虽然印刷环节与编辑部在责任上没有直接关系，但是报纸印出来代表的是编辑部的水平。

邓维是资深记者，还曾是中国摄影家协会副主席，他的署名新闻摄影作品，印成报纸是如此糟糕的效果，在读者中，在新闻摄影专业人士中，会产生负面影响。

人物报道最好配照片

最近一个时期版面发表不少人物报道，有消息，有通讯，还有访谈，稿件质量都还扎实，美中不足的是，相当多的人物报道，没有配发人物的照片。

从20世纪90年代开始，国内报纸就普遍大量采用图片，甚至有了报纸进入读图时代的说法。

阅读行为学研究成果表明，一般而言，读者对报刊上的人物照片非常感兴趣，人物照片的形象直观，可以充分补充文字稿件的不足，让读者对报道的人物有更感性的认识，很多情况下，照片中的人物会给读者留下更深刻的印象，而没有配照片的人物报道，往往就只是一个姓名与身份，成为抽象的符号。

版面再紧张，也要优先考虑读者阅读习惯。这一点西方报纸与国内很多优秀报纸都做得很好，甚至有些评论与分析文章都会配发作者肖像。

人物稿配照片宁缺毋"泛"

2013年10月19日8版头条《给村里留下一座图书馆》，是"中国梦 我的梦"

专栏的稿件，内容是山西省左权县麻田镇麻田村的五十八岁农民的自述，他是自己创办的家庭"心连心·家庭图书馆"的馆长。全文很生动，反映了这位普通农民热爱读书、尽自己力量创办乡村图书馆的事迹。这是一篇内容扎实的好稿子。美中不足的是，这样一篇占了半个版的人物稿件，只配了一张简单图解的图片，一个孩子骑在铅笔上飞起来，后边是一排精装书。这样的图片与稿件配合太牵强、太简单！

人物报道最好配所报道的人物肖像，或所报道事物的照片，以此文为例，配一幅农民图书馆馆长的近照，或者配一幅他的图书馆的外景或馆内情景的照片，都要更恰当一些。这篇文章没时效性，配发图片应当不存在客观上的难度。

用装饰性图解性的图片配文，当然在操作上要更省时省力，可是，效果就大打了折扣。

人物图片小专题有新意

两会报道中人物图片发表数量明显增加，版面上几乎天天都会有人大代表、政协委员在会议期间的工作照、生活照、抓拍镜头或大头照。如何把人物图片拍出新意，能吸引读者阅读关注，是摄影记者要下力气琢磨的课题。6月5日6版发表了一组《为食药安全寻良策》，就是一组全国人大代表鲍家科的图片专题，四幅图片，从开完开幕会回住地的车上，到住处打开电脑上网查找资料，再到午间休息时与同团的代表交流，最后是在会场与同团代表交流，四个画面勾勒出一位人大代表参政议政的剪影。

这组人物图片显然是记者追踪采访完成的，是提前做了选题策划，而且不是单纯的摄影图片，还有文字报道，介绍这位代表的提案是《有效整合国家食品安全药品检验检测资源》，有足够的信息量、形式简洁明快、平实朴素。

新华社图片的新闻线索值得挖掘

2013年8月12日5版刊发了一幅新闻照片，标题是《旱情持续 茶业受损》，图片说明全文是："8月11日，在杭州龙坞茶村茶园里浇水的一名茶农用电话指挥数百米外看管水泵的同伴。杭州市区持续高温天气造成的干旱,给西湖龙井茶原产地的大批龙井茶树带来'灭顶之灾'。"图片是新华社发的。如果不经意地浏览,这幅新闻图片好像没什么问题,因为连日高温大旱,是2013年中国南方很多地方都存在的现象。大旱危及龙井茶,确实是新闻。

但是,对茶业生产了解多一些背景知识,就会产生疑惑。茶谚有一句"明前宝",龙井茶讲究是春茶,明(清明)前、雨(雨水)前采摘是质量等级的重要因素,而8月11日已经立秋,如果说龙井茶的采摘从三四月份延续到五六月份,还可以让人理解,那么,进入七八月份还在采摘龙井茶,就显得不寻常。事实上,茶叶市场上也没有西湖龙井标明是秋后采摘的。

细看图片,茶农是用喷头洒水浇茶树的枝叶,而不是浇树根,显然,用意是在采摘茶叶。到了立秋了,茶农如此精心地浇灌茶树枝叶,结合标题里"茶业受损",自然而然会引人联想。

新华社播发的这幅新闻照片,顺着线索追踪调查,就能发现西湖龙井茶的少为人知的新闻。据杭州茶人讲,龙井有秋茶,夏茶一般不采,品质有的年份还不差。秋茶一般用来做外销龙井,比春茶低两个等级。原来不算龙井只能叫旗枪的龙坞这种茶区,因为地势低被山遮挡,秋茶产量还很高。

多些"生活照" 少些"工作照"

2013年10月11日4版正中位置发表了一组两幅彩色图片,标题是"南瓜'大'赛",文字说明介绍是加拿大某地举办最重南瓜大赛,两幅照片一是一位母亲把自己的孩子放到一个巨型南瓜上拍照,一幅是叉车在搬运参赛的巨型南瓜。

这是一组反映秋收题材的新闻图片,因为南瓜色彩丰富,造型巨大,拍成新闻照片,很可爱,很养眼。

进入秋季,反映农业丰收题材的新闻图片多了起来,就在同一天的头版,也发表了一幅题为《江西秋收全面展开》的新华社图片,图片内容是农民用拖拉机运送收获的中稻。相比之下,就过于板正,过于传统,没有什么新意,是一幅标准的"工作照"。

"南瓜'大'赛"则完全是"生活照",不是图解式的宣传,充满了趣味性与人情味,同样可以让读者感受到丰收的喜悦。这种处理新闻图片的手法,值得学习、借鉴。

转文风是"走转改"的重要内容,在新闻图片上,"工作照"太多就是八股文风的具体表现,读者反感"工作照",喜欢"生活照"。希望我们的报纸上"生活照"多起来!

提倡文字记者顺手拍照片

新闻图片过去一向是《经济日报》的优势长项,现在却成了短板。尤其是自采的图片,明显供不应求,远远满足不了版面需要。以2013年7月16日的这期报纸为例,32版,居然没一幅本报记者拍摄的照片!这种现象实在令人遗憾。

"报纸进入了读图时代"已经提了很多年,报纸编排要紧密贴近读者阅读爱好与习惯,就必须重视图片在版面上的作用,所用的图片除了质量要达到足够的标准以外,还应当尽可能多些、大些。一期报纸没一幅本报记者的图片,全部靠外援,主要靠新华社,显然不利于大报的形象。

专职摄影记者人数有限,依赖三四位专职摄影记者为一份日刊大报提供每天都要刊发的大量新闻图片,是不现实的。不妨学学其他报社的做法,鼓励文字记者顺手拍照片,特别是驻地记者或驻外记者,大家都有报社提供的相机,而电子图片又没有洗印传输制作成本,完全可以随着文字稿件发到编辑部。

记者采访如今一般也都会拍照留影,这往往只是出于个人爱好或习惯,不见得以正式发表为目的。如果汇集这些来自方方面面、五花八门的图片,也许当时未必就刊用,可是积少成多,作为资料性、装点性图片配合版面,岂不是一举多得?另外,毕竟文字记者更多,能够覆盖的新闻现场范围更大,虽然文字记者的摄影装备没有多么专业,好在对新闻图片来说更重要的是新闻价值而不是摄影价值。

发起个文字记者"顺手拍"活动,好不好?

记者采写图文一步到位好

在如今的报纸版面上，新闻报道如果只有文字而无图片，传播效果就要大打折扣，一篇报道有文有图，就会显得格外精神。特别是一些外国或边远地方的新闻，如果文字记者没有提供图片，编辑就很难配上合适的图片。而记者在采访过程中，拍幅照片其实只是举手之劳，并不费事。

2013年6月24日4版发表的《北欧房价急升隐忧频现》，压题的是一幅同一记者拍摄的丹麦首都哥本哈根的公寓楼照片，图片说明介绍说这一带100平方米左右的两居室公寓，月租金高达20000元人民币。这幅照片虽然谈不到多么精彩专业，可是它给读者提供了直观的、来自北欧城市的景观，让稿件有了形象感，同时，也让读者开阔了眼界，真切地了解了丹麦房价何等高。

如果没有这幅图片，这篇报道在版面上也许就不那么引人注意。如果没有这幅图片，稿件里讲到的房价数据，就很难被读者换算成自己能感受到的标准予以评判。因此，这幅图片所起的作用，不是单纯的美化版面，而是增添了新的信息。

驻外记者与驻站记者在采访工作中，多拍一些配合报道的图片，一举多得、事半功倍，希望大家形成习惯。

随手拍图片　版面更多彩

2013年12月4日4版的版面居中位置发表了一幅照片，画面里身着冬装的女花贩捧着鲜花，买花的白发妇女正低头从钱包里取钱，图片说明很简短，全文是："在比利时小镇布鲁日，假日里的广场成为花市，一边是古色古香的古老建筑，一边是芳香扑鼻的美丽花卉，吸引着人们前来赶集。本报记者张小影摄"。这幅照片构图很讲究，色彩雅致，冬天的鲜花市场生机盎然，与严寒季节形成反差，非常养眼。

国际版的图片，因为是彩印，又是国际题材，一直是视觉亮点。美中不足的是，这个版面上的图片大都是新华社稿，极少有本报记者拍摄的照片。新华社的照片质量水平当然很好，但是毕竟是通稿。本报在几十个国家与地区有驻站记者，还不断有人员出访任务，如果在外出工作与生活中能够拍一些照片，就可丰富版面，而且强化独家特色。

采编人员与领导干部在外出采访调研考察时能随手多拍一些可供本报刊发的图片，可增添可观的稿源，如今的摄影器材与技术已经大大缩小了摄影记者与非摄影专业记者在图片质量上的专业差距，更重要的已经不是机器或技术，而是现场。非摄影记者的活动范围常常比摄影记者更广泛，如果有意识地拍摄的话，完全能够弥补摄影记者的不足。

新闻图片尽量不要构图雷同

报纸版面上的新闻图片，应当具有新闻价值。同时，在画面上也要用心寻找新鲜的角度，讲究构图，即使是大致相同的题材，也最好不要雷同，否则效果就不好。

2013年12月17日9版"区域经济"右下角发表了一幅图片，说明是重庆某县农业示范基地带动农民增收致富，图面上是两个农村蹲在菜地劳动；13版"聚焦三农"正中也发表了一幅反映农业生产的图片，题为"福建泉州——无公害蔬菜基地助农民增收"，画面上也是两个农妇在菜地蹲着。虽然两幅新闻图片是不同的省市、不同的人物与不同的蔬菜，主题内容基本一样，构图也大同小异。

同一天的报纸不同的版面上出现如此雷同的新闻图片，而在这一天的版面上，新闻图片并不是很多而是数量很少，这种重复很显眼，让人无法不注意。

事实上，类似构图的新闻图片过去也刊登过，区别只是时间、地点、人物。可以说，这样的新闻图片构图已经严重地模板化，即使是拍摄技巧再高超、再专业，也让读者产生不了欣赏的兴趣。

图片题材新鲜就好看

经济新闻图片总是稿源不丰裕，尤其是农业题材与地方经济题材，很容易画面大同小异，让读者看了印象不深。2013年12月30日10版"区域经济"刊登的一幅新疆库车县依西哈拉镇农民喂养灰雁的新闻照片，虽然构图也没什么别致的，但因为人工养殖灰雁对大多数读者来说是一件新鲜事，图片让人耳目一新。

这幅图片的文字说明里介绍，该县特色养殖还有肉鸽、果园鸡、小山羊，这些与灰雁相比显然要常见得多，可见记者选择拍摄时用了心，可以想象得到，肉鸽、果园鸡与小山羊上了新闻照片，很难拍出什么新意。

记者在进行选择时，"新鲜就好看"是一个基本原则，要尽量不与别人雷同，不拍别人已经拍过的画面，不能偷懒图省事。

卡帕有句名言："如果你拍得不够好，那是因为距离被拍摄对象不够近。"深入生活，走进基层，就能发现取之不尽、用之不竭的题材。

文章与图片之间别厚此薄彼

图片在报纸版面上的作用很重要，远远不止是装饰或点缀。近来，版面上时而会出现小尺寸图片，这可能是因为版面稿挤，编辑不得不压缩图片的占地面积，但是，刊出效果却并不太好。2014年1月5日周末8版，右侧是一组照片专题，专栏题目是"光影"，这期的主题是《村口晨曦》，发了四幅不同地方的同题照片，虽是黑白的，但构图用光都很讲究，是上乘之作。美中不足的是，这四幅图片都太小了，横向的尺寸只5.3厘米，也就相当于手机屏幕大小。这样尺寸的照片，远远低于通行的照片洗印标准。

这个版面其余位置发表的是两篇文章，是用电脑绘画装点的标题，留白很大，仅两个标题所占版面，就大大超过了"光影"的面积。精彩的图片被挤成了火柴盒、烟盒，审美效果大打折扣。对比鲜明，两个标题占地方大，但经不住欣赏，没多少内涵。

显然，这样的版面设计是有问题的。副刊版面文题比例宽松些，疏朗些，不是不可以，但是不能在文章与图片之间过于厚此薄彼。

会议图片要有"看头"才好

在过去很长时期过多过长的会议报道都是报纸的一个难点，对于一般读者来说，会议报道简明扼要最受欢迎。如果用新闻图片来报道会议，那么取景构图一定要讲究新意，追求视觉效果，说到底，图片要有看点、有看头。如果只是会议现场画面，就容易失之于空洞呆板。

3月18日4版"环球"发表了一幅新华社的新闻照片，主题是中韩自由贸易协定第十轮谈判会议，场景是与会双方相对就座，整幅图片几乎没任何亮点。新闻图片与文字报道各有分工，最理想的新闻图片一定是有用文字报道代替不了的内容。这幅占了不小面积的新闻图片，所包含信息量完全可以用附上的图片说明囊括，此外再没什么内容了，甚至也没起到装点美化版面的作用。发表这样的新闻图片，是对宝贵的版面的浪费。

新闻图片也可配发评论

新闻图片作为新闻报道的一个组成部分，一般情况很少会配发评论，但是在新闻图片特别有内容或意义时，如果能配发评论，效果会更好。

2014年6月10日4版发表了一幅新闻图片，图片说明只有两行半，但是所包含的内容很丰富，图片是两位瑞士钟表女工在工作台手工生产手表，说明里告诉读者，今年4月瑞士手表出口增长1.7%，不过，瑞士手表在中国大陆的销量却暴跌16.5%。

这两组数据的鲜明对比，显然大有画外之音。自从中国大陆某些官员佩戴奢华手表被曝光后，有官员因此被查出贪腐犯罪行为，社会上有了"表哥"的说法。很快，手表成为敏感的关注焦点，一些官员即使有高级手表甚至不止一块，也不再公然张扬。

事实上，瑞士高级手工手表一直是中国大陆礼品市场的重要角色。"表哥"们不敢戴顶级手表了，没人再买瑞士手表送礼，市场很快就反映出效果来。

可以说，这幅新闻图片不是简单地报道一个欧洲国家某一传统出口产品的行情变化，它能折射出很多东西，有必要给读者加以剖析。

让精彩的图片亮起来！

报纸上的新闻图片能达到养眼水平的不多，编辑遇到让人看了心旷神怡的好图片，最好能够尽量处理得突出些、醒目些。2014年7月2日12版右下角发表的一幅黑白图片，内容是内蒙古呼伦贝尔大草原一职工在喂5000只鹅，图片上远山起伏，天空白云飘飘，草原农场建筑与车辆衬托着女子喂鹅，鹅群分散在辽阔的草原，非常自然，很是壮观。这样的场景，在盛夏时节，让人看了真是心胸为之开阔。美中不足的是，这幅图片所在的版面不是彩色的，而且位置太不起眼，另外，尺寸也不够大。

新闻图片不是艺术摄影，新闻性是第一位的，艺术性是第二位的，但是在同样具有新闻性之后，图片的视觉效果还是有好坏之分，读者肯定更欢迎艺术性强的新闻图片。实事求是地讲，新闻图片除了艺术技巧之外，审美效果更主要的还是要靠选材与构图。

精彩的图片难得，一个版面有一幅精彩图片就会显得有精神。希望以后版面上多一些精彩的图片，让精彩的图片亮起来！

既然发图片就该发大点

报纸版面上的配合报道的照片尺寸不宜太小，尤其是在版面有足够的空余位置时，照片过小影响视觉效果。

2月9日16版用了五分之四版的位置发表一篇《托举起"中国战车"的梦想——记中国第三代坦克总设计师祝榆生》的人物通讯，标题下配发了四幅照片，三幅是人物的半身照，一幅是一队坦克在坡地行进的照片，对比之下，坦克的照片实在太小，坦克只有花生米那么大，根本看不清楚。

稿件里介绍了第三代坦克是解放军正在使用的装备，在中国兵器工业集团兵器展厅里有照片，而且应当在电视节目里也有报道，显然坦克图片可以公开发表。既然被采访人及其上级领导部门同意在报纸上公开刊登他设计的坦克照片，编辑就该把照片处理得更突出一些。说句老实话，对于军迷读者来说，对第三代坦克的形象比对其总设计师的形象更感兴趣。如果能在版面上放一幅比较大尺寸的坦克照片，整个版面就更有冲击力。

此幅图片过小，并不是版面不够，这篇稿件占了五分之四版，实际上文字还有压缩的余地，而且，标题下方的四幅照片，摆放不规则，占的位置留的空白至少足够把坦克照片放大一倍。这显然是编辑在版式设计时的有意安排。

希望编辑们在编排版面时，强化图片意识，不要把图片缩得太小。

版面上图片不能太少

新闻类报刊早就有进入"读图时代"的说法，事实上，国内外的日报版面上的照片普遍都有刊出尺寸越来越大、刊出数量越来越多的趋势，在这种行业大环境里，如果哪家报纸版面上图片既少又小，就显得不协调，更重要的是，视觉效果也就大打折扣。

1月22日，十六个版只刊出了十七幅照片，其中还包括七幅是为稿件配图经过剪裁的大头照和人物照，据统计，有八个版连一幅照片也没有，只有图表与漫画或题图。因为照片太少，这一天的版面给读者的印象很可能就会是黑压压、沉甸甸、密麻麻，让人透不过气来。

当然，这一天的报纸也有特殊情况，就是有两版理论周刊，按照惯例就是不用照片的。不过，再怎么样，还有六个版上找不到一幅照片，反映了编辑对照片不够重视。

在如今的报纸上，照片是标配，不是点缀。报纸忽视了照片的重要性，就会影响传播效果。

在现行采编流程上，各个版面的编辑是分头进行的，一个版面上是否用照片、用多少幅照片、用多大尺寸照片，是由责任编辑决定的。一份十六版的报纸，一天只发表了十七幅照片，这不是哪一个版面编辑的责任，而说明各版编辑普遍都没重视照片。

水利系统有一个最低水位线的概念，不妨借用过来，报纸编辑工作也应设定一个照片最低水位线。

要舍得给图片位置

现在的报纸要想追求视觉效果，就必须借助于图片。但是有时编辑会因为稿件紧张版面不够，而舍不得给图片位置。如2014年9月18日与9月19日两天，都是十六个版中各有五六个整版没一张照片。这样的版面翻阅起来，黑压压一大版全是文字，气氛沉闷，影响阅读效果。这有点像住宅小区，建筑面积与绿化面积的比例要有底线，不能一点绿地或花园都没有，一个小区只有密集的楼群，让居民住起来会很压抑。

版面有限，寸土寸金，导致编辑重文字不重图片，除了表现在整版整版全是文字没有图片，还表现在即使用了图片，处理得尺寸也很小。如9月18日的6版与7版，两个版只有一幅照片，只相当于手机屏幕大小。而9月19日16版右下的两幅新闻照片，也只相当于手机屏幕大小。

过小的尺寸，根本无法展示细节，只能反映个大概轮廓。如9月19日16版右下角的关于南水北调中线北京段工程终点颐和园团城湖的新闻照片，就只能看清是两岸夹一河，效果只能是聊胜于无。

在今天的报纸版面上，图片的作用相当于气窗，除了理论版等以文字或数字为全部内部的专版由于习惯与特殊性不必用图片，其他版面最好是把图片作为不可或缺的保留项目，保证留出位置，而且不能面积太小。

头版新闻图片不宜尺寸过小

头版是报纸的门面与展示窗口，从视觉角度出发，要想做到图文并茂，就不能缺少新闻图片。按照报界的通行做法，头版新闻图片的选择会对其新闻性、艺术性有较高要求，因此，能上头版的新闻图片一般都是质量水平较高的。但是，即使是很精彩的新闻图片上了头版，如果发表时的尺寸太小，也会显得效果不好。如2014年10月11日头版右下角的消息《超级稻亩产创1026.7公斤纪录》，配发了新华社的新闻图片，画面上是工作人员正在收割稻谷，尺寸太小，只有7厘米宽4厘米高，照片里的人只有黄豆粒大小，虽然能基本反映新闻内容，可是，看起来太费劲，而且在版面上总体效果也不佳。

现在媒体竞争激烈，报纸要争取读者，必须注意阅读心理，在读图时代，报纸与杂志、电脑、手机抢夺读者，就要扬长避短，印刷彩色高质量大尺寸图片是纸质媒体的优势之一，除了人头像，尽量不要在版面尤其是头版上发太小尺寸的图片。

表现工艺美术的照片尺寸大些好

报纸上的新闻图片一般都是以新闻性为主，但是在表现文化艺术方面的新闻时，图片就兼有了艺术欣赏性。如 2014 年 6 月 1 日 4 版"关注"右下角发表的新闻摄影作品《岭南盆景进京展出》，反映的是北京北海公园正在举办的岭南盆景名家精品展，照片里四个观众在欣赏摆放在陈列架上的盆景作品。

这幅照片有新闻价值，同时突出了盆景，在节日的报纸版面上，显得很有气氛，赏心悦目。

美中不足的是，这幅照片虽然是彩色的，构图很工稳，内容很喜庆，可是，尺寸太小，只有 4.6 厘米高、6.7 厘米宽，面积只相当于一般的手机屏幕，盆景的细节几乎无法辨识。值得一提的是，这期版面上只有这样一幅照片，余下的都是密麻麻的文章稿件。从版面效果出发，实在是该给这幅照片更大一些空间，让它成为调剂版面的亮点。

有些图片不能没有色彩

现在的新闻摄影如果不做特别设置，一般拍出来都是彩色照片，报纸有彩色版也有黑白版，彩色照片被安排在黑白版上就会被处理成黑白效果。大多数情况下，彩色照片被处理成黑白照片刊登出来，并不影响传达基本信息，有些图片却不宜这样处理。

2014 年 10 月 20 日 12 版发表了一幅黑白照片，而图片说明全文是："'彩虹之国'南非大量种植着一种名为'蓝花楹'的树，属于紫葳科落叶乔木。因为它的花朵是蓝紫色，生活在南非的中国人通常把它叫作'紫薇花'。每年十月，种植有八万多株紫薇花的南非行政首都比勒陀利亚都会因为紫薇花绽放成为一片紫色的海洋，吸引大量游客前来观赏拍照。比勒陀利亚也因此获得了'蓝花楹之城'的美誉。图为行人从紫薇花树下走过。"

显然，这是一幅突出展示紫薇花的紫色之美的新闻图片，在新华网可以查到原作色彩丰富微妙，是一幅如画的佳作。而变成黑白照片之后，原作的色彩当然就都简化成了黑白灰，而图片说明里的描述也就成了无的放矢，会让读者产生不知所云的感觉，只能凭空想象。

有些新闻照片是靠新闻性取胜的，有些新闻图片则是靠视觉取胜的，展示比勒陀利亚"蓝花楹之城"的紫色海洋的新闻图片，失去了紫色就大大贬值。

采编流程中谁为色彩把关？

由于报纸的版面安排与印刷过程中的调整，版面上发表新闻图片时把原作的彩色照片转换为黑白照片屡有发生。一般的新闻图片，彩色变为黑白，对效果的影响不大，但是在新闻照片是用色彩来说话，或者说，照片的卖点就是色彩时，版面上出来的是黑白照片，效果就会有云泥之别。

2014年11月14日，八版的中心位置发表了一组两幅照片。一幅的图片说明里有："金秋时节，首都比什凯克公园内树叶呈现出多种颜色，再加上满地金黄的落叶似一幅幅多彩的油画，让这个城市显得格外迷人。"另一幅的图片说明有："近日的布鲁塞尔阳光明媚，色彩斑斓，呈现出美不胜收的深秋美景。"文字描绘得很美，可是看图片，却是黑白灰树木与点景人物，模模糊糊白花花一片，根本谈不到什么油画效果。

造成这种情况的责任显然不在于版面编辑，因为报纸哪些版印黑白哪些版印彩色的决定权不在责任编辑。不管责任在谁，体现在报纸版面上的效果有损报纸形象，如何杜绝这类现象的一再发生呢？是不是在采编业务流程上以及编印流程上多一道把关手续？

新发现的风景更美丽

2014年11月16日4版是一整版摄影专题，主题是《北京：多彩美景惹人醉》，除了题图的小照片，共发表了大小十幅照片，分别拍摄的是北京境内十处公园的深秋景色，其中汉石桥湿地公园、大兴南海子湿地公园等处都是过去不大为人所知的，还有多处是新建郊野公园。这样一组反映北京秋景的照片，在策划时显然有意避开了世人皆知的颐和园、香山、长城等著名景点，因此，拍出来的照片不仅美，更突出的优点是有新鲜感。

新闻摄影与新闻报道一样，最忌跟风炒冷饭，图片能不能打动读者，一个关键要素是有无新意。北京的秋天最美，因此多年来报纸版面用照片来展示北京的秋天景色，经常会图省事，比如拍香山红叶，这样的照片再怎么讲究角度与技巧，都很难吸引读者的注意。道理很简单，读者见这类画面的次数太多了。

北京之大，还有很多地方是人们未曾到过，未曾在传媒上看过，甚至未曾听说过的，这些风景需要记者去发现，而新发现的风景才更美丽。希望摄影记者们再接再厉，多跑跑，多看看，多拍些有新发现的好照片。

照片上压图表惠而不费

新闻图片在版面上常常是尺寸大占空间面积就大，稿挤就难以安排；尺寸小，展示效果不好，画面局促。如何尽量放大新闻图片，让它发挥视觉优势，同时又合理利用版面空间传达更多信息？编辑在新闻图片上压图表，是一种可行的选择。

2015年12月9日头版头条新闻标题是《我国粮食实现"十二连增"》，消息篇幅并不长，评论《又一个不同寻常丰收年》字数要多一倍左右。这组报道的题图照片，是农民秋收玉米堆，20厘米宽、11厘米高的尺寸，非常大气，画面也喜庆饱满。编辑在图片的右半侧，从上往下排列了全国粮食总产量、全国粮食播种面积、全国粮食作物平均单产等各项数据，也就相当于把新闻图片的右侧作为图表空间来利用了。

这样的照片图表合并编排，既不影响新闻照片的形象主体，又拓展了新闻照片的势力范围，同时搭载了图表信息，是对版面空间的合理利用，可谓惠而不费，是值得肯定的创新。

体育新闻图片：场面不如人物好看

国际体育新闻图片往往都是充满了动感与力度的，如果镜头聚焦的不是运动员而是场面、场景，视觉效果就大打折扣。如2015年3月26日4版刊发的照片，标题"2015年国际滑联世界花样滑冰锦标赛在沪揭幕"，这是一幅国际体育赛事的新闻图片，但是画面上没有运动员，只有卡通形象、中国国旗与 BEIJING 2022 的标志，明显是开幕式上的节目。

这篇报道的文字部分是本报记者采写的，图片只是配发，来自新华社通稿。

这样处理国际体育新闻图片，显然欠考虑。人人皆知，会议新闻官样文章是没有读者喜欢的，花样滑冰作为体育运动最具观赏性，更吸引人的是其表演的难度与艺术性，作为摄影记者，对开幕式当然也要拍摄，但是这样没亮点、缺少内容的例行会议式的新闻图片，其实在报纸编辑选稿上版时是应当筛选掉的。当然，由于不是体育类报纸，刊发体育图片有限，编辑缺少相应的经验是可以理解的。

花样滑冰的新闻图片很容易出彩，即使是文字记者抓拍的，也比不温不火的场面照片要有看头。体育新闻图片，再好的场面也不如人物好看。体育新闻图片不能没有人物，没有了运动员明星当主角，体育新闻图片就没有生命力。

奥运图片更好看

第22届冬季奥运会在俄罗斯索契举办，由于办报特色定位关系，体育赛事不是重点，因此，索契奥运会的稿件主要在"环球"版刊登，数量也不多，点到为止。这样的编辑处理方式是有道理的，读者也能理解。

奥运会是一场视觉盛宴，尤其是冬季赛事，滑冰、滑雪等，观赏性极强，在"环球"版上发表的新闻图片，却没有给这届冬季奥运会以相应的位置。

2014年2月12日的"环球"版，用了两幅新华社发的新闻照片：一是新加坡航空展，一是北师大实验中学艺术团在法国枫丹白露演出。说实话，一所中学的出国演出，除了家长与学校老师等极少数人外，绝大多数读者根本不会感兴趣。相比之下，读者肯定会更欢迎来自索契冬奥会的精彩图片，而这些新闻照片新华社是大量播发的。

"环球"版国际报道是特色与亮点之一，希望编辑们能更多地从读者角度出发，从版面美化角度出发，在选择新闻图片时多提供读者真正爱看的养眼图片，少发老一套没新信息的图片。

皮与馅的艺术
——从烹调角度谈经济述评写作

在媒介如此发达、信息如此便捷的时代，经济类报刊的核心生命力来自于对市场与经济的理智分析与专业报道，在消息层面财经专业报刊与大众新闻媒介很难分出胜负，因为无论是重大市场动向还是经济政策的变革，作为新闻发生时，以新闻发布会或会议新闻、政策精神传达的形式与公众见面，是一场短平快的传播竞赛，财经媒介与大众新闻媒介相比没有什么更多的优势。经济报刊的安身立命的所在，首先就要与大众新闻报刊的经济报道有所区别。市场经济是高度专业化、高度理性化的，经济报刊的读者需要的是专业化、理性化的资讯，专业读者期望经济报刊能够就新闻的背景、前景以及原由等方面提供更多的资讯，而经济述评这一夹叙夹议的新闻体裁就有了用武之地。

虽然精神食粮与物质食粮在形态与性质上完全是两回事，但是在生产与营销的层面，两者却有很多相似相通之处。著名报人徐铸成曾经用过新闻烹饪学这个概念，提出办报与烹饪有相通之处。这里不妨借用餐饮来比喻，经济述评就好比是包子或饺子，它应当是经济报刊的主打产品，也就是当家的主食，而经济述评的写作与编辑，最重要的就是处理好皮与馅的关系。

俗话说，好吃不过饺子，原因就在于饺子既是饭又是菜，营养丰富而有滋有味。不过，相对于其他主食来说，带馅的食品做起来比较复杂，而且档次也比较高，所以，前些年在经济还没发展起来时，一般人家都是逢年过节才吃饺子。不过，如今百姓生活富裕了，包子、饺子也就成了家常便饭。在报刊采编中，同样是这样的情况，过去办报办刊水平低，版面少、稿件品种也就单调，因此，以消息通讯为主，评论是点缀，而现在的报刊版面上，述评成为常备体裁。

新闻是皮，一定得新鲜

经济述评在报刊体裁中是个嫁接产品，同时具备新闻与评论的特点。述评与消息、通讯相比，重点不在于"述"，即新闻事实本身，而在于"评"。一篇成功的经济述评，是以最新发生的经济新闻事实为由头，加入了相应的背景、相关资料以及分析、评说。述评又与其他评论体裁不同，因为其他评论无论是社论、编辑部文章等形式，文章中并不一定要求有新闻素材，可以是从道理到道理、只谈观点或看法，而述评则要既有事实又有分析评论。一身而兼二任，经济述评写作较之一般消息通讯或评论就都要复杂得多。在实践中，新闻写作基本上都属于急就章，需要在截稿期内赶写出来，和消息、通讯相比，经济述评的采编难度也就大得多。

经济述评要把握好新闻性与评论的有机结合，不能"皮是皮，馅是馅"，而要有机结合。做包子或饺子，面皮必须新鲜，不能搁得太久，以至发硬或变味。对于经济述评来说，新闻就相当于皮，也就是稿件得以成立的核心内容。新闻素材本身，是读者在阅读时最重视的，也就是说，一篇经济述评能否吸引读者注意，首先决定于是不是具备鲜活的新闻价值。过时的新闻题材，没有多少读者会感兴趣，因此，述评如果不讲时效性，就不会有生命力。有份量的经济述评，一般都出自第一线资深的专业记者或编辑之手，与新闻源有着及时的接触，能得到最新的消息。

分析与评论是馅，滋味好坏主要靠馅

在饮食业中，凡是带馅的食品，一般来说馅都是至关重要的核心部分。馅的成份与调配方法、各种调味品的剂量，是一门学问，也是一门艺术。

述评是深度报道、解释性报道的一个重要组成部分。撰写述评需要提前积累与研究，久而久之，经常撰写经济述评的必然成为专家型、学者型的记者或评论家。经济述评的述并不难，难在于评也就是分析与评论的部分。要写好经济述评，就必须要具备相关的大量背景知识，熟悉市场形势以及历史发展，清楚政策法规，并且掌握很多相关的事实材料与例证，这样的评才有根有据。因此，经济述评对采写者的水平要求较高，一般来说，新手是难以胜任经济述评写作的，即使勉强完成，也很难精彩，因为经济述评所需要的各种材料，不能是现学现用的，就像是包饺子，面、肉、菜当然要新鲜，辅料、佐料、调味品却需要提前储备齐全才行，都现买可就费劲了。馅拌好了还需要搁一搁、醒一醒，否则不能充分进味。对于经济述评的写作来说，案头工作、大量的阅读与调查研究，以及各种资料的储备，是比选择新闻素材更为重要的工作。

述评这种形式是夹叙夹议的，因此，也要求作者在写作时有更高的语言艺术技巧，在表达方式上更为灵活生机。一篇出色的经济述评，一定就是材料、火候与口味的完美结合。

调味配方，发挥名记者、专栏作家的优势

新闻界一直在倡导培养造就名记者、名编辑，这不是单纯地激励从业人员敬业努力，而是只有优秀的记者编辑才有可能为读者提供更高质量的新闻报道服务。在现在的新闻工作实践中，必须承认，信息传播的便捷以及高度的竞争，使得独家新闻消息已经越来越难抓到，报刊在竞争时，也已经不再过多指望靠独家消息来取胜。对新闻的深加工，成为争取读者的重要武器。

述评日益受读者重视，客观上使述评的作者知名度明显提高。对于报刊来说，述评常常会以专栏的形式出现，而有名气的专栏述评作者，会为报刊吸引来固定的读者群，并且，使报刊的风格更加丰富多彩。

国内各地老字号包子、饺子、烧麦、锅贴、生煎、小笼包、馄饨、馅饼等名小吃，都有自己的独特配方。虽然论营养成份都不过是面粉、肉、蛋、油、盐等，端到饭桌上时却各有各的风味，北京都一处的烧麦与天津狗不理包子，还有上海南翔小笼，味道就完全不一样。这不同的口味，就是由不同的配方与

工艺决定的。过去很多名店，都把配方与工艺视作竞争利器，甚至是传子不传女的核心机密。对于办报办刊来说，也是同样道理，真正有影响的报刊必然有自己的特色品种，比如解放前《大公报》的星期论文就是极叫座的名专栏，而《自由谈》杂文又是《申报》的招牌菜。

经济述评作为经济报刊的重头体裁，相对的专业性，使得专栏化成为一种普遍现象。美国的《华尔街日报》等权威财经报刊都是拥有若干位专栏作家撰写经济述评的，《经济日报》在80年代也曾推出过多个评论专栏，在社会上广有影响。近些年来新办的财经报刊，也都推出了一批很有水平的专栏作者。每一个有影响的经济述评专栏作者，都相当于大厨高手，一家报刊就像一家餐馆，大牌名厨越多，生意就越红火。

传媒书话书评

Reviews and Essays of Journalism Books

媒体转型与重建

报业书话

20世纪90年代中期，中华传媒网经我提议开办传媒书友会，为此我撰写了一批新闻传播专业书评，选择的都是我认为最值得中国报刊从业人员阅读参考的、市场在售的新书。90年代后期我在《新闻三昧》杂志上也发表过一系列新闻传播专业书评。

2001年前后《中国新闻出版报》邀我开专栏，先是"老总访谈录"，后来改为"报业书话"，印象中写了有二三十篇，所评介的书主要从媒介经营管理角度出发。

在"开栏的话"里我说："因为一直非常关注并收集新闻专业书籍，以前也曾评介过一些新闻出版专业书籍，便有同行经常向我问起最近读到了什么值得一读的专业书，并且相熟的朋友还时而要求我推荐甚至代购。这是一件苦事，也是一件乐事。奇文共欣赏，疑义相与析，本是求知的乐事，因此，我也便不揣浅陋，给朋友们充当起新闻专业图书向导顾问。这里评介的专业书，基本上都是围绕报纸经营管理实务，纯理论性的没有涉及，主要是世界媒介经济的经验与模式，以及国内历史上成功的媒介经营管理范例，希望同行们能不断开拓视野，汲取中外媒介经营的经验教训。"现在将这一系列书评书话收入本书，供感兴趣的读者参考。

《新记〈大公报〉史稿》：办报成功的方程式

《新记〈大公报〉史稿》 吴廷俊 著 武汉出版社1994年版

在媒介经营管理方面，国内报业目前普遍感到缺乏经验，有必要提倡"洋为中用、古为今用"。在学习与借鉴国外的成功典范之外，其实国内报业历史上也有不少非常好的榜样值得我们"温故以知新"。《新记〈大公报〉史稿》就是记录与研究中国历史上一家很有影响的报纸的著作。

在中国新闻史上，新记《大公报》占有不可忽视的地位，甚至可以说代表着现代中文报业的最高成就。单纯按经济效益指标，新记《大公报》也是中国历史上最为成功的报纸之一。早在20世纪40年代，《大公报》就获得美国密苏里新闻奖章，事实上，到今天为止，《大公报》的经营管理模式，都远未受到足够的重视，在整理、继承、发扬光大方面，就更无从说起。

关于《大公报》的回忆录与传记、纪念文集，近些年出版了很多种，这不仅是因为《大公报》的成就在新闻史上彪炳一时，更主要的是曾在《大公报》旗下工作过的报人们，在20世纪七八十年代大都是新闻出版业德高望重的元老、前辈，这些当年的《大公报》人包括萧乾、徐铸成等对《大公报》的感情是深厚的，顺理成章也就写出了不少谈《大公报》的文字。

《新记〈大公报〉史稿》的作者，则是纯粹的书斋教师，在我所收集的关于《大公报》的图书中，这也是唯一的例外。我的感觉是在学术质量与对《大公报》的深入了解以及挚爱等方面，此书较之其他各种《大公报》图书，有过之而无不及。

中国的史学传统堪称独步世界，而史学的基础在于时间与功夫，无论是司马迁还是司马光，都耗费了多年心血方能写出史著。在学术功力上，《新记〈大公报〉史稿》是少有的高质量著作，作者真正做到了"板凳肯坐十年冷"，和那些快餐杂烩式的速成新闻史论著相比，当然也就有天壤之别。《新记〈大公报〉史稿》作者通读了所涉及年代的《大公报》，在材料的占有上，表现了老老实实的治学精神，没有一点投机取巧哗众取宠。天道酬勤，无怪乎此书荣获新闻专业著作的吴玉章奖。

《新记〈大公报〉史稿》是一部充满热情的作品，对于《大公报》的经营管理，显然作者是非常推崇的。在《大公报》的成功历程上，可以看出，决策者的素质与眼界至关重要，尤其是对年轻人才的鉴识与擢拔，对《大公报》的事业发展起到了极其重要的推动作用。张季鸾的社评文才不可学，但是《大公报》的经营管理是很有借鉴价值的。

读史可以明智，通过学习《新记〈大公报〉史稿》所记录的办报艺术，报业的有识之士自会学以致用。

《报海生涯》：北京报业市场传奇人物

《报海生涯》中国人民大学港澳台新闻研究所编　新华出版社1998年8月

自从中国出现了现代意义的报纸，北京就一直是国内报业最活跃、最繁荣的中心城市之一，这当然是因为除了20世纪上半叶断断续续二十几年外，从明代永乐十九年（1421）至今首都都在这个城市。学过新闻史的人都知道最早的《京报》与《官报》都是在北京创办的，"报房胡同"这样的地名，恐怕也只有北京一地才有。

《报海生涯》的副题是"成舍我百年诞辰纪念文集"，此书纪念的是北京历史上最成功的报业企业家。撰文的作者包括萧乾、郑逸梅、张友鸾、卜少夫等报坛名宿。当然，作为纪念文集，此书的篇幅还是嫌少了一些，对成氏的报业经营管理，所言及的内容也就有限，依我拙见，早些年出版的《世界日报兴衰史》与此书可成内外篇，若能对照阅读，定能大有发见。

成舍我所办的世界报系，是中国现代新闻史上最接近于报业集团的企业，他在北京创办的《世界日报》《世界晚报》《世界画报》，不仅广有影响，而且日进斗金。成舍我在中国报业史上，首先是作为一个成功的经营者而存在的，与上海滩的申、新等报的洋背景以及《大公报》的合伙人强强合作迥然不同，成舍我是典型的个人奋斗。至今为止，报业史上能够独自胜任采、编以及管理、融资甚至排版等全套办报技能的人——不用说老总或老板了，大约也只有成舍我一位。说他是传奇性人物，一点也不夸张。

《报海生涯》重点介绍了成舍我的新闻教育业绩。事实上，成舍我从事新闻教育，与别人有所不同，他首先是为了自己的报业发展。他办新闻学校完全是为了给世界报系提供后备队，这种人力资源策略，直到今天也不过时。

民国时代的报业成功者，有一个共同特点，那便都是知识精英。除了陶菊隐、顾执中等少数名记者，以及史量才等有买办色彩的经理人员以外，报界成功者，几乎都出身名牌大学，或者是镀金留洋的。成舍我就是出身于北京大学中文系。这种知识与才能的优势，是成舍我在报业市场上大获全胜的根本。

成舍我作为受过正规高等教育的高级知识分子，有着非常开阔的视野与胸怀，为了创办报纸，他自费出国考察，可以说，从理论到实务进行了全面充分的准备。在办报的方方面面，成舍我的勤奋与努力，以及他非常有名的生意经，都确保了在市场中立于不败之地。

作为纪念文集，《报海生涯》对成舍我的生平与事业进行了较全面的介绍，不过，对于成舍我对中国的大众化报纸特别是晚报以及后来的所谓都市报的贡献，却着墨不多。在抗日战争时期，成舍我被迫中断了北京的事业，但是在南京又创办有划时代意义的《立报》，其发行上的成功，至今仍堪是经典之作，值得晚报都市报人士研究取法。

如今北京的报业市场空前繁荣，竞争之激烈到了白热化程度，不少报纸的老总都非常希望找到市场致胜法则，因此，读读《报海生涯》，研究借鉴一番成舍我的办报艺术，应当是不无裨益的。

解析昨日的副刊——读冯并《中国文艺副刊史》

《中国文艺副刊史》 冯并 著 华文出版社 2001年版

报纸文艺副刊，是中国新闻业的特色。一部中国现当代文艺史，几乎自始至终都与报纸副刊有着水乳交融的联系，研究中国报纸史，也不可能抛开副刊。这本来是一个非常容易引发学者研究兴趣的题目，但是不知何故一直没有成为显学。

冯并的《中国文艺副刊史》是国内至今为止所出版的最系统而全面的报纸副刊历史著作，著名新闻史学泰斗方汉奇先生亲自为之作序，认为是同类著作中"最有分量的一本"。方老在新闻学界一言九鼎，他的评价是非常令人信服的。

《中国文艺副刊史》是一部章法严谨之作，开篇《副刊概论》就对副刊的报学意义、文学意义、新闻文学化、报纸杂志化等重要概念与报纸现象进行了深入的探析，其中的思想观点，对当前的文艺副刊编辑，不无现实指导意义。全书从中国报纸副刊的起源，直到建国前的报纸副刊，进行了全面的梳理，概括出有源有流的发展脉络。《中国文艺副刊史》的立足点是报纸，而不是文学，因此，此书面对的读者主要是报纸编辑，而不是文学工作者。

方老先生认为，冯并是最适合研究《中国文艺副刊史》的人选，此言所指，是冯并从70年代就编辑副刊，在中国社会科学院新闻所读硕士时的学位论文即是副刊研究，而后又在《人民日报》"大地"副刊主持笔政，其后又在《经济日报》任职，现为经济日报社总编辑。无论是学者的研究资格还是报人的实践经验，冯并都堪称一时之选。

在学术著作中，《中国文艺副刊史》是一个特例，因为它的撰写用去了十几年的光阴，其作者担任中央大报老总就已多年，日常繁重的工作以及领导岗位的事务纷杂，能静下心来撰写这样一部整理故纸堆的学术著作，显得非常不可思议，难能可贵。此书成稿后，又搁了两三年方付梓，由此可见其治学严谨。

即使是信奉"新闻无学"论者，也会承认新闻史是一门学问。读读此书，会发现报纸副刊史，实在是一门很精彩、很生动的学问，读史以明智，了解了中国历史上优秀的副刊编辑特色，对于办好今天的报纸副刊，当然就很有教益。

《纽约时报的风格》：精英创造财富

《纽约时报的风格》 李子坚 著 长春出版社1999年9月出版

在美国新闻界，《纽约时报》是公认的大报。这本小书，其实可以用另一个书名——《大报的风格》。记得梅贻琦先生曾有句名言：所谓大学，是有大学者的所在。比照这个句式，我们不妨说：所谓大报，是有大手笔的报纸。有大手笔、有很多大手笔，就是大报；没有大手笔，就是小报。

《纽约时报的风格》是一位华裔报人在《纽约时报》工作了三十一年后，撰写的报业内部运作的记录与剖析。因为李子坚出身于台湾报业世家，因此，本书的内容很大程度上是以中文报纸为对照背景的，也就是作者从自己的亲身工作经历中，列举出了哪些地方是《纽约时报》值得我们借鉴与参考的。正是这些技术性细节，对于报业工作者来说是最有价值。比如，《纽约时报》每天的第一版次的差错，都会在随后的版位加以更正，因为报纸版面巨多，不可能做到不出一点差错，所以，为了维护该报严肃认真力求准确的形象，便采取了事后补救措施，这就是所谓"过而能改，善莫大焉"。

《纽约时报》集中了美国新闻业的精英，当然，这是以第一流的待遇为代价的。作者在求职时，该报一位副总编开诚布公地告诉他："《纽约时报》只用第一流人才。"事实上，也正是由于人力资源是第一流的，才会把报业采编营销的每一个细节都琢磨得无微不至。新闻业都知道《纽约时报》有一个著名的口号："刊登所有适合刊登的新闻。"很少有人知道的是，《纽约时报》其实还奉行另一个口号，那便是刊登所有适合刊登的广告。对广告的营销，该报的策略与方法之科学性与严谨程度，不下于新闻采编。

《纽约时报的风格》作者谙熟中文报业实际，因此笔墨重点都是我们之所短的《纽约时报》之所长。《纽约时报》的最大市场转折点，就是正视报业市场现实，认识到郊区读者的重要性，并且引进最新的市场研究调查技术，成立专门部门，增加预算，调查读者的成分、结构，数据既提供给广告与发行部门，也提供给新闻采编部门，以加强工作的针对性。

《纽约时报》对于刊登内容的文字风格，素来非常讲究。我以前曾专门介绍过该报的《风格手册》，这本报社内容编校工作准则性质的书，以其质量与权威性，成为美国英语写作与教学的典范工具书。

《纽约时报的风格》告诉我们，正是由于媒介精英的努力，《纽约时报》1963 年营业额就达到了 1 亿美元，而 1995 年更是窜至 23.6 亿美元。

去年应《青岛日报》之邀前去讲学，在谈到媒介市场竞争如何确保成功时，我曾总结了八个字：一流人才、全力以赴。在成熟的、发达的媒介市场环境，只有一流人才全力以赴，才会创造出精品与奇迹。一流人才不全力以赴，或者全力以赴的不是一流人才，都无法达到效益最大化而形成资源浪费。看看《纽约时报的风格》，就不难悟出这个道理。

《个人历史》：主流大报的成功历程
《个人历史》 凯瑟琳·格雷厄姆 著 江苏人民出版社 1999 年出版

《个人历史》是美国著名大报《华盛顿邮报》女老板的自传。此书在美国曾长期高居畅销书排行榜，而在国内，《个人历史》中译本几乎未能造成任何影响，甚至连新闻业人士，都很少有人注意到此书的出版。这其中就可看出中美的文化差异。

事实上，《个人历史》作为一部传记，能够在美国跻身畅销书行列，完全是因为《华盛顿邮报》的社会文化影响，《个人历史》虽然冠以一个非常低调的书名，美国人却可以从《个人历史》了解到很多美国政治、经济以及新闻、文化的内幕与真相，因为这部书的主角在美国一直处于风云际会的制高点，作为美国乃至西方世界的主流大报的决策者，格雷厄姆决非是一个普通的新闻工作者或企业家。

从媒介经济的角度看，《个人历史》展示了世界主流大报决策者的所见所闻、所思所想。书中详细介绍了《华盛顿邮报》由一家濒临破产的报纸如何挽狂澜于既倒，逐步成为美国市场中最成功的报纸之一。

作者的父亲是典型的美国创业者，从小店主起步而跻身华尔街，靠金融投资与实业投资获得了巨额财富，并且被政府任命为联邦储备局总裁，可谓是财运官运两不误。事实上，正是这种背景，才使得他抓住当时《华盛顿邮报》原老板经营不善亏损严重，不得不拍卖该报时，以 82.5 万美元的超低价格买下，并且通过一系列举措使这一资产飞速升值——到 20 世纪 80 年代就已跃居全球企业 500 强的第 263 位。另一方面，在新闻舆论上几乎有一言兴邦一言丧邦的影响，甚至以其水门事件报道把一任总统赶下了台。没有市场经济的洗礼与政府机构的历练，这一切就很难想象。但是，如果只按生意人与政府官员的经验，也是行不通的，事实上有相当长时期，这位百万富翁兼高官就被报业市场现实所困，因为没有专家与行家的扶持，就无法有效地管理报业。

《华盛顿邮报》真正上路，是在礼聘到一批第一流的办报专家之后，通过从其他成功报纸挖角，组成了一个精锐的团队，从而把报纸的产品质量提升到前所未有的高度，并且按照规范的企业经营原则运作，终于奠定了它在美国报业中高高在上的地位——无论是在经济上，还是在政治或文化上。名牌院校出身、高智商、超常业绩，《华盛顿邮报》的骨干力量基本上都符合这三个条件，历史一再证明，要办成主流大报，所依赖的队伍必须是优质的人力资源。

这部书同时也是一位年轻女子学习并实践新闻传播业的自述，格雷厄姆从高中时就为《华盛顿邮报》当送信员与通讯员，后来在家庭变故中没有精神准备就成为该报的老板，经过长期努力，借助该报干将的忠心辅佐，成长为世界上最有成就的报业主管之一。

对于《华盛顿邮报》，姑且不论其政治立场如何，单纯就新闻传播业务而言，久已是国际公认的权威大报。《个人历史》是一部从当局者角度介绍《华盛顿邮报》的运作与管理的回忆录，鉴于格雷厄姆的特殊身份，可以说，此书不可多得，而且不可替代。

《〈华尔街日报〉使用指南》：财经报刊的生理解剖图
《〈华尔街日报〉使用指南》经济科学出版社 2000 年

财经类报刊是近来国内媒介市场的热点，但是，究竟财经媒介应当怎样办才算是到位？这个问题在国内报刊界至今没有一个令人满意的答案。

《〈华尔街日报〉使用指南》是作为"当代金融实务译丛"的一种而由经济科学出版社出版的，无怪乎它的面世，在新闻传播界几乎毫无反响。在书店里，此书是与银行、证券类图书摆在同一区域的，虽然我很怀疑中国金融界的读者对这样一本书是否有丝毫兴趣——毕竟《华尔街日报》是用英文出版的，与中国读者还很遥远。在国内的经济实务中使用《华尔街日报》，似乎根本不现实。

但是，就有出版人认准了这个选题。事实上，可以说《〈华尔街日报〉使用指南》是金融出版人为中国的新闻传播业而引进的一种范本教材。深感市场经济不可没有《华尔街日报》这样的媒介，呼唤期盼着真正符合现代化市场经济环境需要的财经报纸——这种热望在前言后记中体现得很明显。

在我所推重的媒介个案研究图书中，《〈华尔街日报〉使用指南》是学术色彩最重的一本，也是最枯燥的一本。要读懂这本书，就必须能够正视大量的数据、表格与图形，以及各种专业术语。不过，话说回来，对于财经报刊工作者来说，如果不喜欢数据、表格与图形，那么在专业水平上是肯定不称职的，毕竟财经的灵魂就是数字。

对比之下，中国的财经报刊总体而言，在数据、表格与图形的运用上做得都远远不够。我统计了一下，《〈华尔街日报〉使用指南》介绍分析的《华尔街日报》固定刊出的各类统计数据，就有八十多种，正是这些无所不包的统计数据，扮演着美国经济的中枢神经角色，刺激并调整着美国企业与财经业的正常运转。这些数据与概念，其实大多能够为我所用。

在世界范围内，《华尔街日报》都是成功的财经报纸典型代表。抛开新闻通讯评论等内容，《华尔街日报》的秘密武器与看家绝招，大致都在《〈华尔街日报〉使用指南》中予以披露与分析了。从这个意义上，《〈华尔街日报〉使用指南》对我们而言相当于西方财经报刊的生理解剖图。

《华尔街日报》：全国性财经报纸的市场定位

《华尔街日报》 小弗兰西斯·迪利 著 企业管理出版社1998年9月出版

作为企业管理出版社的"创业风云丛书"的一种，《华尔街日报》当然也就很容易被书店摆在经济管理类书架上，而让新闻从业人员无由谋面。事实上，从本书的译文可以看出，译者与编辑都不熟悉媒介专业，因为许多常用的特指名词与术语，在书中被译得面目全非。但是，这不影响此书对于我们研究、借鉴美国最成功的报纸之一《华尔街日报》的参考价值。

美国的报业市场中，《华尔街日报》是仅有的几份全国性报纸之一，同时，它也是美国发行量最大的报纸，广告额也一向高居榜首。这一事实说明了，全国性的财经报纸得天独厚，即使是在美国这样的几乎没有全国性报纸的市场中都能成长发展。

此书是《华尔街日报》的母公司道琼斯的前任高层管理者所著，作者精通报业经营管理，花了18个月时间，采访了300多位相关人士，所讲的多是只有内行才看得出的门道。他指出《华尔街日报》既是一份很好的财经报纸，也是一份很好的普通报纸，它在文化、政治、科技等非经济领域的报道，使它赢得了公众的佳评。作为一份为美国上层人士与有产者阅读的报纸，一切办报活动都围绕着这一定位：为美国的商界、政界精英服务。它的版面精致，稿件质量非常高，专门改写记者稿件的人员就达600位之多，《华尔街日报》的每一篇稿件要经过五位编辑的润色加工方可见报，以至于美国不少高中教师以该报的稿件作为学生作文课的辅导教材。

作者描述了《华尔街日报》的发展历程，重点突出了若干位才华出众的媒介精英的作用。事实上，对于一家优秀的报刊来说，真正的秘密武器永远是有幸拥有杰出的报人。只有一流人才全力以赴地努力工作，方能编出高质量的报纸。

早在1943年，《华尔街日报》就发现了全国性报纸在广告营销中的不利因素，并且成功地找出了对策，这应当归功于当时该报录用了专业推销天才。事实上，报纸的广告与发行，与其说属于新闻传播专业，不如说属于商业服务业，因此，报纸的广告与发行业务负责人不见得一定是新闻采编出身，但是必须有商业经营的才干，最好是天生的商人。这也是非常顺理成章的：只有成功的商人，才办得出一份商人们喜欢的财经报纸；只有用高明的营销策略，才有可能让一份财经报纸得到经济上的成功。反过来，如果一份财经报纸自己都无法在市场上生存，那么它又如何让商人们相信订阅此报有助于生意兴隆呢？

《信息就是信息》：财经资讯淘金传奇

《信息就是信息》 迈克·布隆伯格 著 工商出版社1998年版

《信息就是信息》一度是北京IT报刊精英中流行的必读书，因为IT报刊是国内媒介中市场化程度最高的领域，而此书的内容又恰恰是在信息现代化的浪潮中淘金致胜的经验介绍，所以，《信息就是信息》格外受IT报人的青睐。《中国计算机报》社长李颖曾告诉笔者，工作繁忙无暇读更多的书，只能读《信息就是信息》这样的专业书。可见此书有不同寻常之处。

布隆伯格何许人也？在美国，这个名字的知名度甚高，它既是一个成功的媒介巨头的姓氏，也是一家公司的字号，还是一家新兴通讯社与一家电视台的品牌。此书影响甚大，作为例证，权威的《商业周刊》曾专文评价此书——在生意场与经济学术界，一本新书能够被此刊所评，那么就足以说明其含金量。

布隆伯格的竞争对手，是路透社与道琼斯，行内人士由此可知，它从事的是财经资讯的采集与加工销售。事实上，在媒介经济发展历史上早已清楚地记录下，财经资讯是一个富矿源，从中世纪的报纸到近代的路透社与美联社，世界上最早的媒介企业无不是与财经资讯密切相关的。媒介经济研究有一个"嫌贫爱富"理论，正是这一经济现象的科学概括。

《信息就是信息》是华尔街造就的媒介淘金者的成功传奇，布隆伯格有着一流的学历背景，先后在霍普金斯与哈佛两所名牌大学深造，是红得发紫的哈佛商学院MBA，理所当然地就职于资本市场中最能呼风唤雨的大名鼎鼎的所罗门兄弟公司，这使他精通了经济运作，并悟出了寻找财富的捷径。

他深谙经济的成功来自于创造价值与帮助别人，因此，他的公司主攻方向便是为财经界提供信息，围绕的核心是"钱在哪儿、它去了哪儿、谁赚到了、谁没赚到"。因为他熟悉财经界，知道财经界最需要哪些信息，存在什么尚未满足的需求。美国对媒介业的开放政策，使得他可以不是仅仅为别人提建议而是自己实干，于是，就诞生了布隆伯格企业。

就篇幅而言，《信息就是信息》是本小书，内容却很丰富，可谓要言不烦。

之所以显得丰富，是因为布隆伯格把他创造一个包括广播、电视、通讯社以及电脑网络的多媒体传播帝国的经过，以及他在媒介经济上的思想方法、运作手段，一一道出，可以说，《信息就是信息》是那种外行未必看着热闹，内行却一定能看出门道的书。

《信息就是信息》有一句大含玄机的话：布隆伯格企业编制的软件中最好的不是给用户的，而是共自己使用。作为信息商品生产与供应商，首先就应当是信息商品的最挑剔也最高端的用户。反观国内报业现实，如今从事报纸工作的不大读报或读报不多已经成为司空见惯寻常事，两相对比，足以发人深省。

《整合未来》：报业市场的梦想与成功传奇

《整合未来》 艾尔·努哈斯 著 宇航出版社 1998 年 10 月出版

如今在全世界范围，《今日美国报》都是一张知名度甚高的大报，目前它已一跃而为美国发行量最高的大报，几乎成为当代报业市场的一个奇迹。这个奇迹，完全源出于一个报人的梦想，这个梦想居然成功了，《整合未来》便是这位了不起的梦想家的自述。书中引述了麦克阿瑟一句名言："胜利是没有任何替代品的。"这在某种程度上是努哈斯的自我称许。不过，就事论事，他有足够的资格自吹自擂。

新闻传播事业是需要理性的事业，但是，在经济现实中，报业经营与发展往往是由梦想家创造了奇迹。努哈斯作为《今日美国报》的创办人，在具体策划、设计这份美国前所未有的全国性综合新闻报时，是在进行冒险。他所创造的这份报纸，投资之巨，把整个甘纳特集团孤注一掷，其手笔之大，令人惊佩不止。要知道，他并不是老板，他只是高级雇员而已。

努哈斯是一步一步从基层报社崛起的，他最初的新闻从业经历可追溯到十岁时为镇上两位订户投递报纸，一周赚十二美分。这种实干经历，是他能走向成功的巅峰的基础。他还在大学办过校报，并创办过一分失败的体育报，他把遭受到的挫折与教训，都认真总结，转化为经营报业集团的经验。

努哈斯夫子自道："事实上，我们所做的没有一项是全新点子，最好的主意都是从别的地方偷来的,然后加以修饰、扩大规模,或分开成几个部分来做。"在媒介市场中,他对产品研究开发格外重视,他对竞争对手的研究与分析,就是非常老到的。正是这种调查研究,以及市场分析,使他找到了可能的发展空间,为报业集团打开了一片新天地。在创办《今日美国报》之前,他让公司拿出一百万美元搞研发,而这是当时美国报业公司罕见的,尽管这笔钱对日进斗金的报业公司来说只是九牛一毛。

正是这种大量的调查与对市场深刻的洞察,使努哈斯敢于斥巨资创办一份被当时所有的同行嘲笑的全国性报纸。在努哈斯的运作下,《今日美国报》成为世界上第一份运用现代化市场营销模式所创造的报纸,而且它证明了这种市场营销模式是科学可操作的。

对国内报人来说,此书最有参考价值的在于它具体地介绍了在美国的报业集团中,投资创办一份报纸是如何进行论证与设计的,他们使用的方法以及经营理念,至今仍有现实意义。

《纸老虎》:报业竞争生存法则

《纸老虎》 尼古拉斯·柯瑞奇 著　广东教育出版社1997年3月出版

《纸老虎》一书,在国内报业管理层颇为流行了一阵。耐人寻味的是,此书在1997年上市时,销路并不佳,据了解,"做"这本书的二级批发商最终不得不甩货。笔者在此书甫一面世,偶然于甘家口地球村书店见而购归,其后遇到可与之言的同行,便大力推荐,读过者无不表示开卷有益。之所以事过近四年仍然评介此书,实在是因为,至今为止,国内出版的媒介经济书籍,在描写反映国际报业竞争生存法则方面,尚无可以代替《纸老虎》的。

此书是由英国的财经记者所撰写,以二十几位全球当今最有影响力的报业巨子为对象,深入访谈,并对他们驰骋报界的生意经进行了非常内行的剖析。《纽约时报》的苏兹伯格,《华盛顿邮报》的葛瑞姆、《洛杉矶时报》的钱德勒、《每日电讯》的布莱克以及《泰晤士报》的默多克——所有这些在西方媒介市场呼风唤雨的人物,一一奔来笔下。

作者的主题是研究媒介丛林中的兽中之王如何取得成功，作为一位经常为《星期日泰晤士报》《星期日电讯报》撰稿的资深记者，他能采访到上述报业大王这一行动本身，就已经说明这本书出手不凡。事实上，仅仅几年间，国际媒介市场斗转星移物是人非，柯瑞奇采访的大亨中，麦斯维尔早已过世、胡仙沦入破产的境地、钱得乐也已把家传报业公司出售给了芝加哥论坛报。再也没有谁能访谈这样一组人物结集成书，这意味着，本书有着重要的媒介经济史价值。

此书是作为西方标准的报告文学进行采访写作的，文体生动，每一章节以一个报业巨头为主人公，既有背景又有现场访谈，更有主人公的发家史与经营秘诀。作者所竭力探求的，是这些报业老板究竟有哪些高见。此书的最有参考价值的也正在于这些经营理念与具体的竞争策略。

虽然作者对报业公司垄断市场现象持批评态度，认为这不利于公众利益，无益于言论自由，但是，在对每位报业老板的剖析过程中，我们仍然能看出对于经济成功者，作者还是抑制不住地流露出崇尚与欣赏。市场经济以成败论英雄，不管这些报业大亨究竟是对社会进步有益还是有害，他们的市场竞争策略无疑是成功的。

具有反讽意味的是，在以国际报业大亨为对象的专著中，美国的纽豪斯居然未跻身其中，这其实不值得奇怪，因为事实上，柯瑞奇供职于纽豪斯的报业公司英国分公司，纽豪斯作为老板始终持低调不愿接受采访与曝光，所以，柯瑞奇自然而然就会避而不谈他自己的老板——这也可作为经济利益妨碍言论自由的注解。

尽管《纸老虎》在图书市场流年不利，在媒介圈内却大受青睐，尤其是随着报业竞争的加剧，此书的借鉴价值就相应增加。

《媒体巨人》：不可不知的默多克
《媒体巨人　默多克传奇》　威廉·肖克罗斯 著　华夏出版社2001年版

不论是你喜欢还是讨厌，在国际媒介经济领域内默多克都是不可忽视的一个客观存在，在某种意义上，他甚至成为西方媒介经济的规则制定者。也正是因为这一点，所以国内出版默多克传记的热情异乎寻常，仅我所收集到的，就已有六种此公传记，在国内出版的新闻界人物传记中，这大概也是首屈一指的。

在国内六家出版社所出的默多克传记中，依我之见，《默多克传奇》是最值得一读的。这既是因为版本最新，也是因为作者的水平较高，同时，这也是篇幅最大的一本。判别一本图书的质量优劣，有一个重要指标，那就是再版率。此书1992年初版，现在这个译本根据的是1997年的新版。

《默多克传奇》书中明确写明，作为传记此书不是传主授权作品，这意味着传记更具客观性，而不是新闻集团的宣传品。

默多克在国际媒介业，是以购并独擅胜场的，他在全球领域里征战驰骋，其媒介帝国遍布澳洲、美国、英国以及远东。默多克的新闻集团，是世界上仅有的由一人创意、缔造并牢牢掌控的巨型传播企业。

《默多克传奇》对默多克的媒介扩张经历，作了细致的记录。他的产业不仅包括广播电视与报纸杂志，还有通讯社。鼎鼎大名的路透社，就有他的股份，而且默多克直觉地认识到，财经信息是最为活跃的市场，因此，在他的指示下，路透社加大了财经资讯服务力度，从而取得了很好的市场收益。

严格地说，默多克是白手起家的典型。其实，虽然默多克的父亲在澳大利亚的阿德莱德有一家报社，但是在默多克继承下来时，与其说是一份遗产，不如说是一份债务，因为在财务上是赤字。换句话说，默多克是从负数开始起步的。从澳大利亚的一个城市，把企业规模扩展到全球几十个国家，默多克是开放市场的受益者，他吃透了国际经济规则并且最大限度地进行利用。《默多克传奇》对这方面情况，做了生动描绘，尤其是他进军英国，收购老牌《泰晤士报》并改造舰队街，以及在美国登陆大肆并购《纽约邮报》以及福克斯公司，以及在香港的报纸与卫星电视的投资，对其过程叙述与分析，是非常精彩到位的。

默多克的媒介经营管理手段，无疑是极为高效率的，他的市场理念与资本运作模式，对于媒介产业有着非常重要的参考价值。《默多克传奇》是作为华夏出版社的WTO示范教程之一出版的，这说明出版社非常清楚：随着WTO的临近，中国的新闻传播业就更加有必要了解认识默多克。

《媒体帝王》：报业集团如何经营杂志与出版社

《媒体帝王：美国最富有的传媒大亨纽豪斯传》 汤玛斯·麦尔 著 海南出版社1996年版

《媒体帝王》是传媒大亨纽豪斯的传记。众所周知纽豪斯的处世原则是低调的，此书并未得到授权，作为由一位资深记者撰写的作品，此书不仅不是一部歌功颂德之作，反而带有鲜明的批评色彩。这种未经传主授权的健在的行业成功者传记，目前国内似乎还没有对应物（除了娱乐明星与热门人物之外），尤其是企业界人物传记，传主不同意的情况下，好像没有哪位记者或作家肯花心血做这种看上去费力不讨好的事。

纽豪斯一直是美国最有实力与规模的报业集团之一，与其他媒介集团明显不同的是，纽豪斯报业集团是家族拥有的，这就使得纽豪斯作为报业老板更具传奇色彩。《媒体帝王》的传主小萨缪尔·Ⅰ.纽豪斯继承的是乃父事业，据作者称，是美国最大的私人财富拥有者，家产甚至比英国伊丽莎白二世还要多，旗下包括几十家日报、若干有线电视台、《纽约客》以及《浮华世界》《时尚》、兰登书屋等世界顶级水平的杂志与出版社。

纽豪斯是美国媒介经济造就的既得利益者，作为媒介集团，纽豪斯主要得益于地方垄断市场，尤其是"一城一报现象"，使得利润远远高于其报纸质量。事实上，在某种程度上，纽豪斯有意识地推动"一城一报现象"，从而坐享其成。纽豪斯的建树还体现在如何依靠报业集团的实力创办、改造杂志与出版社，如果说他的财富主要来源于继承家族报业的话，他的创新与成就主要体现在杂志业与出版业。

作为家族企业，纽豪斯的用人政策非常灵活，完全是市场化的，在调整管理层、任用人才方面，大刀阔斧，无所顾忌，有不少做法令人感到简直不讲人情——但是，这些企业统治手段虽然充满政治家的权术色彩，却并无什么政治色彩与人事背景，而只是为了企业更好地发展。围绕着《时尚》《浮华世界》《名利场》特别是兰登书屋的收购与改造，纽豪斯展示了他的管理水平。

纽豪斯的媒介经营理念是不在乎编辑内容，只专心注意赚钱底线。老纽豪斯收购了很多报刊，为了盈利，发明了一套屡试不爽的改造亏损报纸使之赚钱的模式，其中的不二法门，便是裁减多余的雇员。这种不讲品位只图钱财的做法，在美国招致媒介行业普遍的非议——这也是纽豪斯不喜抛头露面的原因之一。在杂志与出版社方面，纽豪斯的直觉很好，报业集团创造的巨额财富，使得他能够有资本投入到更有层次的文化产品创造与生产之中。

对国内同行来说，不妨一分为二地学习纽豪斯的经验，撇开其编辑原则，而学其经营策略。毕竟，在商言商，纽豪斯是媒介市场的成功者。

《报业管理艺术》：管理模式与规则
《报业管理艺术》 A·B 索恩 著 中国人民大学出版社 1991 年版

现代企业管理学发祥于美国，具体到报业经营管理，当然也要推美国的研究成果最多。《报业管理艺术》就是专门论述报纸的领导与管理的，可以说，这是报社社长与总编的必修课——如果不读《报业管理艺术》，那么至少也要自学或者在实践中掌握本书的基本原则。

《报业管理艺术》讲的是报纸的领导原则与方法，当然，主要是从企业管理的角度而不是从新闻宣传的角度出发——事实上，这恰恰是国内报业最需要补课的地方。此书的核心是为了盈利如何建立管理模式与工作规则，在《报业管理艺术》中，报纸主要是作为企业组织而被研究、剖析的。

严格地说，《报业管理艺术》是现代企业管理学在报业中的应用，它分门别类研究了报业人力资源开发、报业组织结构、企业信息沟通、报业预算与规划、报业市场调查以及报业相关法律事务，最后，重点研究了报业的销售。这些对国内报业运作，都有极强的现实针对性，因为报业经济的迅猛发展，已经使业内人士认识到，没有科学的、规范的企业管理制度，就无法适应高度竞争的市场形势，也就不能健康、有效率地运转。

和内容的面面俱到相比，《报业管理艺术》可谓是言简意赅，总共才206页，薄薄一册，麻雀虽小五脏俱全，这也符合报业工作的特点，因为繁忙的办报工作中，报人们对高头讲章总是感到心有余而力不足，需要的是简单明了的指南手册。

《报业大兼并》：市场以成败论英雄
《报业大兼并》 理查德·希克洛什 著　光明日报出版社 1998 年 10 月

"忘掉默多克吧！——我来了。"这是美国维亚康姆的老板雷思东在北京的新闻发布会上的开场白。其实，这句玩笑话却并非诳语，了解内情的人知道，在世界媒介市场角逐中，确实是远非只有一个默多克独擅胜场，而雷思东也确实比默多克财大气粗。

布莱克就是另一位有资格这样开玩笑的人，他在国际报业市场是占有主角地位的重量级选手。

兼并是近两年国际媒介市场的主题，权威的财经报纸《华尔街日报》甚至把媒介产业视为其主要的报道领域之一，与网络、证券、金融并驾齐驱，因为媒介企业的兼并在规模与影响上，甚至已经超过了其他任何企业，比如美国在线与时代华纳就刷新了世界企业兼并纪录，而《芝加哥论坛报》与《洛杉矶时报》的合并也是企业界一大新闻。跨国兼并成为潮流，不仅是美国媒介企业到其他国家购并，其他国家的媒介企业也在购并美国媒介企业，如日本的索尼、英国的马克斯韦尔、澳大利亚的默多克、德国的贝塔斯曼以及加拿大的康拉德·布莱克。

《报业大兼并》的作者是资深经济记者，对市场与企业的透彻了解，使得他在记录与分析布莱克的媒介商战历程时游刃有余，做到了令读者"外行看热闹，内行看门道"。此书主题是全球报业巨变以及布莱克在全球的报业收购活动。布莱克在短短几年中迅速崛起，成为世界上几位最主要的报业主之一，其旗下的报业包括加拿大的《环球邮报》、伦敦的《每日电讯报》、中东的《耶路撒冷邮报》——每一家都是世界上举足轻重的舆论重镇。到 1995 年，布莱克的霍林格集团已有 500 种报纸。

布莱克是受过良好教育的知识精英，他的词汇量与文体风格，在英语世界堪称翘楚，他对写作的热爱几乎到了令人瞠目的程度，在听说别人要为他写传记后，他居然匆忙决定自己先写一本自传——当然，除了抢尽风头的考虑，此举还有商业动机，布莱克的所作所为，可谓是"争名于朝，争利于市"了。这就是典型的资本家，《报业大兼并》为我们描述了一幅非常形象而生动的肖像。

报业的兼并浪潮在西方市场正未有穷期，国内报业的兼并则刚刚拉开序幕，虽然是在报业结构调整的政策引导下进行的，但是必须认识到，兼并是市场发展的必然现象，也是物竞天择适者生存的结果，事实上，选择兼并不失为一种明智的退出机制。

市场的规则是只有强者有权利生存，谁胜利了，谁就是英雄。

《媒介与冲击》：报业经济概论

《媒介与冲击：大众媒介概论》 雪莉·贝尔吉 著 东北财经大学出版社2000年版

《媒介与冲击》是作为"市场营销经典译丛"的一种而被翻译出版的，仅此一点，就可以看出有着"大众媒介概论"副题的《媒介与冲击》与常规意义上的新闻媒介著作有着巨大的区别：如果说它是传播经济学领域的成果，那么其重点在于经济，而不是传播。

评价一部教材最好的外在指标，就是其再版的次数。《媒介与冲击》在美国已经出到了第四版，仅此就足以说明《媒介与冲击》的质量具有市场生命力。事实上，由于此书内容的翔实与全面，即使是读者以前从未接触到新闻媒介著作，只读了《媒介与冲击》，也能够做到对媒介的方方面面有个大致不差的了解，因为《媒介与冲击》面向的主要是入门的学生——值得指出的是，这并不意味着《媒介与冲击》简易浅显，特别是对媒介经济理论知识普遍欠缺的国内报业同仁来说，此书的价值有似于经济学领域中的萨缪尔逊教材。

《媒介与冲击》采用的是美国教材规范，穿插着大量的图表与附录、背景资料与范例剪报，阅读起来非常轻松，甚至可以说具有很强的可读性，有些杂志化的风格，仅仅从图书编辑技术角度，此书就很值得国内同行借鉴。

《媒介与冲击》把其他章节删除,余下的 10 章内容恰好可以构成一本报业市场概论。鉴于国内至今还没有令人满意的报业经济概论,此书可谓是填补了一个空白。

随着 WTO 的临近,作为媒介产业,我们有必要更多地了解西方媒介市场的情况。《媒介与冲击》以美国市场为背景,比较全面系统地介绍了美国媒介产业的概况以及西方媒介市场的现象、规律,书中写到,美国的媒介每年的收入达 2700 亿美元,推动美国媒介的中心力量就是渴望赚钱,而产业的产品就是信息与娱乐。

《媒介与冲击》的体例非常完备,资料性很强,无论是进一步阅读书目、研究工具、学术机构还是网站,以及专用术语,都编写得非常到位,可以说是那种"不仅授人以鱼,更授人以渔"的著作。

《读者文摘传奇》:报刊产品开发范例
《读者文摘传奇》 约翰·海登瑞 著 海南出版社 1996 年版

在某种程度上,《读者文摘》与麦当劳、可口可乐,构成了美国文化的标志性商品。华莱士由一把剪刀和一瓶浆糊起家,缔造了一个世界著名的媒介企业,这有点像名列世界 500 强的迪士尼公司,完全是从一只线条简略的小老鼠开始。

报刊在市场营销中是有其相通之处的,华莱士创造了世界上最成功的杂志之一,而且把它推广成了一种文化现象。从报刊产品开发角度,此书能够提供很多切实有用的借鉴。

《〈读者文摘〉传奇》讲述的确实是一个有传奇性的故事,华莱士作为一个挨门串户推销地图的小贩,一跃而成世界上最有实力与影响的媒介集团老板之一,这样的事情并不是每天都会发生的。

《读者文摘》的编辑理念与运作模式,在文摘行业遍地开花的今天,似乎不算什么特别高明的创新。哥伦布曾用鸡蛋如何竖立在桌面上的示范来回答别人"发现地球是圆的究竟算不算是一种成就"的疑问。华莱士并不是第一个发明转载文摘刊物的人，但是他是第一个用现代化市场营销手段生产、销售文摘刊物的成功者。

前些年《读者文摘》曾与国内一家同名的刊物发生过商标纠纷，客观地说，国内的同类刊物，其实或多或少都受过到这本杂志的启发与影响。此书告诉我们，早在三十年代末期，上海就出现过一本盗版的《读者文摘》，令华莱士大光其火。

华莱士在办杂志方面具有业内公认的天才，也就是拥有不可思议的本能，知道一般人想阅读的是什么，他在搜寻适合转载、精简的文章及发掘题材上的能力，比他的公司其他任何编辑都要强。可以说，《读者文摘》的诞生是华莱士一个人创造的产物，后来尽管《读者文摘》成为了巨型公司，出版与生产经营着门类繁多的商品，但是在公司精神上仍然带有鲜明的个人色彩。

国内的报界如今非常重视媒介的定位，《读者文摘》的定位策略，完全可以作为媒介市场营销的典范案例。无论是在编辑艺术与人力资源配置，还是在发行以及广告的经营方面，《〈读者文摘〉传奇》详细地介绍了《读者文摘》的模式。

《读者文摘》是一种产品理念的成功，是营销的成功，它开辟了媒介的深加工与提纯工业，使媒介衍生产品大行其市。对于报业的有心人来说，《〈读者文摘〉传奇》不失为一部媒介商战秘籍。

《传播政治经济学》：市场的理性分析
《传播政治经济学》文森特·莫斯可 著　华夏出版社2000年版

无论中外，媒介产业都有其理论思想体系来指导实践。在这个意义上，《传播政治经济学》很值得报业工作者参考借鉴。

政治经济学在中国曾经是经济学的代名词，至今中年以上的受过教育的人士，其经济学常识基本上是由在校时学到的政治经济学知识构成的。

顾名思义，《传播政治经济学》是政治经济学理论在传播业的应用。此书综合了西方传播政治经济学权威与学者的观点与成果，是非常规范的述而不作的教材。传播自来就属于意识形态范畴，但是媒介本身又构成无处不在的市场，因此，若想科学地研究分析大众传播，就很有必须从政治与经济两个方面入手，否则都只能得出片面的结论。

《传播政治经济学》是加拿大学者的著作，也是这一学科中的代表作，被西方的传播专业列为必读书。该书指出，企业规模的增长与集中是当代传播业的核心特征，跨国界的全球化传播趋势已成为现实潮流，全世界范围内的经济重构混淆了传统产业分工，使得媒介原有的出版、广播、电信、信息服务日益交融在一起，最现代化的企业管理手段包括生产、营销、金融以及会计等流程与技术已扩展到媒介的各方面——所有这一切，都改写了既有的传播理论。

《传播政治经济学》有着政治经济学理论惯有的国际视野，而且对理论成果、论战给予突出关注。此书回顾了从古典政治经济学代表亚当·斯密、李嘉图到马克思主义政治经济学以及主要的经济学流派思想，并分门别类地介绍了传播政治经济学的主要代表理论以及成果。

《传播政治经济学》展示的是我们过去非常熟悉但现在又变得多少有些生疏的理论框架，在新的形势下重温这一话语系统，还是颇有助益的。在微观报业经济之上，此书对宏观层面的理性思考，有助于我们提升理论自觉。

"纸老虎"们是如何成功的
几本介绍西方媒体大王经营管理的书

最近一个时期,国内出版界对西方媒体市场经营这一题材表现出浓厚的兴趣,推出了不少翻译或编著的新书,内容或者是外国媒体产业和个案研究介绍,或者是成功的外国传媒巨子的生平业绩传奇。对于急剧升温的中国媒体市场来说,这些书正可当他山之石,供我们借鉴、参考。常常有报界的朋友向我打听有哪些值得一读的报业经营管理专业书,有的还要求我代购,可见,大家对报业经济尤其是西方发达国家报业经营管理的经验与教训、现状与走向,是非常关注的。

据笔者个人观察,以外国媒体产业为主题的、走畅销书路数的新闻专业参考书,值得向新闻同行认真推荐的,有以下几部:

1.《华尔街日报:告诉你一张报纸打天下的秘密》
弗郎西斯·迪利 著 企业管理出版社 1998年9月

2.《整合未来——〈今日美国报〉创办人努哈斯自剖发展历程》
艾尔·努哈斯 著 宇航出版社/科文公司 1998年10月

3.《报业大兼并——布莱克和全球发展最快的报业帝国》
理查德·希克洛什 著 光明日报出版社 1998年10月

4.《阴谋与利润:默多克传媒帝国全内幕》
王化桥 编译 中国城市出版社 1999年1月

5.《横空出世：时代华纳公司的兼并策略实录》

王峰　邱作梅　编著　企业管理出版社 1997 年 1 月

6.《出奇制胜：媒体天才特德·特纳传奇》

波特·比布　著　上海译文出版社 1996 年 4 月

《看时容易做时难：特纳传》

波特·比博　著　经济管理出版社 1999 年 1 月

7.《〈读者文摘〉传奇》

约翰·海登瑞　著　海南出版社 1996 年 11 月

8.《媒体帝王：美国最富有的传媒大亨纽豪斯传》

汤玛斯·麦尔　著　海南出版社 1996 年 11 月

9.《信息就是信息：布隆伯格自述》

迈克·布隆伯格　著　工商出版社／科文公司 1998 年 1 月

10.《操纵言论自由的人：纸老虎》

尼古拉斯·柯瑞奇　著　广东教育出版社 1997 年 3 月

虽然这些书有很强的专业色彩，但是它们几乎都不是由新闻专业出版社所出，也不是作为新闻专业书出版的，编辑者与出版者的兴趣所在，显然是在市场层面，也就是说，这些书是作为企业、产业实务参考书而面世的。

《华尔街日报》的英文书名说明它是一本内幕书。此书对《华尔街日报》的发展历程，特别是它的母公司道·琼斯的创业史，进行了详细的介绍。值得我们注意的是，这份美国的全国性大报，内部运作以及市场营销都完全是市场化的。早在 1943 年，《华尔街日报》就发现了全国性报纸在广告营销上的特别困境，并创造性地找出了对策，既减少了无效刊出又压缩了收费标准，却不影响总收入，使得报纸大发利市。而直到今天，中国的全国性与全省性报纸，仍然还在为同一个难题头疼不已。

《整合未来》是美国职业报业企业家努哈斯的自述，笔者得知此书将问世后，追踪了一年之久才购到。努哈斯重点讲述他从一个地方小报记者成长为全国第一大报业集团总裁的成长经历与业绩，他实现了他的美国式梦想——在没有全国性综合性新闻纸的美国创办一份这样的报纸，并说服董事会以巨额投资支持这一冒险计划。他奇迹般地成功了。努哈斯可以教给我们如何搞报纸的新产品研制与开发，如何做市场营销，还有更重要的是如何取得事业发展，如何通过办报大把赚钱，而他自己也确实发了财，在天文数字的高薪之外，当步向老年时，最后带着价值500万美元的赠股退隐。

《报业大兼并》记录了一个西方人如何白手起家进入报业市场，并以一系列的跨国并购，崛起为全球最重要的报业主之一。他是从收购一家发行几百份的小镇报纸起步的。此书给我们的启示是，办报没有专利与商业秘密可言，报人可以通过仔细研究、解剖、分析、比较各报的方法，改进提高产品的水平。

企业购并，是国内市场最时兴的热点。近来，媒体市场的购并也开始露头。《横空出世：时代华纳公司的兼并策略实录》，从技术层面，特别是资本市场层面，给我们进行了全景介绍。时代华纳公司如今是美国规模最大的传播娱乐公司，旗下包括杂志、电影、电视、有线电视网、广播、音乐、娱乐等各门类，这当然不是靠一步一个脚印、日积月累来完成的，而是靠一次又一次的购并飞越。我们如果想了解如何运作媒体市场购并，深入研究一番时代华纳的历史，是极有帮助的。

二十四小时直播新闻的ＣＮＮ是新闻传播业的重大创新甚至是革命，特纳更是哗众取宠的市场骄子。尽管我们不习惯特纳那种疯狂与天马行空，但是他的市场勇气与经营天才是值得我们敬佩的。有意思的是，国内出的两部特纳传记，其实是译自同一本书。特纳事事争先，成为美国最富有的也最有权势的大亨之一，可是他又能见好就收，在达到事业顶峰时，肯于把自己的企业加盟到更大的公司之中，宁当大国臣，放弃当小国君。如果考虑到他的ＣＮＮ委实也不是一个小媒体，甚至是全美排名前三位的蒸蒸日上的、声威赫赫的强势媒体，他个人资产年收入即达10亿美元时，我们就更要对他能"不为小国君"的境界所折服。当然，这一切不是他的思想品格，而是利益驱动，在他能够与其他公司合并从而得到更佳市场收益时，他只是顺应了资本扩张的愿望。

《〈读者文摘〉传奇》展现的是美国与世界发行量最大的月刊杂志的成功史。华莱士夫妇以极简陋的手工作坊模式，创造出了一棵市场摇钱树，壮大成一家跨国媒体集团，从报纸市场的角度，我们能从此书学到很多东西。

纽豪斯的名字在中国比较陌生，汤玛斯·麦尔告诉我们，其实在美国，纽豪斯也是不显山露水的大老板。这位拥有美国最赚钱的媒介金矿的富翁，喜欢低调，喜欢在不被世人注意的同时，掌握着舆论界生杀予夺大权。作者说"纽豪斯是美国最大私有财富的统治者"。纽豪斯家族在报刊市场营销上，可以说是树立了经营典范，在他们的心目中，办报就是生意。老纽豪斯靠模仿成功的报纸，取得了初创时的胜利。他发展了一套收购并改进报纸的经验，有些类似于用开快餐店的做法在美国各地购并报纸。纽豪斯大踏步地攻城掠地，吞下了一个又一个历史悠久但后来出现财务问题的报纸，然后改造成纽豪斯连锁店。从报业集团的经营管理角度，纽豪斯的做法是有很高的参考价值的。

《信息就是信息》的作者与主角是布隆伯格，他在中国还没有知名度，在美国却是媒体市场的英雄，他在媒体市场似乎已瓜分完毕、充分饱和的情况下，硬是依靠着一群华尔街出身的精英，凭自己对美国金融业的精通，勘测出了一块未开垦的处女地，并且从世界最强大的媒体企业嘴里，生生拼抢出一块不小的地盘。他的布隆伯格电脑信息终端成为世界金融业的必备设备，他的布隆伯格通讯社，改写了世界通讯社的格局。这本书在国内信息产业报刊的圈子里，已经很流行。在某种意义上，这本书可以称之为媒体经济必读书。

《纸老虎》当初在国内上市，显然是期望能畅销的，可是与前面所提到的几种书一样，结果是虽然内行如获至宝，可是毕竟人数有限，在图书市场被书商们所冷落。准确地说，《纸老虎》是对全世界最大、最重要的报业老板的采访记，是对各个国家，当然是资本主义国家，举足轻重的媒体巨子进行客观深入地研究，作者的关心焦点是"纸老虎"（指报业大王）是如何在各地媒体市场占山为王、兴风作浪的。

如果在上述这些书里只读一本，那么我愿意举荐《纸老虎》，因为它不仅全面介绍了众多的国际报业精英，能够让你大致窥到媒体市场的奥妙，而且此书写作上也颇成功。

西方媒体的经营管理成就与市场业绩确实是了不起的。西方媒体大王发家致富的经历，也实在令人拍案称奇。对于国内刚刚起步走向市场经济的媒介产业来说，发达的资本主义媒体运作模式与经验，是有一定的参考价值与借鉴意义的。

《全能记者必备》：新闻采编之术

我们所处的这个世纪，新闻传播已经成为影响甚至决定现实世界面貌与走向的最主要力量，在我看来任何一个专业学科在社会意义上也无法与新闻传播学相提并论。新闻传播是一门综合学科，既有理论又有应用，同时囊括学术层面与技术层面，是学与术的二元复合体。

《全能记者必备》的第七版被宋铁军先生译成中文出版，此书是采编业务教材，但是有着相当高的理论思想性，虽然大多只是对别人的思想观点的转述与概括——对一本教材来说，本来也不需要太多的原创。此书搜集了大量的新闻作品实例，也汇集了众多的业内精英与权威的名言、警句，充满了经验、常识，在概念、方法、规则、技巧等方面体现出作者的专业造诣与对读者、学生的循循善诱。因为作者是资深的报人，对于新闻采写编太内行不过了，所以左右逢源，挥洒自如。事实上，美国的新闻教材几乎全部都是由出身于新闻业而后转为教职的内行所写。此书虽然是为记者写的，但是也包括了编辑内容，这是因为作者深谙采编不分家，在专业知识上是高度相关的。全书把采写分门别类，既按体裁又按题材划分为不同章节，有针对性地介绍，同时加进去了职业伦理与法律，以及新闻理论的内容。学与术，在这里有机地融合起来。

由于多次再版，不断修订补充完善，此书的材料非常丰富，而且是很新鲜的，保证了例证的时新性与现实感，可以让学生学到最新的技巧，没有陈腐过时的感觉。《全能记者必备》对会议报道的重要性与技巧颇多论述，值得国内同行参考。

以此书为参照系,可以发现新闻工作现实情况中,有一些做法是被人家所耻笑或列为大忌的,比如有偿新闻与跑线记者异化为公关代理。当然,作者根本不是针对中国同行而写这些内容的,他只是把业内共同遵守的底线告诉学生而已。

20世纪50年代丁玲有个口号:"一本书主义",意思是一个好作家只要有一本好书也就够吃一辈子的了。这个口号其实也适合于读者学习某个专业,要了解社会科学的某一学科,一本经典水平的好书完全可以满足需要。教材天生就很难成为经典著作,因为它的功能与作用是让读者入门,得鱼忘筌足矣,而不是让读者反复学习与重温。想想就明白了,从小至大,我们学过多少课本?又会重读哪册课本呢?

关于新闻采写编,国内已经有至少二三百种教材与专著,当一个记者,或者是当一个编辑,如果没有专业理论研究的兴趣,其实并不需要读多少本新闻专业著作,因为新闻实务是操作技术,在某种程度上类似于熟练工种,有些像汽车驾驶,有一本好教材就足够了。

客观地分析,"文革"结束后那一代中国新闻业的骨干群体,几乎无一例外都受益于20世纪70年代末至80年代翻译出版的那十来种外国新闻专业著作。《全能记者必备》就是其中一本,可以说,这个书名对于中国新闻专业读者来说并不陌生,但是当年那个译本薄薄的,而如今的第七版却是大部头巨著。在西方社会,教材的再版次数(注意,与印刷次数是两个概念)是个重要指标,最好的例子就是前些年国内热炒的萨缪尔逊《经济学》,几十年里印到十几版。《全能记者必备》能够印七版,在新闻专业里已经是老字号金字招牌。可以预见,宋铁军的这一译本对今后中国新闻专业的新手,会有金针度人的功德。

二战以后,以下几个学科的理论成果与学术话语权一直由美国主导,它们是经济、影视、新闻与电脑网络。在市场化社会环境中,很多国家的新闻专业都有意无意地在引进或借鉴美式体系。

当然,对美式新闻业务模式全部照搬并不可取,以此书为例,就并不完全适合中文新闻工作者的需要,比如书中以三章的篇幅讲导语,因为英文新闻的特点是导语至上,而对标题只用了一章。对中文的新闻写作与编辑来说,依我之见，导语远没有在英文中那么重要，倒是标题非常关键。世界上最优秀的英文新闻编辑，也想象不出用中文可以拟出多么生动、形象、有文采的新闻标题来。如果认识不到中英文新闻的重要区别，把美国教材当成《圣经》，奉为圭臬，那么就会在学到人家长处的同时，丢掉了自己的优势，所谓数典忘祖也。

（发表于《报林·主流》杂志2005年第9、10期合刊）

美国报刊如何规范文字与风格

报刊作为大众传播媒介，最主要的表现形式就是文字。文字的规范与风格的追求，是所有新闻工作者都要在采编实践中面对的重要课题。近些年，由于中国报刊的飞速发展，新办报刊的增多，以及新闻采编队伍的膨胀，导致报纸、杂志的文字差错率剧增，风格更是日益不重章法。在专业管理部门组织的抽查中，一些地位很高、权威性很强的报刊，也难逃"无错不成报（刊）"的厄运。

值得忧思的是，这还都是语言文字硬伤，也就是校对中失查的错字、别字与脱漏或衍误。若是按照文字规范的标准，保证不刊出错、别字，以及不出现校对性差错，只是基本的要求，真正的规范，其实是并不见得有什么错，而只是因为确定了正确或正统的标准，与之不符，就是不规范。这说明国内新闻传播业迫切需要树立更严格的语言规范意识与风格意识。

对传播媒介来说，文字规范与风格，是一个产品质量问题，它关系到受众对媒介的评价，实际上，文字与风格的成败得失，会直接影响媒介的生存发展。因此，重视文字规范，严格把关，塑造出鲜明的风格，是媒介市场中的优胜者的共识。

美国报刊是世界上市场化程度最高的，也是最成熟、最发达的。美国报刊在规范文字与风格方面，可谓是殚精竭虑，投入了相当可观的人力物力。

在美国最受推崇的权威媒介机构，如美联社、《纽约时报》《华盛顿邮报》等，就都有专门的部门与人员从事文字规范与风格统一的工作，美国媒介机构的文体把关部门是本单位文字政策的制定者与仲裁者,其成果是直接应用于媒介运作中的,而且还编辑出版各自的专著,本单位新闻采编部门人手一册,奉为圭臬。由于这些权威媒介声名卓著,在国际社会以及文化教育界有很高的美誉度,成为文化的倡导者与知识的推广者,因此,这些专著也就成为出版业的常销书,甚至被大学所采用作为教材。较小的新闻单位因为没有力量独立完成文字与风格的规范,就往往引进借用现成的权威规范。

下面,我们以《纽约时报》所编辑出版的《纽约时报风格与惯用法手册》(THE NEW YORK TIMES MANUAL OF STYLE AND USAGE)为例,了解一下美国大报是怎样重视文字规范、强化风格特色的。

《纽约时报》被公认为代表美国新闻传播业最高水平,其报道与评论以及方方面面的内容,都享有极高威信。事实上,《纽约时报》虽然在美国和世界各地都广有影响,但是由于它是立足于纽约而且主要经济收入来自纽约的大报,所以,不可避免地带有都市报色彩,地域感很强。这些因素,都反映在其文字规范与风格塑造的每一个细节中。

《纽约时报》的读者层次是美国的统治阶层与上层精英,他们的教育程度极高,有很好的文化修养,阅历较深,见多识广,而且传统意识更强,语言修养较好,风格品位较高,对于文字的感觉要比一般读者在意。要想让这样的读者群满意,传播媒介文字的规范显然是最起码要做到的,否则,他们就会认为质量太差而弃而他顾。

《风格手册》按字母顺序排列,像是一本词典,但是几乎不作词意的解释,而只是告诉你何者为误,何者为正,它是目标明确地为媒介的采编业务服务的,收录的是易出差错的难点。360多页的篇幅,集中展示拼法、重音、词形、语法、常用搭配、大小写、标点符号用法以及编辑校对符号。编排得极便于查找,是为那些赶着截稿时间写作的记者准备的,有时,甚至在词条中提供了进一步查询的信息渠道,比如在"飓风"这个词的解释里,就特别注明飓风是需官方机构认定的,不能随便把暴风称为飓风,并且附上了美国气象机构的网址,这样就最大限度地便利了查阅者编写气象报道。可以说,它在很大程度上是一本正字法手册。

《纽约时报》素以权威、保守、高品位著称,在版面的文字上,当然也就一丝不苟，在英语里，复印机的发明公司施乐一向是被借用成复印的动词或名词的，可是，按照风格手册，《纽约时报》就不会出现误把"施乐"用作"复印"的情况，而是一点不含糊地标明"施乐"是一种商标。当然，这一政策的结果是令《纽约时报》的用词永远有些落伍，因为最时髦的、最新潮的用词几乎注定遭到一段时间的排斥，直到它成为约定俗成的、人所共知的熟词，才有资格在《纽约时报》上露面亮相。

和美联社的文体手册相比，《纽约时报》用缩写词就显得保守得多，在条件没有成熟，也即在上层社会没通行并被普遍认同时，它宁可选择长长的单词，也不用简写或缩写。这只是为了更严谨、更准确。在某种程度上，有时规范并不是因为对与错，而是为了风格洁净无疵。

正如作者所说，Martini（马提尼酒）与martini在所有方面都一样，就是词首字母大小写不一样，风格手册规定用哪一个，仅仅是为了行文的一致，这样便可以避免因为细节的出入与无序，导致读者对新闻媒介大的方面产生疑问或不信任。这可谓用心良苦。

《风格手册》的着眼点是为报刊采编服务，因此，在词条选择上，就非常务实。名词与名词性词组是该书的重头戏，这是因为对于新闻传播来说，文字出入更多的是发生在名词领域，因为动词、副词、形容词一般不会有太多的问题，毕竟世界级大报的编辑记者都是出身名牌大学的知识精英，决不至于在语文写作常识层面上露怯。

商标，尤其是热门广告促销的商标与商品，以及大企业，都被细心地列举出来，但是不解释属于什么商品、经营什么项目，列举的仅仅是正确的拼写法，以备记者编辑需要时查对。

地名中容易混淆的，如匹兹堡，一个在宾尼法尼亚州，一个在堪萨斯州，两者的词尾略有不同，只简单地列举清楚，不加任何注解。海德公园，也是只写了两个地名，一是纽约州达奇斯县，二是伦敦，可谓言简意赅。

《纽约时报》的文体风格手册，首先是为该报采编服务的，它更像是一本"文字生产加工技术标准"，而不是一部学术意义上的辞书，因此，有的条目反映出编者的地域视角，比如对一些很平常的大学、学院，仅仅因为对纽约大都市的读者来说是周围环境的一部分，就被单独列为词条。这是因为作为纽约的报纸，它们是常常被报道或言及的名词。

有的条目，却颇为详尽，好似是一篇小论文或是说明文，比如"波折号"，就列举了各种情况，并加以条分缕析。

风格是建立在文字规范基础之上的，报刊的整体倾向与特色，势必要求对于遣词造句要有所为有所不为，这里的取舍已不是语法意义上的对误，而是有一个自己的追求。《纽约时报》是美国权威大报，因此，在风格上就要处处留心，对俗语或俚语，就要字斟句酌，认真审核。在采编业务中，这形成了一种程序，也就是某个时髦词或说法可否在报刊上露面，必须经过专家反复掂量研究。这样也许有些机械、保守，却保证了风格的严肃与统一。

《纽约时报》是美国主流文化与舆论界的重要代表，它的文体以及用词，有意无意地都会对公众产生影响。这本《文体手册》不仅走出了《纽约时报》，而且走出了新闻业，成为社会上通行的文字规范参考用书。

美国各大媒介机构的文体手册，存在不同用法与讲究的地方，各家的风格手册彼此并不完全一致，但是，在每一家的内部，是保持高度一致的。

文字的规范并不只对纸介质媒介有意义，如今，广播电视对语言的影响力量日益增强，而广播电视工作者的文化素质相对偏低，这造成了不仅声音会有误读、白字现象，而且在字幕上也不断出现差错，即使是中央电视台，都无法杜绝这种本来很低级的错误。

报刊是编辑艺术的结晶，文字上的规范与风格意识的强化，可以充分表现编辑的匠心。借鉴美国媒介的文体手册这种形式，对中国的报刊采编工作者来说，应当能有所助益，要想治愈报刊文字差错顽症，仅仅靠原则性的提倡或批评只能是治标不治本，必须有具体的样本或规范。随着报刊业的繁荣与发展，这种基础性的建设迟早要提上媒介产业的议事日程上来。

（发表于《新闻三昧》杂志 2000 年第 10 期）

《俩老头儿》的文献史料价值

名人的辞世,已经成为图书市场的一个卖点。这也是很正常的,因为盖棺论定,在名人特别是文化艺术界名人离开这个世界时,讣闻的传播有着强大的广告宣传效力,势必会引起公众的阅读兴趣——无论是名人的著作还是关于名人的图书,都会比平常更为畅销。

巴金先生逝世,催生了一系列巴金题材的图书,其中最引人注目的,可能就是《俩老头儿:巴金与萧乾》。"俩老头儿"这个书名起得非常高明,近几年非常成功的两本畅销书书名分别是黄永玉的《比我老的老头儿》和杨绛的《我们仨》,而此书提炼了两者的关键概念合而为一,既上口,又易让读者产生联想,特别是作者文洁若女士本人的身份也与黄杨二位旗鼓相当。事实上,我就亲耳听到有人误以为《俩老头儿》是那两本书中的一本的。从图书营销的角度看,这是巧妙借势。

与其说这是一本写出来的书,不如说是一本编出来的书,因为此书是由多篇文稿组成的,其中两位老头儿的通信占了一半篇幅。

巴金在"文革"后的《随想录》,以大胆说真话开一代文风。

苦口良药利于病,忠言逆耳利于行,这是真理,却每每当局者迷。书中写到,梁思成建议美军不要轰炸京都奈良,被美军采纳,因此至今被日本的有识之士奉为"京都奈良之父"。而同一个梁思成,建议不要拆掉北京城墙,却眼睁睁看着北京城被毁得面目全非。

此书既有文学史料价值，又有报刊出版史料价值。作为书报刊研究者，我对《大公报》史一直极为重视，用王芝琛先生的话是"1949年以前的《大公报》"史。萧乾是《大公报》出身，他前前后后为《大公报》工作了很多年，可以说，他的事业就是《大公报》提供的平台作为起点。此前我知道范长江以一个青年学生得到《大公报》老总信任，派往西北，写出了当时极有影响的旅行通讯《中国的西北角》；也知道萧乾与赵望云的灾区通讯与写生；但是不知道萧乾还曾被派化名参加旅游团写出山水通讯。可见当前媒介业的卧底采访，是前辈早已用过的招数。对"文革"后的报刊史，此书也有很重要的资料，比如《新文学史料》与《新观察》的创办，这两本刊物当年我是沾父亲的光逐期阅读的，在书里读到，感到很亲切。

书里对文化生活出版社以及北新书局，都有很珍贵的只言片字，这两家出版社是民国时期文人出版业的典范，可惜连本传记与历史都没留下来。当年这两家出版社面对的读者是中上阶层，也就是知识阶层。萧乾不止一次在给巴金的信中建议组织人写写文化生活出版社。可惜，书中没有巴金的反应。

巴金为人很四海，每次到北京都要召集朋友们聚餐，这可能是他的成都人天性使然。在萧乾与巴金的交往中，巴金始终是一位老师或兄长，他在引导、支持、照顾、影响着萧乾。

鲁迅是20世纪30年代文学界的泰斗，也是相当一批文学家的精神领袖。巴金与萧乾就非常热爱鲁迅。因此，在1936年10月19日鲁迅逝世后，20日《大公报》有一篇《悼鲁迅先生》的短评，当时就引发了巴金与萧乾的激烈抗议，而后在历次运动中又为短评作者带来了沉重的政治负担。这位作者就是王芸生，他在短评中认为鲁迅在晚年浪费了不少力量，打无谓的笔墨官司，尖酸刻薄的笔调给青年不少不良影响。

萧乾当时在《大公报》工作，他以辞职相抗争，最后以胜利而告终，《大公报》虽然不透露谁是作者，也不承认短评错误，甚至拒绝刊登道歉启事，但是胡政之同意从正面予以大力宣传。这当然是萧乾生平一件大事，也是他见义勇为、敢说敢做的极好证明。

王芝琛先生曾就此公案在他关于王芸生的书中写过，但主要是史实，没过多评论分析。萧乾与王芸生的这一斗争，两边各有其道理。萧乾是出于文学家的感情与正义感，而王芸生则是出于评论家的理性与责任心。

虽然萧乾是《大公报》人，可是他的自我定位与其说是报人，不如说是文学家。虽然他写作了大量的通讯，而且文洁若女士也说他后来被文艺女神所抛弃，失去了文学创作的能力，但是，客观是一回事，主观是另一回事。萧乾的内心世界，一直是以文学为中心的。在他的心里，报刊只是职业，可以挣到衣食，他的理想与事业却是文学。

王芸生是一个职业报人、职业评论家，他是以言兴邦的新闻记者与评论家，基本上没有多少文学情结，在他的知识结构中（至少藏书中），文学主要是古典文学作品，很少甚至没有外国文学与新文学作品。这对一个严肃的评论家来说，并不是知识欠缺，因为当天下多难之际，真正有力量的"枪杆子与笔杆子"中的笔杆子，指的是报刊新闻评论的笔杆子，而不是诗文小说的笔杆子。

王芸生不是作家，也不是文学爱好者，他更为客观、更为冷静，所以能写出一针见血的短评。他倒不是想攻击鲁迅，而是代表了当时的一种舆论——鲁迅的战斗性太强，所以一直有对立面，有敌人，而这些鲁迅的敌人其实已经得到了历史评价，很有几位不失为文化、教育的巨匠。他骂的胡适、梁实秋以及梅兰芳、章士钊、施蛰存、顾颉刚，我在上中学时读家父书架上的《鲁迅全集》，对上述诸位印象极糟，直到后来我陆续读了这些人所写的书，才发现必须把论战双方的文章都看到，才有可能得出接近于全面、真实、正确的结论。

鲁迅的文风犀利尖锐，以打笔仗而论所向无敌，这种文风在后来的运动中被广泛效法，各种大批判与讨伐性文章中，都有其影子。从这个意义上看，王芸生的短评是有先见之明的，正因为他对鲁迅以及文学没有什么感情色彩，所以看得才如此清楚。这也是他能成为新记《大公报》第二任总编辑、继张季鸾之后被世人尊为国士的原因。千人之诺诺，不如一士之谔谔，此之谓也。

萧乾与巴金都是从事书报刊编辑出版的人，也都是学兼中西，无论是外文书还是中文书都有很多。萧乾还是最有影响的书评家之一，他还写过国内最早的书评理论著作。因此，书信中处处可见他们关于书的信息交流，尤其是他们常常互借外文书，主要是外国文学作品。1978年，两人就《辞海》的语言文学分册在信中不止一次谈到，萧乾还要巴金代购邮寄。这一细节，足以反映当年中国人的知识饥渴到了何等程度。事实上，从1977年直到1984年，即我高中至大学的那一阶段，全国知识分子都在买、都在读、都在谈论同样的一些文学书。那时不管是外国文学名著还是理论，或者是中国古典、现当代文学作品与文学理论，一本书第一次印刷就几十万册甚至几百万册，而那一时期的读书人几乎都是同步阅读的。这种景象，而今讲起来，已经是旧梦了！

由于文洁若女士是民国时期清华大学毕业，萧乾以及周围的人也都与教育有这样那样的关系，因此记下了不少教育史的点滴史实，例如辅仁大学的背景、来历等。书中记到，20 世纪 30 年代初，由于大学里假文凭太多，北平市教育局曾举行过一次甄别考试，萧乾领到了正式文凭。七十年过去了，现在的大学假文凭就更多，不知教育部能不能效法前人，也来甄别甄别？

古人文论有"七宝楼台拆散不成片段"之说，有的书是形式完整，仔细寻找却没有几句有新意、有意思的话，这类书新闻传播专业就最典型；有的书作为一部作品似乎并不完美，但是包含着一些极精彩的片段，如散金碎玉，让读者俯拾即是。在我看来，《俩老头儿》显然属于后一类。

（发表于《报林·主流》杂志 2005 年第 12 期）

推荐三本职业报人的传记

报刊工作是高度依赖经验的专业，经验的获得一是靠实践，也就是自己探索、发现、积累；二是靠学习，也就是拿来主义，对别人的经验兼收并蓄。实践得来的当然最扎实，可是需要付出足够的时间与机会成本。善于学习者，可以用极有限时间，撷取很多专业上的名家与大手笔的心血结晶。杰出的专业前辈的业绩与言行，对新闻工作者来说是最好的教材，尤其是成功报人的传记与回忆录，比起抽象的理论与枯燥的历史来，要生动而又具体，可效仿、可借鉴。以我本人来说，所读新闻传播学方面的图书真正受益至深的，其实主要是二三十本传记、回忆录。

去年北京大学的一位女学生为校报约我推荐几本新闻传播专业书。这些年来，我先后为多种专业报刊与网站开过新闻传播推荐书目，算是新闻传播学界的书目专业户了，坦白地讲，我素来不喜欢重复，不仅不喜欢重复别人，甚至不喜欢重复自己。所以，每次我开的书目都是新的，于是这次也就把手头刚读完的三本书推荐了一下。

现在社会生活节奏快，人们用来读书的时间越来越少，新闻人读书的不多，即使是读书，大多也都是热门书、畅销书。新闻专业书除了在校的学生还阅读，新闻单位的人似乎没几个有兴趣看。

新闻传播行业是知识经济，前人的、外人的新闻业经验，做法以及规律，对于提高新闻运作水平，改进新闻运作方法，还是极有参考价值的。仅仅靠个人的实践以及自己思考琢磨，势必有所局限，古人说得好，"不如须臾之学也"。

新闻专业图书不为业内人所重视、所欢迎，其原因很大程度上是这类书良莠不齐，不夸张地讲，新闻专业书中的垃圾货太多，假冒伪劣太多，因此，败坏了读者的胃口。不过，我们不应因噎废食，毕竟还有很多新闻专业书，是充满了专业智慧与宝贵经验的。

这次我推荐的书不多，只三本，分别是民国、香港与台湾报人的评传或自传。

《一代报人王芸生》 王芝琛 著 长江文艺出版社 2004 年

作者是新记《大公报》第二任总编王芸生的儿子，近年专事《大公报》史研究，在国内是非新闻院校、非新闻研究机构甚至非新闻行业人士而被公认为最权威也最有建树的《大公报》史专家。此前王芝琛已有两种专著出版，此书是其升级版力作，对王芸生的一生与事业进行了全面的介绍，而且多有发见。作者用了几年时间认真走访老《大公报》人，掌握了大量第一手资料，并非是从纸面到纸面的研究，而是司马迁式的治学著史方法。善读者可以看出书中的春秋笔法。

作者是理工科出身，退休后方改行为文，其文笔颇流畅，全传主题是文人论政，也就是张季鸾所倡导的《大公报》精神，不过，可能是因为没有从事过报业工作，所以，对于王芸生的编辑与评论，没有技术上的细节描述。另外，交游与关联人物，也多是从政治、时局与大人物角度出发，看不到王芸生与同事以及下级编辑记者的工作合作、交流情况，而王芸生不仅仅是一位评论家与报业名流，他作为职业报人的业务风貌，应当是很有参考价值的。

《香港报坛回忆录》 马松柏 著 香港商务印书馆 2001 年

香港的报纸非常发达,从职业报人的层面上讲,香港在20世纪五六十年代以后成为中文报业精英最多的城市,这一格局沿续到今天。报人而年薪数以百万计的,大概也要首推香港。

马松柏是香港的职业报人,退休前曾任香港《东方日报》总编辑,准确地说,他不是文人,也没有什么政治或文化上的理想与雄心,更不谈什么理论与思想,他只是把办报作为一种谋生的专业——在内地如今已经有越来越多的这种报人。因此,这本回忆录,也就是很平民化的、白领化的风格,这在已有的中国报人回忆录中是少有的异数。

此书的序言中也明确表明了,马松柏代表的是与文人论政无关的小报报人,这种报人勤勤恳恳为报纸做工,在技术上很老到,见多识广,能够把报纸办得受读者欢迎,让老板满意。事实上,中国当前的市场化报纸,其从业人员能够从此书中学到很多东西。

虽然是回忆录,但是并不是个人自传体,而是见闻录、掌故随笔的性质,在文体上是以短篇小文集纳而成,很适合在报章上连载,各篇之间并不连贯。内容很具体,都是以香港报人的实际工作与生活为主题,讲的是门道与经验,比如夜班编辑的吃饭问题、老板的个性与爱好问题、记者采访问题,全是有事实依据的,看上去也热热闹闹,可以供人茶余饭后消遣。

《余纪忠办报思想与实践研究》 左成慈 著 南京大学出版社 2003 年

如果说王芸生与马松柏是办报的大将甚至名将的话,那么余纪忠则称得上是办报的大帅,也就是他不像总编辑那样只负责采编与内容,而是全局总揽。这是台湾《中国时报》的老板评传,虽然作者的重点是余纪忠的政治生涯,但是涉及了大量余纪忠办报的业务层面,而这些介绍是国内至今为止鲜为人知的。

　　余纪忠其实是沿承了民国大报的管理模式，又取法西式企业管理模式，是典型的传统加现代。在办报手法上，显然是崇尚《大公报》经验的，而且由于他的身份既是高官，又是留英背景，所以，亦官亦商亦现代，而且是结合了高官、学者、商人的优点，充分利用了特殊的资源而成就自己的事业。在这一点上，对如今的大陆同行极有借鉴意义。

　　此书所介绍的办报思路与技巧，材料非常丰富而具体。值得指出的是作者是历史专业的博士，而此书是作为其博士学位论文而撰写的。没有新闻专业背景使得此书在"论"的层面上无法深入到位，但是在"述"的层面上提供了大量的信息，总体上对报人而言，反而比绝大多数新闻传播学博士论文更有应用价值。

2005 年 11 月 29 日补订

在《南方报业战略》座谈会上的发言

今年我应香港邀请写一本书，有机会走了很多城市，我有一个习惯，每到一个城市都要看看这个城市的书店，看看自己感兴趣的几个专业新书上架情况。在我所到的这些城市的书城，我都看到范以锦社长的《南方报业战略》这本书，这说明这本书在中国各主要城市已经遍地开花。现在这本书已经印到第二版，1.5万册了，一本新闻专业方面的书发行到1.5万册，是非常了不得的事情。

关于《南方报业战略》以及南方报业我谈三点感想。

第一，是报业市场的结构性变化。如今在中国报业市场，全国性报纸在市场中日益萎缩，而地方的媒体，以南方日报报业集团为代表的各地报业集团在迅速发展，发挥越来越大的影响，这些年来，国内报业市场的很多重大事件甚至是风风雨雨都发生在南方报业的旗下报刊，这是南方报业已经成为报业市场中的事实上的领先者的一个重要标志，而作为南方报业的一把手范以锦先生也就顺理成章地成为业内瞩目的行业领袖。

在这样的一个大环境中，《南方报业战略》这本书的出版，肯定会受到市场、受到行业的重视和关注。我一开始也不能理解一本专业性很强、实务性很强的书，为什么能发行到1.5万册之多，但是从报业市场大潮流的角度，就不难明白，南方报业事实上是国内新闻界最关注的新闻单位之一，《南方报业战略》当然也就会洛阳纸贵。因为南方报业的崛起是市场现实，南方报业代表着上升的力量，所以，《南方报业战略》也就具有阐释、弘扬报业新兴势力的意义。

第二，目前中国传媒领域最为关注的课题，我个人认为是党报改革，这是一个很急迫的现实课题。研究党报改革的问题，有必要树立样板，选择怎样的一个模式最为可行？我个人认为南方报业的模式值得重视。因为南方报业既是党报，又在企业化运作方面有非常好的探索和尝试，从影响力到市场效应综合效果非常好。我读了范社长这本书，感受是《南方日报》把握好了品牌战略。党报本身是金字招牌，这个话很多党报工作者都是耳熟能详的，但是真正能够认识到它的意义和价值，并且能够在工作中贯彻执行好的，能够把党报品牌这张王牌打好的并不多。如果是从行政级别来说，和《南方日报》一样平级的省级党报还有三十几家，这三十几家如果都能够把自己的品牌开发好，无论是经济效益还是社会效益都将是巨大的。

南方报业的成功首先是机制的胜利，是领导观念的胜利，其次才是人才的胜利。在报刊市场，南方报业以一系列品牌报刊树立起一个高大的形象，而在品牌报刊的背后是一大批优秀的人才——在国内拥有与南方报业的多种报刊旗鼓相当的名报名刊的不多，根源在于没有足够多的人才，或者说是没有给人才相应的机会。范以锦先生一直是很低调的，自谦不是最优秀的报人，但是在善于发现培养使用人才方面，非常成功。他执行的"谁提议、谁落实"的办报办刊策略，是符合报刊业规律的，因为创意者最了解新办报刊的市场环境与定位，也最具备把报刊办好的动力。南方报业的活力，最主要的就体现在这里。

第三，南方报业的创新精神非常可贵。这种创新精神实际上是南方报业能够不断地往前发展的原动力。例如说由子报组建不同的报系，这是一种创新。南方报业是最早引进社外资金的，同时也是最早尝试异地办报的，这两大创新都是很不容易的。昨天晚上我听范社长介绍，最近还把广东省的党刊合并到了南方报业，这又是一大突破，因为在中国的报刊业，党报和党刊一直是两大体系，广东合而为一了，这应该是非常有意义的探索。

另外，我认为南方报业比较成功的一点，就是范社长提出的龙生龙、凤生凤的优生优育的传媒发展策略。其实，现在中国报刊的进入机制和退出机制都还不健全。南方报业对集团内的报刊的进入机制和退出机制做了很好的安排和处理，在改刊或者是改造不太成功的报刊方面，南方报业停掉的一些报刊即使在今天在全国的报纸里也不是最差的，南方报业却有勇气、有气魄停掉不是最好的报刊，进行品种优化、实现升级换代，这是一种进步，这是一种更积极的、更主动的发展策略。

最后，对这本书的出版者南方日报出版社，我想说说自己的看法。南方日报出版社最近几年出的新闻传媒图书系列在国内已经成为一个品牌，这也是品牌战略的组成部分。在新闻出版这样的专业领域，一家报业集团是不是市场的领先者，一方面是靠工作业绩，也就是报刊具体工作；另一个方面是专业话语权，也就是在理论上、专业学术上的建设与贡献。对一家报业集团来说，能出多少报纸、能出多少杂志固然是反映了其实力，而能不能为本行业提供一些有分量的著作，其实更能反映综合实力。作为报业出版社，出版传媒类书籍是当行本色，南方日报出版社对传媒类图书的选题是颇有眼光的。

南方日报出版社在新闻传播专业图书方面所付出的努力，不仅提升了南方报业的品牌与影响力，也为新闻传播从业人员提供了实际的精神食粮，提供了发展的原动力。著书立说不仅是个人事业，更是关系到一个行业的发展与进步的大事。因此，范以锦先生的《南方报业战略》的意义不仅仅是一位资深报人的个人著作，也是为中国报刊市场之路铺设的一块结实厚重的基石，在某种意义上讲，有着里程碑的意义。

（2006 年）

传媒的本质是人文而非科技
——《新浪之道》的价值与意义

对媒介行业的观察者来说，新浪可谓是在眼皮底下迅速成长起来的奇迹，从一个新组建的边缘新兴媒介，在短短几年内成为中国最受关注、最具影响力的主流媒介，几乎是一眨眼间的事情。按照网络企业的宣传与包装风格，新浪网到2005年才推出《新浪之道》其实已经是相当保守、相当矜持了。新浪网总编辑陈彤结合自己对互联网新闻传播十年的经验和体会写就的著作，对于想了解新浪网的内情的人士来说，也算是及时了。因为，对一个企业来说，只要它持续成长，有关它内情的著作或报道就永不过时。读者对一个失败的企业的了解兴趣只是暂时的，例如利森搞垮的巴林银行；而对发财的企业的了解兴趣则是永久性的。

从20世纪90年代中后期到现在，是中国传播行业发生深刻变革的十年，也是互联网崛起的十年。新浪、搜狐、网易、雅虎等商业网站，如今已经成为中文新闻资讯最强大的传播者，这一过程是有划时代的历史意义的，不过，至今为止我不知道以新闻传播史为专业的学者与研究者有哪位意识到了网络新闻史这一新的学术领域的诞生，因为至今为止，只有网络研究人员与IT评论家发表过相关文章。直到《新浪之道》的面世，中国网站新闻史才算有了第一部个案史实性著作。

我曾多次阐述过一个观点，那便是新闻媒介没有专利，在低层次上，新闻采编只是熟练工种而已，因此，只要善于学习与借鉴，完全能够做到迅速由外行到内行、从落后到先进，这也就像是世界经济中的日本模式。互联网特别是新浪在中国的成功，几乎就是美国对等样板的全盘引进与复制，甚至是对美国企业的嫁接与移植（以购并的形式）。经营媒介，如果仅仅是在市场中得到受众认可，并且创造足够的发行（传播）、广告收入，并不见得需要独创或原创，也不见得需要什么新东西，只要把行之有效的历史上的、国外的媒介运作方法，移植引进，就不难日进斗金。当然，方法尽管简单，可是也必须得是明白人、聪明人才懂得如何实施。新浪网显然是按照美国高科技企业的管理模式建立起来的，是典型的"拿来主义"，而且非常立竿见影。

媒介市场一直是由两类从业人员组成的：一种追求的是新闻传播社会效益，一种追求的是财富与利润也即经济效益。两类人都可以同样是高水平的精英，近来向钱看的单纯追求经济效益的开始占压倒优势了，但是总还有坚持使命感的人。纵观以新浪网为代表的互联网媒介，至今为止可以说追求的目标仍然不是新闻传播，而是市值与股价。近几年流行的媒介明星榜，无一不是按照所在媒介的发行与广告业绩排序的，虽然十年前我就以《市场以成功论英雄》发表过评论，但是，当媒介业推出自己的龙虎榜时，如果只依据其经济效益指标，而无视社会效益指标，不知道新闻传播最神圣的是思想观点的影响贡献，忘掉了真正耕耘、真正创造的媒介使徒，那么这样的媒介市场不仅是可鄙的，更是可悲的、可怜的。

过去我不理解何以新浪网等网站缺乏原创新闻，读了此书才认识到，这是有意为之，非不能也，是不为也。二手的新闻信息汇总与选择，较之原创报道，在经济上有着事半倍功、低成本甚至无成本而获暴利的好处。新浪作为互联网企业，本身就是纯粹的商业产物，是工程师与高科技企业家的结晶，当人们说新浪成功时，指的主要是财富上的成功。透过《新浪之道》，我们所看到的也是以经济效益为指标的传奇。当社会上以财富拥有额衡量一个人是否优秀是否英雄时，互联网骄子们便成为荣耀的焦点人物。因此，相信对于拜金的渴望财富的媒介从业人员来说，《新浪之道》会是一本解渴的媒介市场炼金术指南。

作为从业人员与行业研究人员，我向来是对社会效益、经济效益并重的，因此对媒介市场创富者始终是欣赏与赞许的，毕竟，财富上的成功也是成功，虽然在我看来从事新闻传播事业最重要的远不是经济指标。上学期给北大新闻学院的本科生讲报刊编辑，学生们问老师的媒介理想是什么，我答以四个字"言以兴邦"。

可以下一个结论，至今为止新浪网是以新闻为工具或手段致富的网络媒介，而不是利用网络作为平台从事新闻传播的媒介。借用历史的比喻，新浪网依靠工程师取得了成功，是马上得天下，但是要办好一个主流媒介，不能马上治天下，而必须从理工科思维转换为人文思维。也许正是这一力量，推动了新浪网的第一位新闻编辑、如今的总编辑陈彤在过去已经得到工科学士、硕士学位后，又到中国人民大学读了一个在职新闻学硕士学位，而此书的基础与主体就是他的硕士毕业论文。

《新浪之道》主要介绍的是网络传媒的运营模式，其实除去技术性专业差别，所有的传媒在核心部分都是相同的，因此，此书对报刊广电的运营，同样有参考价值，特别接近通讯社与广播的业务，尤其是在流程设计与编辑部管理方面，有着一套科学的规范与制度，而这显然是随着互联网概念一同从硅谷引进过来的。来自高科技企业的生产管理方法，与打造企业化新闻生产线是兼容的。当然，这种企业文化的背后是科技精神或者说是科学精神，而不是人文精神。

新浪的管理业已被市场证明是高效率的，由于在国内处于领先地位，新浪模式也就成为国内同业的规则制订者，成为其他网站的榜样或竞争目标。在编辑的质量评估与激励体系中，新浪采取的评功与评过并举，对其他媒介应该有所启发，因为评奖评功是每家媒介都已经实施了的质量评估与分配制度，而对编辑评过，却没听说有哪家报刊实施过，而新浪却做到了。奖与惩在管理学与政治学中是两大法宝，对媒介业来说，在理论上这是常识，在应用中却是新知。

网络媒介有其特殊优势，比如在线调查，比如论坛，比如嘉宾聊天，比如主题讨论，以及链接，就都是其他传统媒介所不具备条件的。新浪网在中国大众传播事业中的创新意义，可能更多地体现在这几个方面，而在新闻与评论这两大核心业务上，似乎尚无应有的表现。

新浪网据说已经成为当今世界每天访问量最大的网站之一，这无庸置疑，因为中国有十三亿人口，是世界第一人口大国，因此，中国出现世界上受众最多的媒介,是题中应有之义。在中国做媒介,不难于做大,而难于做强;不难于规模,而难于质量。坦率地说,中国的报纸、杂志、图书出版在发行量上没有出现世界纪录创造者,这是莫大的遗憾。在拥有最多的受众后,任何一家媒介也应感到责任与义务的压力,因此我对新浪有莫大的期望。

在市场中从来没有真正的消费者忠诚可言,有的只是退而求其次的选择,网络媒介更是如此。就我个人的情况,说老实话,虽然我每天都要浏览新浪网,但是我并不认为新浪网不能做得更好,事实上,我一直在期待着出现一个更理想的网络媒介,而且一旦找到,我将毫不犹豫地选择每天浏览这家更理想的网站。试想一下,我们自己又会对哪种商品、哪个品牌忠诚呢?西人在论述忠贞时曾拈出一意,也即"没有机会的忠贞",有其他机会的忠诚与别无选择的忠诚是不一样的,这里不妨套用在媒介上,对新浪网而言,亦应明白虽然已经是成功的媒介,但是不意味着长治久安,网络太年轻,充满了变数,既然几年之内新浪可以从不见经传的四通利方长成媒介巨无霸,那么同样可能在未来的几年又冒出一个什么网站超越一切。要想保持既得利益,维护既得成果,只有不断进步,也就是成为学习型企业。在这方面,书中颇多记载,陈彤也身体力行。

在学术与知识成果的传播中,有这样一种现象:任何学科的第一部著作,都有着特殊地位,往往更容易得名,并且广泛流传,尽管开创之作很可能并不完美。第一并不见得就最好,但是会最有生命力。以中国新闻史的名著《中国报学史》为例,就存在颇多的差错与不足,以至著名新闻史学权威宁树藩教授在新中国成立初期就发表了洋洋大观的勘误与校正成果,但是至今为止《中国报学史》仍然被列为新闻专业必读书。事实上,以后出版的同类新闻史著作哪怕是只犯戈公振十分之一的错误,就足以被作为伪劣图书弃置,淘汰出局。《新浪之道》对于网络新闻史来说,应当是奠基之作,当然,它同样不是一部完美的著作。不过,即使存在缺点也不影响它的价值。

以前国人出版著作一向都有传世的意识,而当今出书在技术上变得很简单、很平常,所以,也就不再那么郑重其事地如临大敌。也许《新浪之道》的作者本来就没有意识到著书立说的历史使命感,因此充分显示出此书更多的是编辑出来的,而不是写出来的,否则,本来是可以更精炼、更具体、更深刻。

虽然一向有"互联网是传统媒介的终结者"的论调,但是在现实中国,互联网真正取代传统媒介还是遥远的未来。实事求是地说,互联网是中国媒介市场的先行者,所以,在市场与企业层面上,以新浪网为代表的网络媒介的今天,将是报刊广电媒介的明天。因此,对传统媒介的从业人员来说,《新浪之道》与其说有历史借鉴价值,不如说有预测未来价值。

2005 年 3 月发表于新浪网

以书始　以书终
——王芝琛先生与我的交往散记

2006年春节前，我的事情特别多，而且很是烦心。过年期间闭门作画读书撰文，梳理头绪。父母来北京过年，所以，我既没出门，也没给谁打电话或发短信拜年，只是在初五的晚上，心有所动，打电话到王芝琛先生家中，结果一反常态没有人接。我想，可能是住院了吧。

初八上午，我的手机响了，显示号码是王芝琛家，声音却是一位女士，她是王芝瑜，说她哥哥前天去世了，他们把他送到了301医院，病情恶化得厉害。她说后天在八宝山菊花厅举行告别仪式，希望我出席。

这消息对我既突然，又在预料之中。在过去的这一年里，我可能是和王芝琛先生就其病情与治疗交流最多的人之一，我深知他的健康状况，只是没想到会这么快。

告别仪式这一天北京下了入冬以来最大的一场雪，而我不巧闹肚子，因此就没能前去见王先生最后一面。心情沉重，感觉到一种难以排解的伤悲。这样的一位学者、这样一位君子，却如此轻易地就被病魔夺去了生命。不由想起江淹《恨赋》中的一句"人生如此，天道何论"！

我和王芝琛先生结识，是先闻其人、先读其书，而后才谋面的，我们是忘年交。我所在的报社有一批老《大公报》人，还有一批老《大公报》子弟，在这个圈子里有很重的《大公报》情结，而我对《大公报》又是当成研究课题来对待的，本来就收集了很多相关资料，也愿意和了解老《大公报》的人聊天。这样，王芸生的公子王芝琛的大名就很熟悉了。

1998年，在报社食堂聊天时，刘自立先生说王芝琛研究《大公报》，我提到一直想找《季鸾文存》，可是遍寻不到，自立兄说王芝琛有一套，我便请他商借，讲明只借来复印一套便还，一两天时间即可。过后自立回话，说王芝琛把这套书当宝贝，不肯借人。我有些不高兴，说书是人看的，再珍贵的书，也得有人看才有价值，《季鸾文存》这种书如果连对从事专业研究的人都不借，也太过分了吧？自立说无计可施。

不久，我通过师母胡赛珍老师从中国人民大学新闻学院资料室借到了一套《季鸾文存》，不仅复印了，还让人全书录入了一遍。说来也是幸运，后来我在上海的旧书店竟然买到了《季鸾文存》原版。张季鸾的评论在新中国成立后再没结集出版过，我认为极不应该，此事我与新加坡《联合早报》林金发先生2000年在北京谈起过，还赠了他一套复印装订本以为纪念。林先生很感慨，表示愿意找赞助来出版此书，结果找到的企业家说，如果某位前人的书有价值，国家就该为之出版，何劳私人来出力？

这种看法让人无话可说。有价值的、该国家出资出版的书多了，绝大多数最终还不是没法出版？

2003年年底在新加坡再见到林先生，他重提此事，说还是想玉成，一旦找到钱他会通知我，否则谁也不必再提。

围绕《季鸾文存》的这一段背景，定下了我与王芝琛交往的一个基调。

他的《百年沧桑》出版后，我通过自立兄向他要了一册，此书是工人出版社出的，事实上是丁东等人操作。当年对《大公报》史感兴趣的人还不多，所以此书显得很有些早产。山东画报出版社还为他与刘自立出了一本《1949年以前的大公报》。《大公报》创刊百年活动推出了多种图书，不过，都是为了出书而出书，在我看来基本上没有多少可读的东西。王芝琛先生的书却很扎实，下了功夫，观点也没那么八股，我读了《百年沧桑》，还写了一篇书评发在报纸上。

2002年春天，外地一家报纸全体编辑记者在北京封闭培训一个月，主其事者正是不才，在安排专家讲座时，我列上了王芝琛的名字，出于尊重，我特别陪同司机前往他家接他,这是我们第一次见面。因为忙,我没听他在讲座上讲的什么。坦率地说,学员们的反应似乎并不太好,因为老《大公报》与这些二三十岁的新手们距离太远。王先生过后对我说,他当时发挥得不好,而且对讲课费如此之多表示受之有愧。我笑了笑,告诉他不要在意。

到了2003年,我创办了《中国书画》杂志,刘自立也提前内退了,到杂志社来帮忙,他提到王芝琛手里有沈尹默给王芸生的信札,我说拿来发表吧。于是,王先生就写了一篇文章。为此稿我与王芝琛通了电话,他对我办的杂志很客气,说了不少鼓励的话。他对我这种也读书也做学问还能干事的人很以为稀奇。

再后来,就听说他得了癌症。而我也因为工作需要而调离了自己创办的杂志。因为一下子腾出了前所未有的空闲,我第一次正式拜访王芝琛先生,带去了一套我的《大师谈艺录》。他对世事很感慨,说可真不是老《大公报》的时代了。也正是由于此,他很反感任何报纸以老《大公报》的"后身"或"继承者"自居,原话是"什么玩意儿?也配!"

他住的房子是所谓部长楼,也是20世纪80年代最早一批大户型,是王芸生当年分的房子。客厅里挂着王芸生的照片,总体感觉有些压抑。我认识不少文化学术界名人之后,有一些子弟是把整理研究前辈当成全部事业的,王芝琛是其中最典型的一位,也是最有成就的一位。奇怪的是,凡是这种献身弘扬父辈祖辈成就的子弟,生存境况都不太好,准确地说,就是经济上窘迫。因为作研究是要花钱的,即使出版了,能得到稿费或版税,在投入产出上也是不合算的。

他出《一代报人王芸生》并且得到了《新京报》的大奖,送了我一本。看得出来,这本书用了很多心血,是以前成果的再次提纯,在写法与编排上也更讲究。作为一个工科出身、退休才转而从文的作者,能达到这一步是极不容易的。正好有报刊约我推荐新闻专业书,我就写了评论。这本书是刘硕良先生出的,是当时的社科类热门书,虽不至于太畅销,但是绝对是赚钱的书了。

2005年夏天,我接到王芝琛先生的电话,说他现在情况很糟,希望我去家里谈谈。于是我就去了。他已经很瘦,说起治病的种种,有一种进口的特效药,极贵,而且只能自费,问我能否帮些忙。我当然会竭尽全力。事情也巧,他让我帮的忙，恰巧遇上了热心肠的有力者慨然相助，居然就办成了。记得是下午，已经是夏天，我到木樨地他家，在冲南的房间聊了至少一个多小时，他找出了王芸生的印章给我看。也是这次，他郑重地把一大包王芸生的社评，包括《芸生文存》的全部影印件，以及他自己查阅搜集的打印件，托付给我，说他费了很多时间精力，现在身体不行，让我代为寻找出版机会。他的话是："我觉得这事只有你能办，你挺神的。"

他以前对我讲过生活·读书·新知三联书店要再版王芸生的《六十年来中国与日本》，待拿到样书后，就电话通知我去取，他很正式地说："有你一套。"我灵机一动请他在书上钤盖王芸生的印，他翻找出来，让我自己动手盖，然后题了赠语。对于治病，他渐渐有了信心，很乐观，对我说："现在人们动不动就活八九十岁，我又何必才活六十八岁就死呢！"他说花了十来年时间来收集研究《大公报》的资料，复印了一大堆特别珍贵的资料。在《大公报》研究领域，他已经被视为国内最为权威的专家。因为他病重无力继续研究，有一位老《大公报》人提出想把他收集的资料全部买过去，给他一万块钱。他对我讲："人家要用一万块钱买去我十年的心血，我真是掉了泪呀！"我表示无论如何不能这样做，还开了句玩笑："如果真的要出让，给我好了，多少钱您说了算。"

因为身体有所好转，他打电话对我说要专门答谢我，并且也通知了刘自立。我再次谢绝，可是他坚持己见。于是只好按他的意愿，让他请了一次客。那天晚上我先开车到复兴门外，他已经在路边马路牙子上坐着等，说是身体受不了。我搭上他，花了一个多小时开到隆福寺的一家很大的酒楼，吃了一顿说不出是什么滋味的饭。然后我再开车送他回复兴门外。那天聊得很开心。

以前我对几家出新闻传播类图书的出版社都提过《季鸾文存》的选题，无一表示有兴趣。张季鸾尚且如此，可想而知，《芸生文存》就更加困难。

有一次收藏家吴占良来北京，我聊天时谈起《六十年来中国与日本》，他提出想要一套，我也没多想，就答应试试，并且电话里告诉了王先生，他说行。我去取时，他已经事先盖好了王芸生的印章，问我写谁的名字。他淡淡地说，原先的样书送光了，他又买了十套来。此时他的经济压力已经极沉重。这套书是六卷书，定价很贵。

这段时间他常有电话给我，而且会在电话里谈起生死问题，他说："我真不想死呀！"

后来他再次请我帮忙，我没有丝毫耽搁。事情办好后，老先生很高兴，拿出一捆一万元钱说感谢尔，这是应该的。我说无论如何我不能要。他当着我的面把木橱门打开取钱又放回去，指着给我看，说他的钱还够半年的疗程，说完哈哈一笑。

他为人非常真诚坦荡，没有城府，而且率真，有什么说什么，知道多少说多少。以往对我可能不太了解，甚至还说过你可能比个教授也不差之类的话，后来接触多了，他对我也就很是揄扬，尤其是对我在办报刊之外还写书、在大学兼职当教授讲课带研究生，同时还写美术史论文章，说了几次"你可真是个博士"。

我每次去看他，总是要带点什么，有几次都是茶叶，他看过我写的《功夫茶话》，可是仍然说："茶的好坏我可是懂的——你上次带来的茶可不怎么样。"我笑着承认，是别人送我的，我也没打开看就借花献佛了！

我们在一起常聊《大公报》，特别是王芸生，只言片语，每每是从别的书报刊读不到的。他说起公事公办，举例说王芸生的哥哥凭这层关系也在《大公报》上班，是个门房，拿的是比寻常门房高的工资，可能是喜欢自吹自擂，这位老哥与同事们相处得不好，有了舆论，王芸生亲自出面让老总把哥哥开了，一点情面也没讲。这就是口头历史吧。

也许是感到了什么，他决定要过68岁大寿，生日之前给我打了电话，又特意托人转寄了请柬，亲笔写了几行字，显然不仅仅是为了传达请客的时间地点等信息。那天还是在隆福寺，我迟到了，是个两桌的包间，我敬陪末座。到场的是他的朋友们，不少是出版界的，还有就是老《大公报》人，以及《大公报》子弟。席间王先生对在座的大夸曹鹏的才学，让我感到愧不敢当。过后徐城北的妹妹徐东给我写了封信，附上她为我与王先生拍的合影，并且特意向我要书，说王大哥如此推重的人，一定是了不起的。

之后我为《主流》当顾问兼总策划，10月份创刊号面世，我请他就《六十年来中国与日本》写篇文章，他答应了，而且写得很认真。《主流》的办公地点在万寿路，而我住在东郊，这样，上下班就路过复兴门，所以新刊出来，我会亲自送到家门。以前我办《中国书画》时，唯一由我亲自赠刊到门的是王世襄，是因为他恰巧住在我女儿所读芳草地小学的隔壁，我接送孩子时顺便就放一册在门卫处转交。如今出《主流》，我唯一赠刊上门的是王芝琛。

送发表他的文章这期杂志时，他讲起前一阵写了篇关于哈军工的回忆文章，是山东的《老照片》用。我作为编辑，对这线索当然很敏感，马上就问他能否补充一些内容，给我来用。他说试试吧。在聊天时，他讲了不少很生活化的哈军工的细节，我说就写这些最好不好过了。

可能是我很长时间没有就《芸生文存》的出版有什么进展，也可能是他身体感觉恢复得还满意，他打电话找我要回了《芸生文存》书稿，说是有出版社表示了兴趣，看来他身体还行，所以还是他来盯着这事儿吧。我二话没说，就把原稿送还给他，如释重负。

12月的一天，他打电话对我说有件事，我问是什么事，他说："我父亲（王芸生）当年没别的嗜好，就是喜欢买书，什么书都买，堆在那里，如今我身体不好，想把我父亲的这些书送给你。"

我听了之后，马上就说使不得。他说你不想要吗？他是知道我喜欢书的程度的，所以我老老实实地告诉他想要是想要，但是还是他保存着更合适。他说主意已定，如果你同意，我就找两个阿姨来整理一下。

过了两天他来电话通知我去拉书。我那一阵正分身乏术，说过些天再去好不好？他说已经堆在那里了，不拉走他看了总是有件事没办完，难受。所以，越快越好。我问他书有多少，意思就是交通工具怎样安排。他说一车肯定拉不完。

我只好请正好在马路北面文洁若女士家等稿的范瑞先老兄与跟我读硕士学位的两位研究生一起，专门到他家搬了一次书。这批书有上千册，主要是政治、历史与外交方面的，相当一些有王芸生的亲笔签名与印章，我注意查看了，其中有印章是王芝琛给我看的印盒中所没有的。我在这批书中翻出了不少名人赠送给王芸生的书，其中有章行严的《柳文指要》，扉页上是章士钊老先生的毛笔题赠，书里还夹着四页稿纸，是王芸生手书的书评。不知此文是否发表过？这批书中，几乎没有老《大公报》方面的，更没有《季鸾文存》，可能是早被王芝琛先生作为参考资料归入他自己的藏书了吧？

我的报学馆本来新闻传播专业图书品种就颇多，王芸生的藏书成为镇馆之宝，无论是从新闻史、新闻学术研究的角度，还是从收藏的角度，这笔馈赠都是非常难得的。范兄在帮我整理时说，这是一份心意，也是一份期望，是王先生看得起你才把他父亲的藏书赠给你，他肯定是认为这是王芸生藏书最理想的归宿，在你这里可以发挥这批书的价值。

新一期《主流》出刊的那天，已经是12月底，我去给他送新刊，顺便取他写好了的《我的哈军工生活散忆》，他已经把配发的图片都一一夹好了，很细心地一一交代清楚。他说《老照片》发出来了，但是做了删节，他很有想法，"正好有你这儿可以补救"。这篇文章很可能就是他最后的绝笔之作了。因为事情忙，我没多待，那天风特别大，特别冷，我匆匆下楼，还把刚印好的有我画作的小年历忘在了车上，又让人捎给他的。

他曾经有一次在晚上九点左右给我手机打电话，先问我什么时间给我打电话方便，我回答说您什么时候来电话都方便，有什么事情都可以找我，只要我帮得上忙的就行。

我送年历之后大概两三天，接到他一个电话，开头就说："曹鹏，原先我没仔细看《主流》，这期的我仔细看了，办得真是好！我不是夸你，这样的杂志在中国没有！"

我很惶恐，连声说过誉了。能得到他的如此好评，对我来说是很满足的。因为我在办刊时所努力服务的目标就是王芝琛这样的读者。

对于病情，他一直还是很乐观的。他说大夫劝他用那种特效药，由过去一个月两次，降到一个月一次，有治疗方面的考虑，也有经济承受能力上的考虑。我听了此话，感到很难受。如此勤奋的一个人，如此杰出的一个人，却落到这步境地。

最近几年，他的《大公报》研究成果特别是王芸生研究成果不断面世，社会影响日益扩大。凤凰卫视还播了访谈他的片子。我作过很多前辈的访谈，然而还没有新闻出版专业的，有一次对刘自立说，我想安排时间与王芝琛正式访谈，应当有价值的。刘自立说王芝琛的东西都在他写的书里了，没什么别的了。这样，也就拉倒了。现在回过头来说，怎么能说我想知道的、读者想知道的，王芝琛都已经写完了呢？有时缘分就是如此，没有办法。

王芝琛的最后两年瘦得吓人，只有几十斤的体重了，可是每次我去看他，精神状态都还好,说话也不怕累,聊起一些人与事来,他仍然是敢恨敢怒。

王芝琛先生比我大二十几岁,但是在交往时,似乎他更年轻,而我倒有些像是兄长,因为他有一颗孩子一样的心。这样的人如今的社会上真是太少太少了!我们在一起无话不谈,甚至会谈到他的家事,当然也会提到他的单位的情况。他是学导弹的,不知怎么却到了一个计算机研究所,而这个所似乎全靠出租办公楼来维持,不过对他还不错。说到吃饭,他说有时就带着家里帮忙的小伙子出门去吃,一大桌子菜,也不过才二百来块,真便宜!听他的这番话,若不同时生活在北京城,还真可能会误以为北京餐饮的消费水平真的物美价廉呢!遇到类似的情况,我不和他争辩,因为没必要。

他的那句"我又何必六十八岁就死呢?"常常在我心中回响,是呀,这样的一位知识分子又何必六十八岁就死呢!再给他一年或两年,世界上就能再多留下一两本更好的书呀。王芝琛死了,还有谁能聊聊《大公报》的未经发表的掌故?

窗外下着北京入冬来最大的一场雪,天气凄惨。我没能去见王芝琛先生最后一面,写下这篇文字权当为他送行。

2006 年残冬写于闲闲堂

报刊编辑讲义

Lecture Notes on Newspaper and Magazine Editing

媒体转型与重建

报刊编辑讲义

题　记

　　这份讲义是为教学需要而撰写的，第一稿起草于 2004 年 9 月，用于在北京大学新闻与传播学院为 2001 级本科生讲授报刊编辑课程；第二稿修改于 2006 年 3 月，用于在中国传媒大学电视学院为 2004 级本科生讲授报刊编辑课程。

　　这原本只是个人讲课使用的提纲，是要点梗概性质，文字段落之间也有跳跃或不连贯的地方，并不是成稿。不过，每章后面所附的思考与练习却是认真设计撰写的。我在讲授过程中，每次都带到课堂上大量报刊编辑实物教具进行展示介绍，这些在讲义中没有特别标明也无从体现。

　　现在看这份讲稿总体结构与核心内容基本上还算完整，可以代表我对报刊编辑教学的思考与探索。这份讲义未在任何报刊发表，只有赵泓教授听我偶尔言及，曾向我要去过一份电子版原稿。

　　我 1988 年考入中国人民大学新闻系师从陈仁风教授攻读硕士学位，专业方向即报纸编辑学，1990 年陈老师还支持我跨校到北京大学选修了两门心理学课程以开阔交叉学科研究视野。郑兴东教授（我攻读博士学位时的导师）与陈老师等人合著的《报纸编辑学》是编辑专业的名著，陈老师所著《现代杂志编辑学》是国内第一部杂志编辑学著作，这两本书在报刊编辑专业领域影响深远，我从中受益良多。

　　毕业后我所从事的职业主要是报刊编辑业务，从 20 世纪 90 年代起撰写发表的为数不少的新闻传播专业文章中，关于新闻业务特别是报刊编辑的占了相当比例。这份讲义虽粗糙，却是我在新闻传播专业领域花费时间精力最多的一个题目，也算是从事报刊编辑实务与研究的一个总结，敝帚自珍，有特殊的感情。谨以此稿纪念恩师陈仁风教授（1935—2021）。

作者
2022 年 8 月 9 日

导言　编辑作为一个专业　学习方法与工具

编辑学是一门实践的学问。编辑是传播信息所必须的工序，是对信息的加工、生产和组织、呈现。

这门课的目的是让同学们学会看报纸与杂志编得水平如何，让同学们学习如何编辑报纸和杂志。

编辑是非常有意思的职业，见多识广，会知道许多行外人想不到的趣事与内幕。报刊编辑作为职业是很社会化的，与政治、文化密切相关。近一二百年来，报刊编辑出身的政治家与文学家、艺术家数不胜数，政治文化经济科技都受报刊影响。报刊编辑在社会中地位较高，有更多的机会与发展空间。这是一个很有吸引力的职业。

报刊编辑学，包括两个层面：一是责任编辑学，也就是具体的编辑业务；二是总编辑学，也就是宏观编辑管理运作。

文化的起源就有编辑工作，一切典籍与文化、知识的传播都要经过编辑这一工序，孔子编《诗经》《春秋》，述而不作，就是编辑工作的专业特点。《论语》本身也是很好的编辑作品。

报刊的最高境界是让读者能够享受阅读乐趣，优秀的报刊是由优秀的人才尽心尽力做出来的，打造精英文化产品，必然是一流人才、全力以赴。

高质量报刊的技术难度极高，内行都知道做到这一点不容易，无论是哪种商品，高质量与品位都取决于：一，用料讲究，标准高；二，人选杰出，技术顶级；三，做工考究，工序严，工时长。

由非常优秀的精英，数一数二的人选，花了很多费用，耗费了很多时间精力才做得出来的东西，就是精品。世界著名的权威报纸杂志的质量高，是因为拥有高水平的大牌记者与大牌编辑。

第一节　经验与感觉最重要

报刊编辑是高度经验化的专业，因此，资深二字是编辑的美誉。对报刊编辑来说，经验的积累是必须假以时日的，百炼成钢，不可能有什么捷径。有了丰富的经验，才会有感觉。编辑的感觉是无法用语言描述的。一个优秀的编辑必然是感觉非常好的，同时也总是经验丰富的。

从事编辑工作，新手很难有什么特别的作为。与写作、摄影等专业相比，一个新入职的编辑不大可能在工作中创造什么奇迹，因为需要时间来学习、了解情况，在掌握了规则与规律之前，只能是学徒。

在以后的课程中，我将结合自己在报刊编辑工作中的经验与心得，从实际操作角度出发，帮助同学们认识、了解、学习报纸编辑工作。我希望通过这门课程的学习，大家能够掌握报刊编辑的原则与方法。

编辑工作与游泳一样，必须下水去练。所以，要真正学会、学好报刊编辑，只有一个选择，那就是到报刊去实习、工作。我们在课堂上讲的内容，都是供大家实践时参考的。这有些像是驾校，先是学交通法规与汽车原理，然后主要的就是上车上路练。

报刊编辑只能通过实践、不大容易通过理论与书本的学习掌握，有不少优秀的编辑不是新闻传播专业院校毕业的，非新闻专业高校毕业生在报刊编辑队伍中也非常普遍。有的甚至并没有受过多少高等教育、完全靠自学成才，比如《大公报》的王芸生与孔昭恺、《读书》杂志的沈昌文与董秀玉。

新闻专业的学生如果能够提前在课堂上进入报刊编辑实践的学习，那就相当于成功地抢跑了两三年。这就是在大学课堂上学习报刊编辑的意义。编辑作为实际技能，是动手操作，是经验，是规律，是窍门。最好的学习方式是师徒传授。报刊编辑这门必修课，在大学应当是通过编辑一期报纸或杂志来完成，哪怕是不印刷发行。在一个学期的时间里，从零开始到签字付印，整个过程下来，大家能学到更多的知识与技能。

报刊编辑这门课必须要动手做练习，所以我特意设计了大量的思考与练习题。

第二节　以同时期出版的报刊为教学案例

报刊编辑这门课将结合具体的报刊实际材料来讲授。作为教具的报刊，选择课堂上同学们投票得票最多的三种报纸、三种杂志。这些报刊是大家感兴趣的也是喜欢阅读的，课堂上作为分析研究的题材，更有接近性，效果也就更好。请大家把自己认为最好或者最爱读的报纸与杂志各写五种交上来，由助教统计出得票最多的前三种报纸与前三种杂志，今后的课程就把这六种报刊作为样本或标本来研究、分析、解剖，把它们切细、咬碎、嚼烂，这样，大家对报刊编辑的知识就不再是干巴巴的抽象文字，而是活生生的具体材料。

报纸与杂志编辑是应用学科，一定要积累经验，要长期关注研究，不能只读书本，不熟悉报刊，不了解报刊，真的动起手来做编辑工作，即使掌握了所有的理论知识都白搭。所以，希望同学们在学习这门课时，一定要认真研究、分析最新出版的报刊。这样学到的就是与时俱进、代表着最新面貌的、活的报刊编辑知识。

学习任何一门操作性很强的应用技术，特别是人文领域，都要同时注意两个方面：一是学会辨别什么是好的、可取的，一是学会辨别什么是坏的、不可取的。一方面向优秀的学习借鉴，另一方面以拙劣的为戒，从反面教材吸取教训。事实上，在编辑稿件时，也需要对哪些地方是好的、哪些东西是坏的有非常敏锐的感觉与判断。编辑的工作就是选择出好的稿件、稿件中好的部分，而把坏的、不合适的东西剔除掉、过滤掉。

在学习新的专业的开始阶段，掌握了基本知识之后，重要的是学会认识、发现专业作品的优点。对市场中比较成功的报刊，能够看出优点何在，并且可以分析出来，这就意味着已经入了门。

研究失败与学习成功同等重要，不犯错误是很难达到的境界，真正的好编辑才会不犯错误或者至少把犯错误的机率降到尽可能低的限度。惩恶扬善，学会批判地学习，注意积累经验，训练眼力。

研究解剖这些报刊，是为了搞清楚它们的长处与优点是什么，也搞清其缺点与不足是什么，这样，等到我们来编辑报刊时，就可以取长补短。这些报刊做得都不完美，都有可以改进之处。

任何一个学科都是在一个初学者成长为内行后，才看得出同行作品的缺点。随着经验与眼力与时俱进，能够看得出大师作品的缺点，就说明你已经是高手了。大家学习报刊编辑，也应该从学会找出名报名刊的优点入手，最终达到能够找出名报名刊的缺点的程度。清楚地了解名报名刊的优缺点，对于做好编辑工作是极重要的专业修养。

第三节　编辑的专业素养

从事编辑工作最主要的资本就是文字能力与知识功底，当然还有认真负责的态度。在职业精神上，编辑应当是较真的、仔细的、严肃的，同时，要与人为善，能成人之美，在文字上有洁癖，在形式上有审美眼光，精益求精、追求完美（虽然完美几乎是不可能的）。

对语言文字、文章风格与图片、版式的趣味要雅正。要学会养眼，培养自己的品位与眼光。多看画册，多看美术展览，多读文学经典。

编辑在工作中必须非常认真，不能靠记忆与经验，要勤于查对。编辑应当有文字洁癖，有正版意识，习惯于纠错，有错必纠，养成习惯。见到错别字，就能发现并改正，这是一个编辑的"职业病"。错别字就像吃饭时候遇到的石子、沙子，我们不能请别人吃"掺了沙子的饭"。

编辑在工作时手边一定要有一本词典。我曾经要求工作时编辑每天至少要查十次词典，我自己在做编辑工作时查词典也很频繁。

第四节　编辑专业名家简介

每一个专业与学科，都有自己的杰出代表名人榜、术语、经典作品，这对任何一个专业都是核心知识，是必须熟悉、熟知的。

学科是以代表性人物为基础建立的,一个学习者与研究者所知道的本专业名人以及他所推崇的本专业名人,可以反映其知识范围与水平、境界。没有名家与权威的专业是非常可怜的专业,对本专业的名家与权威的姓名与成就了解与熟悉的程度,反映了一个人的专业水准与发展前途。

鉴定家史树青先生说从事书画鉴定至少要知道五千个专业人名。其实远远不够,中国的人名与外国相比复杂得多,因为名之外有字,字之外有号,号之外有郡望、有斋号、有谥号,平均一个名人有三五种常用名称。

人名知识在新闻传播专业不仅在于要了解报刊名人,在具体编辑采写工作中,人名知识同样很有必要。

在中国学习报刊编辑,最重要的人名,在我看来,应当是:

史量才　张季鸾　胡政之　邹韬奋　梁得所　马国亮　沈昌文　徐铸成　成舍我　王芸生　王云五　张元济　安岗　查良镛

外国的编辑名家也很多,而且取得的成就也都很卓越,比如《时代》杂志的亨利·卢斯、《时代》的华莱士、普利策、《纽约客》的萧恩。

第五节　专业阅读参考书目

知识体系是由纵横两条坐标构成的,纵就是历史知识,横就是当代知识,超地区、超国界。编辑工作要想做好,必须在历史知识与当代知识上用功夫。

报刊编辑的专业阅读书目,不能只按照书名是否含有"报刊编辑"四个字来套,事实上,有一些很有价值、很有意义的报刊编辑方面的著作,书名都不含这样的关键词。

下面开列的书目,重点是新闻史、回忆录、传记、报业研究著作。(具体书目从略)

思考与练习

1. 根据网上资讯与图书馆、资料室的藏书整理一份报刊编辑专业书单。

2. 写一篇不少于2000字的专业参考书书评。

3. 在开始学习报纸编辑时，认真选出自己认为最好的报纸与杂志各五种，在结束本门课程时再列出自己认为最好的报纸与杂志各五种，看看有没有什么变化？

4. 请根据本章所列编辑专业名家逐一查阅图书或网络资料，根据收集的资料排出你认为最著名的三位报刊编辑，并简述其成就。

5. 你希望今后做编辑还是做记者？如果你希望做记者的话，学习报刊编辑学有什么意义？

6. 从学习报刊编辑这门课程开始，到成长为一个称职的编辑，你认为应当如何自我设计？

第一章　报刊编辑的关键概念与术语

第一节　报刊编辑的定义与意义、性质

报刊是编辑至上的。记者只是单兵作战，是所谓一人敌，而编辑则是将，夸张点说是万人敌。编辑有组织、调度、管理的权力，所以，新闻单位的采编业务领导最高层次的都叫总编辑，杂志叫主编，这可能是因为杂志的编辑少，而报纸、通讯社、电台、电视台的编辑多，所以要用个"总"字。总编辑本来也就是编辑，英文里报刊的总编辑就是 Editor（编辑）。

编辑是报刊的设计师、规划师，也是报刊的调度，决定着报刊的风格面貌，总编辑或主编相当于乐队的指挥。

编辑工作的定义

编辑是传播信息必须的工序，是对信息的加工、生产、选择、安排、处理过程。报刊编辑工作是有组织、经过加工的信息生产过程，是发布传播信息的核心业务。编辑工作不是在得到信息之后才开始的，而是包括对信息的预测、判断、勘探与寻找过程。

可以说，采写是编辑的一个环节，专职从事编辑一定要熟悉采写，而专职从事采写却未必要了解编辑，虽然了解编辑工作会对提高采写水平大有益处。

编辑分技术编辑与策划编辑，所谓技术编辑包括校对、删改、润色、配稿等环节，而策划编辑则主要是负责选题策划、线索判断评估、报道组织与稿件刊发计划。技术编辑是基础，策划编辑是更高层次的编辑工作，事实上，部门主任与主编、总编辑，负责的就是策划编辑。

编辑的目的与意义

编辑工作的目的与意义是为了使读者或受众在接受信息时：

　　更容易阅读；

　　更容易理解；

使信息更准确、更正确；

更有意义或价值，使信息增值；

更能表现编者的意图与主张。

编辑的工作性质与特点

编辑是报刊的核心业务，选择是编辑工作的核心。

报刊都是以编辑部为核心的，编辑是关键岗位，编辑是不可或缺的，记者与撰稿人等都是次要的、辅助的甚至是可以没有的，比如一些杂志社就只有编辑，而有些报纸没有记者也可以生产。在报刊社的所有部门与机构中，编辑部处于至高无上的地位，比广告、发行、印刷、行政、人事等部门都要重要。

编辑对报刊的采访写作等工种都要学习掌握，因为采写是编辑的基础。胡政之说，要先做外勤，再做编辑。

徐铸成出过一本小册子《新闻烹调学》，非常形象，编辑工作其实就相当于烹调艺术，报刊是精神食粮，编辑作为厨师，对原料来源、产地、质量、规格、品种，以及加工方式、分量、火候、调料、配料都要用心，最后还要保证色香味形营养俱全。报刊的风格特色，就是烹饪中的主菜与风味招牌菜。

第二节 编辑的知识结构与素质能力

编辑的知识结构与素质能力包括但不限于：反应灵敏，有判断力，消息灵通，思路开阔，见多识广。从事编辑工作最主要的资本就是文字能力与知识功底，当然还有认真、仔细、负责的态度。认真是最重要的，当编辑必须较真；仔细就要一丝不苟，绝对不可马虎大意；负责意味着可靠、可信赖。

好编辑是认真、负责、有创造力、有想象力的编辑。创造力与想象力不是虚构与杜撰，而是对现实社会的洞察以及对事件、人物的判断预见能力，以及对信息的发现、组织与包装的能力。从事书报刊编辑工作，有人认为要有天才。其实，创新精神与悟性就是天才。

编辑还要有与人为善、成人之美的精神境界，不能是个人英雄主义，而必须是集体主义，要能乐于为人作嫁，肯金针度人。好的编辑能够发现作者、培养作者、引导作者、成就作者。

不认真、不负责是从事编辑工作的死敌。没有创造力与想象力不可能是一个好编辑，不认真、不负责就几乎无法胜任编辑工作。

任何人编报刊都不会是从零开始，特别是在现代化报刊市场环境中，都要有样板，所以不少报刊创办前会选择几家成功的报刊参观考察。张季鸾办《大公报》取法《朝日新闻》，《华商报》取法《华西都市报》。新闻传播的形式没有专利，对成功报刊的模式、经验和做法完全可以借鉴、借用，在一个没有专利的市场，最重要的是多多学习。报刊除了商标不能拷贝和克隆，其他都可以复制。

编辑作为一个专业。无论其媒介与表现形式是什么，最核心的技术是相通的，一通百通。书报刊与海报等纸介质媒介的编辑、广播电视与音像制品的编辑、网络电子编辑在工作环境、编辑设备与技术等方面千差万别，而其内核都是对信息的发现、加工与处理。

第三节　报刊宗旨与编辑方针

办报办刊首先要有一个立场与出发点，同时要确立工作原则与宗旨。这些都是报刊的创办者与决策者考虑的事情，而且往往是在创办前明确的，一旦确立，就不会轻易改变，所有的编采人员都必须贯彻执行。

很多报刊并没有成文的宗旨与方针。报刊有商业化的，也有政治化的，无论追求的是商业利益，还是社会利益，或者是文化、政治、宗教宣传利益，只要正常出版发行，必然会有事实上的宗旨与方针。

办报办刊宗旨，就是办报纸杂志的目的与意义是什么，传播信息追求的目标是什么。

编辑方针就是怎么办报刊。《纽约时报》的口号是："所有适合刊登的新闻。"这就是其编辑方针，也就是力争全面、权威、包罗万象，成为历史档案。

图书编辑与报纸编辑、杂志编辑有相似之处，不过生产周期更长、产品更为个性化。

有两种报刊：一种是百货商场式的，一种是专卖店式的。综合性的报纸基本上都是百货商场，而杂志大都是专卖店。因此，综合性日报都要有足够的厚度，有足够的信息量，才有竞争力。而杂志则更重视细分专业、强调品位与质量、水准，满足某一细分市场的一部分人的兴趣，必须更精致，更深入。

图书报纸杂志都是印刷品，其原料与生产、加工非常相似，因此，在市场经济环境中，往往是互通兼营的，如商务印书馆之《小说月报》，良友出版公司之《良友》杂志与图书如鲁迅等人编的《中国新文学大系》，周作人的散文集《自己的园地》由晨报社出版。

第四节　报刊编辑的名词术语

编　辑

①在报刊从事文稿、图片的策划、组织、加工以及设计的专业人员。

②文稿、图片等信息内容的策划、组织、加工以及设计工作。

总编辑

报刊的编辑业务最高负责人，对采编工作有最终决策权。

编　务

在编辑部从事文秘勤务等辅助性工作的人员，邮件收发、文稿复印、样报样刊以及稿费寄发一般属于编务的分工范围。

练习生

编辑部底层新手，往往是试用或见习工作人员，资历比较浅，但是可能有足够的素质与发展前途，较之编务是专职文秘，练习生是编辑专业工作者。成舍我就用大量的练习生，雇用成本小，可塑性强，能够帮助他办好报纸，有人评论说他是在办培养学校。练习生是正式的领薪雇员。

校　对

负责查找文稿差错与出入的专职人员，一般只管原稿文字与上版的文字是否一致、是否正确，不负责稿件质量判断与取舍，也不能对稿件进行编辑处理。校对在较高的层次上的职务名称是检查。

核　对

对稿件内容进行把关时，需要与原稿核对、对引用的原文出处核对、需要与历史纪录或权威档案资料核对。核对既是校对的工作内容，也是编辑的工作内容。

把　关

作为编辑对稿件的真实性、新闻价值、法律风险、政治影响以及思想性、学术性和质量水平予以判断，决定取舍。

签　发

编辑对稿件的发表处理安排意见。不同的报刊对于签发的技术形式有不同的规定。稿件的签发权与具体版面或专刊的签发权是由编辑与编辑部门主任负责的，而当期的报刊全部版面签发权则是由总编辑掌握的。

截稿期 Deadline

报刊在生产流程中，根据付印的时间限制向前倒退的最迟发稿时间，而付印时间之所以必须确定是因为发行与投递环节都有时间规定限制，一旦错过了规定的时间，就会造成损失与纠纷。

以前在铅排年代，截稿时间相对较早，因为制版印刷的工序相对不方便，而在电脑化之后，截稿期相对就可以后延，日报的截稿期可以设定在开印前一两个小时。报纸的截稿期都是以小时为单位计算，杂志因为节奏较慢，一般以天甚至以周为单位计算。

截稿期 Deadline 英文的意思是死线，如果错过了这一时间节点，新闻稿虽然写出来也不会用了，因为来不及印刷，而到了第二天新闻已经变旧闻，自然就更不会用。

西方有的报纸一日多版，截稿期也就可以有若干个。截稿期不仅是采编部门的事情，也是广告部门的事情，因为在截稿期后如果再有广告业务，一般来说就无法赶上该期报刊。不过在香港报业也有为了争取广告客户，先用报纸宣传稿填充空白开印，待广告到位再撤换，然后把早印的那部分报纸作为内部用报或非销售用报。

独　家

由一家报刊首先并且唯一刊登的稿件，就是独家。现代报刊竞争激烈，独家的定义也就不再那么严格，一般只要是最先发表亦可算是独家。

报刊的最主要的卖点与竞争力就是有足够多的独家稿件。同质化严重的厚报时代，独家稿件显得非常难得，不少报纸不再把独家作为目标。

开 本
瘦报　近些年流行的开本，较正常的对开横向尺寸小。
宽报　欧洲有宽报。
方报　欧洲有方形报纸。

厚 报
和美国的报纸相比，我们的报纸版面还相当少。例如，《北京青年报》和《旧金山纪事报》，版面数量大约是 1∶4 的比例。

可读性
稿件的质量标准之一，指写作上的风格特点，文笔好、有文采、故事性强、生动有趣，引人入胜。同一事件，不同的文体、不同的写作方法，可读性就会有极大差距。比如同样是记录描述克林顿与莱温斯基事件，《斯塔尔报告》就没有可读性，而《莱温斯基自传》就很有可读性。对报刊而言，单纯重视可读性，只是突出了其通俗化或媚俗化。可读性强也就更容易被读者理解、接受，但是可读性不等于文学性和艺术性。文学作品不见得就可读性强，比如汉赋，或者一些现代派小说。

影响力
报刊对读者的看法、观点、认识的控制或干扰能力，也是引导舆论的核心与本质。报刊的生命力就在于有无影响力，影响力取决于有可信度、权威性与公正。影响力是靠积累而形成的，新办报刊很难有足够的影响力。

权威性
报刊的权威性要靠编辑的努力来逐步积累，没有报刊是一创办就有权威的，必须要靠发表的稿件一贯水平长期表现。权威性的前提条件首先是作者有权威，其次是编辑把关非常严格认真，稿件有较高质量、水平稳定。官办报刊的权威性建立在消息来源的官方权威上。

可信性
新闻的第一要义就是真实，编辑在工作中必须时刻用可信性这把尺子衡量新闻。

可剪性
主流报刊的质量外在指标之一，就是有没有可供读者留存的剪报材料。

由于报刊的编排形式不像图书那么利于保存、检索，因此对于报刊上的重要材料，读者会剪下来以备参考。没有可剪的材料，就不会是高质量的报纸。

重大报道

对每一家报刊来说最重要的稿件组织采编活动，比如官方报纸对两会或党代会的报道，以及美国报纸对总统大选的报道，就都是重大报道。突发事件往往构成重大报道，比如总统遇刺就永远是美国报纸的头条新闻而且会刊发一系列稿件。

后续报道

现实社会的事件是在不断发展着的，很多新闻报道在刊登后，事情仍然会有变化与进展，报刊予以追踪报道。

连续报道

后续报道有时不见得是记者与编辑事先有准备的，而是事态演变自然而然形成的，相比之下，连续报道则主要是预先设计安排好的，甚至是提前采写编辑加工完毕，因为篇幅或分量的考虑，分多次予以刊登。

报头刊头

印在头版作为商品标识的报纸名字即报头，印在封面作为标识的杂志名字即为刊头。中文报头刊头一般是汉字书法。

口　号

报刊对外公布的自我定位或目标。有时印在报刊上，有的则不公开刊登。例如《纽约时报》"一切适合刊登的新闻"；《芝加哥论坛报》"世界上最伟大的报纸"；《大公报》"不党不卖不私不盲"；台湾《联合报》"正派办报"；《中国书画》"文化之为文化"。

口号是报刊的宣传公关利器，体现办报办刊宗旨与编辑方针，同时是编辑人员的行为准则、座右铭与努力方向。

同仁办报（刊）

同仁报刊是指志同道合者共同合作，不借助其他人的资金或资源，完全是自发自愿一起办报刊，在合作关系上是平等的，不是受雇于谁，有似律师所中的合伙制。同仁办报（刊）的范例有《独立评论》《语丝》《大公报》。同仁办报（刊）指的是决策层、管理层与核心队伍是同仁，但是并不排除聘用或雇佣非同仁关系的下级。

头 版

报纸的第一版，在绝大多数情况下是最重要的版面，不过也有例外，例如西方与香港的报纸第一版也可以刊发整版广告，这时头版就不再是最重要的版面，而第二版或第三版就成为最重要的位置。《羊城晚报》和《文汇报》都尝试过在一版做整版广告，但最后行不通。头版的编辑向来是重要的岗位。

封 面

杂志最前面的一页，一般都用更高规格的纸张印刷，而且不论内页正文是彩色还是黑白，封面大多是彩色印刷。杂志封面不是刊登正文内容的版位，但可以是刊登图片的正式版位甚至是最重要的版位。也就是说，文字稿件不可能在封面上发表，而图片包括照片与绘画，都可以在封面上正式发表。

封面故事

西方杂志的封面往往会把本期主打的稿件标题印在封面，这种稿件在正文中就称为封面故事。封面故事表示稿件重要而且标题或图片上了封面。

电 头

新闻稿特别是消息、通讯等时效性的稿件标题之后正文之前的时间地点与所属单位的介绍。电头主要是告诉读者新闻的出处，以及采写的时间、地点与作者。

署 名

最早的报刊是没有署名的。报刊稿件作者或记者署名是在新闻采编成为成熟的职业之后。编辑在报刊的版面上署名，在国内也是20世纪80年代以后才有的事情。署名是记者、作者与编辑在自己的稿件与编辑作品上打上个人的标记，既表示对之负责，也有权利归属意思。这有点像是影视作品的片头或片尾字幕，其实对读者来说也许并不重要，对从业人员来说却是树立影响、证明自己的成就、扩大知名度、积累专业资本的重要手段。

署名的格式有很多讲究，各家报刊有不同的规定。一般分为文前署、文后署两种，有时还会在作者署名前冠头衔，附简介，一般是对权威人士的特别介绍，以示重视。

责任编辑

具体负责版面编辑业务的编辑，有稿件的取舍权与安排权。有的同时兼任版式设计与校对。

原　稿

作者或记者发来的原始稿件，在编辑工作中是润色修改加工的基础与依据，对审校来说，原稿更是重要的依据。在纠错时，要认真审查原稿差错并予以纠正处理，更要提防原稿未错而编改错误。

小　样

一般是指稿件排好打印出来的、未经组成版面的样子，在铅排时期，小样可以用手动印出若干张，供编辑进行审阅加工。

大　样

报刊在编辑过程中的半成品，是即将正式出版的报刊版面样子，打印出来供进一步编辑、审校。对彩色印刷的报刊来说，大样可以是彩色打印的，也即彩样。杂志在付印前印刷厂会出蓝纸样，用于最后的核对，同时也装订成册，以备出现印刷质量问题时查对。

清　样

大样可以出不止一遍，一般三审三校，最后一遍称为清样，也就是定型的版面，不会做太大调整，主要是供报刊负责人审阅并签署意见。清样在通过负责人审查并予以认定通过，签上"付印"或"照此发"的字样后，一般称为"付印样"。

报刊生产过程中的打样都是为了进一步编辑加工审校，也是以备查对责任，留存资料。

签字付印

拥有报刊出版权的编辑主管在清样上签完字，相当于给印刷厂下了一道手令，准许开印。这是把关的最后一道，也是责任最为重大的编辑程序。签字一般都是由报刊的高层领导，表示对此期版面内容认可、批准并负责。

中　缝

报纸展开后两个版之间的空白，有些报纸会开发出来作为多出来的版面，主要是用于广告，特别是刊发小广告与启事，有的还用来刊登报社的办公电话与地址等信息。20世纪80年代末《保定市报》用中缝发表小小说。

稿费编辑费

稿费是稿件的报酬，但并不是稿件的全部经济权益，因为稿件的著作权不仅仅包括在报刊上的一次性发表。报刊社对稿费按作者是外部人员还是内部人员分为外部稿费与内部稿费两种，标准一般是内部低于外部。编辑费是报刊为了激励编辑工作，按照所编文字图片量或版面数量予以计酬或奖励的形式。

思考与练习

1. 在形式与内容两方面，报纸与杂志以及图书的相同点与不同点是什么？
2. 现在中国报纸、杂志与西方报纸、杂志有哪些差异？
3. 如果能够选择，你希望做报纸编辑还是杂志编辑？为什么？
4. 你希望创办一份什么样的报刊？请简述其宗旨与编辑方针。
5. 请在新出版的报刊中找出编辑出色与失败的最新例证各三个。
6. 你认为编辑与主编、总编的工作性质有何异同？
7. 报刊应当以编辑为业务核心还是以记者、作者为业务核心？

第二章　编辑工序流程

报刊编辑是以文稿为核心产品的生产加工工作，编辑工序流程都是以稿件、版面、校样为中心。在流程上，报刊编辑更适合扁平式管理，也就是由总编或主编直接与记者、编辑就工作进行沟通交流。《大公报》的传统是编辑部在一个房间办公。

第一节　报刊编辑部的机构设置

总编或主编就像是乐团的指挥，指挥必须对总谱倒背如流、了如指掌，总编对下一期的版面内容必须有一个全面的了解与把握。

机关化的等级森严的垂直管理，对办报办刊来说是大忌。稿件或版样不是公文，不应有太多的中间环节。扁平式管理存在一个管理半径限制，一般而言一个人直接指挥不超过二十人的下属最有效率。再大的交响乐队，指挥也是扁平化管理，直接与每一个乐手交流。

报刊的编辑部最高的决定权在总编，由于版面多，会分封授权把关。一个人无法胜任签发全部版面，把报刊的版面分成不同部分，由得到授权的负责人分别审阅签发，或者是由部门负责人先行审阅把关并签署初步意见，再交由签版的老总定夺。

报纸的组织架构　图表（略）
杂志的组织架构　图表（略）

杂志更加简单、更加单纯，不少杂志都是由三五个人组成，有的只设一个编辑部，其余的发行、广告都外包，或者就是由上级单位代办。杂志适合个人创业，适合夫妻创业，比如《读者文摘》《时代》《花花公子》，中国的《独立评论》《语丝》。

编辑部是报刊社最核心的部门，比其他部门都重要。与编辑部平行的行政部门太多,势必会分散资源,成为负担。所以市场化报刊一般都严格控制非采编人员,而一些机关报则大力扩展非采编部门,到了一比一,甚至非采编部门更多的程度。

稿件由记者或编辑直接向老总反映解释,更科学,也更合理。在工厂,是有经理、车间主任、班组长、工头几个环节,不可跃级指挥,因为程序更重要,个性与头脑不重要,而报刊的内容则是有个性的文化产品。

采编合一是报刊编辑部的一种分工形式,也就是把采写与编辑两个工种,合二为一,既采又编,以版面或栏目的形式包给编辑。杂志大多采取编采合一形式,邹韬奋自己办杂志就同时任编辑和记者。

采编合一的优点是编辑可以根据自己的需要而采写稿件,更有针对性,减少了中间环节,由选题到采访到排版距离最近。缺点是在管理不善时会成为一定程度的自留地,编辑自产自销,方便了个人利益而影响报刊的质量。

采编分开则是分工合作制,由记者采写新闻,再由编辑进行编辑,机构部门中多了记者部或者是采访部。记者与编辑相互制约,增加了把关环节,强化了专业分工。但是也有缺点,就是沟通与交流成本增加,有时会造成人力的浪费。

新加坡《联合早报》更进一步把报纸电台电视台与网络采写都打通了,一个记者同时提供四种媒介的稿件,大大节省了人力提高了效率,但是信息的丰富多样性打了折扣,因为四个记者会有四个角度,四种观点,而一个记者所发的四种媒介的稿件则往往只是一个角度一个观点的四种版本而已。大众传播还是多样化更好一些,也就是从质量与社会效益角度来看,参与者越多、提供信息的人越多就越好,新闻采访在一定程度上是劳动密集型行业。

当然,从企业经营的立场出发,人力的节省就是效益的增加。报刊增收节支往往都是从成本开支最大的人力开始。

第二节　报刊编辑的流程

稿件版面生产流程基本如下所示:

作者—编辑—部门主任—主编、总编—检查校对—美编设计排版—编辑—

部门主任—主编、总编

编辑流程的重点环节及注意事项大致包括：

编前会

报刊在一期发稿之前的编辑工作会议，就稿件情况通报或介绍、评议，交换意见、传达各种信息。是报刊编辑工作的关键程序。

评报评刊

对报刊的稿件与版面进行评价，特别是好稿与差稿的认定。报刊社的评报评刊有三种形式：一是全体人员共同评议，二是中层以上的领导或专家负责评定，三是外聘资深人员评议。《中国青年报》就曾常年采取外聘专家对报纸稿件打分、提意见与建议的做法。

考评打分

对采编工作量与业绩的计算与评价方式，经常是量化的，所得分数与奖励挂钩。

检查校对

是印前把关纠错，最后一道关。

检查校对在文字差错之外，还应防范：重稿、马后炮、漏报、冲版、换活等。

重稿

多版化之后，由于版面多，图文量过大，在编辑流程上出现漏洞，没有交叉检查这一关，没有统一全盘审核，所以出现了重登，大致有两种表现形式：

同一稿件多次刊登　由于作者提供的稿件发给了不同的编辑，在不同的版位上同时刊出或先后刊出；有时也是因为技术程序出了故障。

同一内容重复刊登　并非是同一作者，但是稿件内容相同，比如一个新闻分别由通讯社和本报记者报道，同时在不同版面登出；也有的是因为部门之间存在业务交叉，缺少沟通与协调。

重稿是低级错误。是不可原谅的错误。漏报只有内行知道，甚至只有本单位的个别人知道，重稿则是读者都知道。

马后炮

滞后刊发其他新闻单位已经发表了的报道，现实中这类马后炮往往是公关宣传稿，因为派了记者前去采访，因此不论是否竞争媒介是否已发表，都要照发。

漏　报

重要的稿件没有及时发表，尤其是对新闻类报刊来说，重大新闻被漏掉了，是编辑业务事故。在技术上漏报的原因是选题与线索出现了缺失，或者是对选题与线索的判断出了问题。

比较而言，宁可重稿，不可漏报。因为重稿只是技术差错，质量问题而已。

冲　版

临时有其他情况而撤下或停发某一按计划编发的版面，是为冲版。

换　活

对稿件的调整安排，用新稿替代已排版稿件。

第三节　编辑工具与材料

报刊编辑部的办公用品与耗材，除了与其他行业的办公相同者如复印机、传真机等之外，还有一些编辑专用的工具与材料。

稿签在编辑流程中是一个重要环节，填写完备的稿签，可以在稿件编辑过程中给不同工序的人员提供便利。

稿单可分为发稿计划与目录、存稿目录、拟用稿单、缺稿或等稿清单等。

剪报或相关信息档案也很重要，包括资料剪报、专题剪报、分类简报。

思考与练习

1. 设计一个报纸或杂志的编辑流程图与组织架构表。

2. 在采编电子与网络化的条件下，哪些环节是必须借助纸张的？简述理由。

3. 如果稿件出现差错，你认为该编辑负责、校对负责还是作者负责？

4. 把三报三刊你认为非常好的稿件整理成一个稿单。

5. 把你想写的文章或感兴趣的题目与线索拉一个不少于三项的稿单。

6. 在报刊上找出三个专栏的实例，并按照形式与内容分类。

第三章　设计策划与稿源管理

报刊的设计与汽车、电脑、家电等产品有相似之处，产品是模块化的，不同之处是报刊每一期产品的内容都是全新的。策划和设计关系到报刊的质量和生命。

报刊的最初始的模块设计非常重要，内容结构的设计安排主要包括什么内容，由哪些版块组成，比例和频度如何。在产品品种与形式选择上，也要因地制宜，如今报刊越来越多版化，出现报纸杂志化、杂志报纸化的双向混合杂交趋势。

第一节　报纸与杂志的区别

报纸与杂志首先是两种印刷品的区别：报纸一般无全文目录，杂志有目录；报纸以日为单位出版，最多以周或双周为单位，而杂志最低以周为单位、一般以月或双月为单位出版；报纸不装订，而杂志装订。

报纸与杂志的编辑，在原理上是相同的，但是在操作上有不同的特点与规律。不是所有报纸编辑都能胜任杂志的编辑工作，反之亦然。这需要悟性，当然，也可以靠学习与培训。

报纸更包罗万象，综合性报纸以新闻评论为主打，而杂志则是专业化细分，更深入、更细致、更精美。

报纸无四封，而杂志有四封，杂志更接近于图书的形式。杂志对形式更讲究，印刷更精美，对于用纸、色彩也就更专业。办报纸的人可能干到退休也不知道何谓纸样，也不知色谱是什么东西。

报纸专刊副刊与杂志很相似。

图书编辑与报纸编辑、杂志编辑有相似之处，不过生产周期更长、产品更为个性化。

第二节　宏观策划与设计

报刊的产品策划与设计按照宏观与微观可分为媒介策划与设计、稿件策划与设计两个层次。报刊的整体设计与具体稿件设计是两回事，整体设计相当于车间或生产线的更级换代，而具体稿件的设计则是单个产品的加工生产。

创刊，相当于新产品开发研制；改版，相当于报刊改进升级版；扩版，报刊扩充版面。创刊、改版、扩版是报刊总体策划与设计的用武之地。

版面设置与栏目设置：栏目与版面的设置安排，决定了报刊的内容结构，相当于是配方。

新闻类杂志周报常规栏目：新闻类报刊，一定要注意新闻与评论的比例结构，就好比是吃饭，主食与副食、甜点、水果以及饮料，主食必须有，否则吃不饱。周报周刊的通病是静态的稿件太多，动态的太少，软的太多，硬的太少，而新闻类报刊的主体应当是新闻，相当于主食。包子饺子可以吃饱吃舒服了，如果只是丸子就无法当饭吃。

静态的稿件全靠选题，概括起来，大都是现象、问题、规律、趋势，静态的选题是相对好做的，因为没有时效性，什么时候发表都可以。而动态的选题则要反应敏捷、行动迅速，有预见，有经验。

报纸像是中餐，要有一定的富余量，让读者有选择余地，因为中餐是大伙一起吃，喜欢的可以多吃几口，不喜欢的可以少吃甚至不吃，而且还有的可能就是"看菜"并不真吃，色香味形都要照顾到，让人吃得香、有胃口，显得有档次。报纸要有相对过剩的内容。

杂志则像是西餐，基本上是消费者点的一人份的饭菜，点完之后都要吃完，一般情况下不浪费。当然，综合性杂志有的也向报纸看齐，特别是消费性的依赖广告的杂志，往往会篇幅超过读者阅读能力。

杂志一般都只出售一种固定的东西，如围棋杂志、摄影杂志、文摘类的杂志，虽然看上去包罗万象，其实也都是指向一种特定的兴趣。

杂志的特点是菜单化，严格固定内容结构，比如一期发表一首歌，就永远是一首歌，与烹调一样，固定比例、固定调料、固定火候。这样才受欢迎。

副刊是有别于新闻与评论版面的版面，副刊得名于《晨报副刊》，以文学作品与知识性、学术性稿件为主，也发表杂文等非时事评论性质而带有更多的思想性、哲理性以及艺术性的文章。

在报纸扩版成为厚报后，副刊的范围也在扩大，专刊、副刊、增刊、特刊，尤其是西方报纸的周末版，基本上全是副刊性质的版面。副刊与杂志非常接近。

第三节　微观编辑策划与产品设计

微观的编辑策划与产品设计，是在稿件选题、栏目层次上进行的。

选题策划与设计：

稿前编辑，也即发现线索、形成题目、寻找作者、确定形式、篇幅与完成时间。

稿后编辑，也就是稿件交付到编辑部之后的处理，在策划与设计意义上，主要指的不是技术性编辑，而是组合、包装。

稿件选题的设计以及版面组织，要考虑以下几个因素：

整与碎

太整的要有意识地打碎一些，太碎的则最好整合一下，这有似于国画艺术。报刊总是有大的稿子和小的稿子，但是并非碎的稿子就是不重要的。

长与短

长与短都是相对的，不能片面地追求短。长篇文章在信息过剩时代反而有读者，因为一般信息的相对过剩与特定具体信息的绝对饥渴并存，人们对于自己感兴趣的信息永远不嫌多，尤其是关系重大的热点文章，越长越好，越长越过瘾。国际报纸早已证明在报纸成熟之后，必须有大块文章才压得住。稿件有时需要长短结合，有时需要将一篇长的报道分为若干小的部分，或者是分几次进行报道。

软与硬

大众报刊有软有硬。硬新闻是综合性日报的灵魂。

纯与杂

纯是指要有主打的内容，如果没有主打的内容，报刊就没有什么竞争力了。

但是也要有一点调味品，不能全是纯而又纯的东西。

要让读者感到阅读报刊是一种精神享受与文化享受，就必须精心设计周密策划，台上一分钟、台下十年功。

第四节 选题线索的来源

选题线索的来源一般包括：编辑提供线索，读者、作者提供线索，热线报料，记者提供线索，管理者提供线索等。

热线报料：社会新闻与突发新闻往往靠热线，面向社会公开报料联系方式，比如电话或移动电话、寻呼机、短信息，一般都是有人随时值守的，向读者征求信息。对报纸来说，通过热线的读者报料是社会新闻的主要来源。征文也是一种很好的形式。

记者提供线索：跑线记者分工负责，专业化采编，有自己的信息网络与渠道，各机构都提供资料与资讯。

管理者提供线索：成功的大报大刊，负责人都会花费大量时间用于工作性会议与社会交往活动，寻找重要的选题线索。不能完全由记者编辑发现选题，老总要主动出击开展工作。

第五节 选题策划的方法

选题是解决报刊要刊登什么内容的问题。选题策划是稿件层面的产品设计。确立一个产品的思路或创意也即题目、设想，寻找生产者或加工者，进行定制。

编辑最重要的专业技能就在于选题策划能力，不断有新点子与创意，能够发现或捕捉到新的线索与题目。

选题策划需要挖空心思，费尽心机，最考验编辑的反应能力、敏感度、悟性与想象力、创新能力。思路上可以采取：文献检索法（通过案头工作发现查找线索）；横向对比法（对新闻是否有相关的其他线索进行横向比较）；正题反做法（可以从反面角度进行相关的报道）；合并同类法（将散碎的材料、线索整合成大稿子）。此外还有征求意见法、头脑风暴法、由此及彼法、顺藤摸瓜法、拾遗补缺法、预言预测、回顾追溯等方法。

第六节　稿源管理

稿源的重要性对于报刊就相当于其他企业的原料供应。

报刊编辑是一种知识型的工作，工作方法与学习方法极其重要。不会学习的人，也就不会做编辑工作。因此，一个成功的编辑一定是学习型的人才。养成研究书报刊、揣摩分析的习惯。报刊是信息产品，好编辑最重要的专业能力是能发现、查找到信息来源。

编辑的资本就是对稿源的占有与运用，能组到约到最好的作者、最好的稿件，就是编辑最大的成就。编辑的工作可以分为稿源与加工两部分，这有些像印刷的印前与印制，或者是烹饪的原料与炒菜。没有好原料，就不可能做出真正的美味佳肴，只是原料好，手艺不高也做不出好菜。

由于在编辑加工环节水平比较接近或趋同，因此，稿件的作者水平高低，往往就决定着报刊的质量。重要的在于能否将重要的作者的稿件拿到手。

编辑其实是一门公共关系学，是在和人打交道，需要真诚、热情和细心周到。编辑不能太有个性。张中行写文章批评《钱江晚报》的副刊编辑，不允许编辑任意的改动自己的稿子，作为一个八十多岁著名作者，应该尊重其意愿，不应任意改动。

报刊的稿源可以分为新闻类稿源与非新闻类稿源两大类。

转载与文摘：扩大信息量，博采众长，二手信息，作为一个稳定的稿源，而且是低成本、低风险的稿源。新闻文摘等二手资讯可以从广播、电视、网络等媒介摘录，但是对广播电视节目往往要做文字处理，因为广播电视节目的解说词可以直接转为报刊文章的只是少数。

电视台与电台都在摘播报纸的稿件，中央人民广播电台的"新闻与报纸摘要"节目，是历史最久、影响最大的文摘节目。

报刊的作者大致分为以下几种类型：

机构供稿者　即通讯社、内容供应商、大机构的新闻发布者或供稿者。

个人供稿者 又可分为：记者或本单位的作者、驻站记者、特派记者、特约记者、特约撰稿人。以及社外的作者，例如专家、作家、专业人士、独立撰稿人、写手以及通讯员。

通讯员在《大公报》时代就有。过去新闻工作重视依靠通讯员，各单位都设置了专职的新闻宣传工作人员，向大众传媒供稿是他们的职责，可以说是不在新闻单位编制的专业新闻工作者，他们的工资奖金都从本单位领，敬业、积极主动，比在编的正式编辑记者有过之无不及。

现在还有通讯员，但是主要在有党委宣传部的单位，此外，也有热心读者与业余新闻爱好者。摄影通讯员更普遍，因为摄影发烧友层出不穷，有热情，有设备，有动力，不计报酬，不计成本，只求发表。

专刊与版面外包 新中国成立前是请专家权威，比如天津《大公报》请清华大学教授吴宓编《文学周刊》，从选题到版式全包。编辑稿件设计版式认真，一丝不苟。余绍宋在北京、天津各报兼职，后来在杭州为《东南日报》编辑《金石书画》，成为美术史的经典资料。

第七节　稿源的开发与维护

报刊都是长期出版的，因此必须有足够的稿源并且保持稳定。稿源的开发与维护解决的问题是需要什么样的稿件？找谁生产或加工？

报刊编辑要有作者队伍通联表。针对作者的公关与交往是编辑工作的内容之一。

在图书、报纸、杂志里以及会议上发现作者，参加同行活动，向内行请教，让前辈推荐。专业性报刊，可以从图书馆、书店找到作者信息，因为专著、以前的报刊上，什么人写过什么稿件，有哪方面的研究与特长，一目了然。

稿源的维护有市场化的因素。报刊为稿件支付的报酬，一般分为内部稿费与外部稿费，内部人员稿费标准低于外部人员稿费。

第八节 约稿的策略与技巧

约稿工作是编辑向作者提出约稿的意向，明确题材、题目、体裁、篇幅、交稿日期。在收到稿件后尽量告知对方，无论是刊发与否都要让作者知道，如果发表了，尽快把样报样刊寄送作者，同时寄发稿费，如果不能发表，是否退稿，也要认真落实。

作者是编辑的资源也是资本，因此编辑要爱惜、维护自己的作者队伍，编辑与作者是相互促进的合作关系，拥有一个固定的作者需要不懈的努力，而失去一个作者则只需要一次不慎或粗心大意。

名家很难点题约稿，约名家稿应着眼于有哪些现成稿件。或在原有研究成果的基础上顺延，比较容易可行。要摆正关系，不要过于崇拜名家。不要挑剔对方的缺点，而要看到作者的长处。尽量突出强调本报刊的优势与影响，让作者理解约稿是一个机会，而且有利于宣传其观点、成果、形象。注意把握约稿时机与频度，珍惜合作关系与友谊。

一个编辑最好要有几个铁杆作者。培养感情，成为专业上的同行，生活中的朋友。

第九节 退稿毙稿的处理

退稿就是毙稿。过去报刊对来稿只要刊登就不再退还稿件，不予刊登则退还稿件，所以退稿也就等于是毙稿。实际工作中，以纸介质手写稿或洗印照片、专业录像带、录音带或电子产品实物等信息存储形式投稿，除非另有约定，需要退还原作。

如何说"不"是一种艺术，编辑对报刊负责，必须要严格把关行使否决权，但是对于重要的作者，一旦毙掉其稿件，可能就会从此断掉一个稿源。孙伏园从《晨报副刊》辞职，就是因为他编辑的副刊约稿鲁迅《阿Q正传》，被临时替班的同行断送掉了，是可忍，孰不可忍。

对非常重要的或著名的作者，编辑对约到的其某一篇稿件不满意，最好还是姑且发了，不能过于挑剔。权衡轻重，名家的稿件再差，也还有一个品牌号召力。

第十节　资料收集与剪报

从事报刊编辑要注意相关资料的收集。资料的形式多种多样，需要与时俱进。剪报也是资料的一种。

编辑部剪报

作为报纸或杂志编辑部的资料室，或者是编辑部的一个部门，由专人负责收集剪贴整理资料，内容可以分门别类，有本报本刊剪报，如专栏稿件集纳，如评论部的社论。也可以是某一报刊的剪报，尤其是竞争者或效仿对象。还可以是专题剪报，作为选题参考信息或历史资料。

编辑剪报

一是编辑自己负责的稿件剪报集中，或者是个人的稿件汇总。二是编辑感兴趣的稿件剪报，以备查考。报刊的权威与影响力，在可读性、可信性之外，还有一个比较重要的指标，那就是可剪性。

思考与练习

1. 把你想写的文章或感兴趣的题目与线索拉一个不少于三项的稿单。

2. 整理一个目前你能力所及的作者通联表，并列明可以约到何种稿件。

3. 你认为编辑与作者该是怎样一种关系？如何交往？

4. 根据已发表的系列报道与组合报道，找一个可能的新角度重新设计选题。

5. 根据三报三刊中的任一种试作一个改版方案。

6. 你认为当前有哪些极富市场价值而又是空白的报刊品种或者是专刊？

7. 试设计一份报纸或杂志的内容结构与栏目安排。

8. 你认为编辑在自己负责的版面上撰稿发表有何利弊？应当本着怎样的原则？

9. 根据课程内容建立一本报刊编辑专业参考剪报册，把从报刊与网上找到的相关资料集中到一起。

第四章　文稿加工与编排

好编辑能够用最简单的方法，让稿件更完善。删节的艺术比补充的艺术重要得多。编辑工作的常规重点是调整稿件结构、进行文字润色。

报纸新闻稿特别是标题，与诗歌相似，最好是一个多余的字也没有。在文体风格上，如果没有优美的风格，那就不如没有风格。报刊的新闻稿件，其实读者只需要里面有信息干货，并不期望得到美的享受与阅读愉悦。

第一节　编辑符号

虽然在电脑屏幕上可以完成报刊的全部编辑工作，但是纸面作业仍然是必要的，事实上，在纸上的作业对于编辑业务训练来说最规范，效果也最好，因为直观、可以充分记录修改与失误的情况。在编辑工序中，比如审改大样，仍然是要在纸上进行作业的。

来稿也还有相当比例的手写或打印稿而不是电子文本，因此，编辑符号还是极其必要而重要的工具。

符号的意义在于交流，其实也无所谓什么标准与对错，在一些编辑部，编辑与校对、录入以及版式设计员对编辑符号有了自己的习惯，在操作时不会发生误会与差错，也完全可以用与规范标准不同的符号体系。

英文的编辑符号与中文的编辑符号就大相径庭。由于现在报刊中使用英文的情况越来越多，因比有必要学会基本的英文编辑符号使用方法。

编辑符号图（略）

第二节　报刊文体类型与特点

作为编辑必须对文体与体裁有全面的了解与认识，熟悉稿件的结构特点，在约稿或出题时就可以有的放矢，而且在加工稿件时也就更为从容，胸有成竹。报刊所发稿件，几乎囊括了所有当代流行文体，介绍研究古代文体最全面的专著有诸斌杰的《中国古代文体概论》，介绍新闻文体的专著也有不止一本，如李良荣的《中国报刊文体的沿革》。必须有丰富的体裁知识与文体意识，好厨师看见原料就知道该做成什么样的饭菜，如果菜谱知识不够，那就完了。

报刊常用体裁

报刊常用体裁包括但不限于以下形式：社论、编辑部文章、评论员文章、评论、述评、随笔、杂文、消息、简讯、电讯、记者来信、专电、特稿、通讯、特写、报告文学、专访等。

这里重点介绍几种报刊体裁的特点：

新闻分析　带有评论性的新闻，是深度报道的一种形式，在西方报纸，评论与新闻泾渭分明，新闻分析是新闻部门记者所使用的体裁。

访　谈　由采访者提问并记录所谈内容。访谈更重视受访者的身份与地位。

答记者问　与访谈相比，答记者问往往是问题更集中，或主题更单一明确，往往是就某一事件、某一新闻而专门回答记者提问。记者招待会与新闻发布会是"答记者问"的主要形式，但是也可以单独接受某一记者的采访答问。答记者问包括书面答问与口头答问两种形式，口头答问可以是面谈也可以是电话访问。

讲演辞　讲演辞本身就是一种文体，但是无论是有无成稿，其目的都不在于刊登，而是口头讲演。讲演有学术性的，有社会性的，有政治性的，还有介绍或推荐性的。重要人士的讲演辞，往往极富思想性，比如鲁迅、闻一多等文学家与社会活动家，就曾发表过经典讲演，其讲演辞也已载入史册。即使是有提前准备的讲稿，真正有水平的讲演人也不会照本宣科，总是会临时发挥，因此，很少有讲演人自己把稿件整理成文提供给报刊的，大多是听讲者记录整理。对报刊来说，重要的会议或活动中的讲演，是一个很好的稿件来源。

20世纪二三十年代学术性讲演稿就是报纸的常见体裁，近两年《文汇报》又开辟版面，发表社会科学领域的学术权威的讲演稿。

花　絮　新闻事件的细节与插曲，有趣或好玩，但是分量不重，篇幅也不大，比较零碎细微，不具备单独报道价值，一般都是成组刊发，对于重大新闻报道来说，可起到点缀作用。

  补　白　趣闻、掌故或常识，甚至是小观点、小资料，短小精悍，用于版面出现不大的空缺时填充。由于报刊的编排已电子化，因此，补白在报纸上已不大见到。杂志中还有。比如《读书》杂志就用很多补白，包括丁聪的漫画都作为补白来穿插使用。补白是学问，也是艺术，郑逸梅曾被称为补白大王，也自称是旧闻记者，擅长写掌故与趣闻，《世说新语》笔记体短文。知识性杂志中补白比较常用，《中华活页文选》就有很多补白，非常经典。

  连　载　连载是一种版面安排形式，不是体裁，访谈、通讯、特写以及回忆录、自传等都是连载的常见体裁。新闻传播应当有意识地借鉴心理学的研究成果，比如格式塔心理学，人们有着天生的完型心理倾向，在知道或了解了部分内容后，对于缺失的或未知的部分，往往会有极强的补全欲望。麻将牌玩法其实就是完型心理的典型体现。文艺中的章回小说与评书，也是采取这种心理策略，把情节设计得总是有悬念，且听下回分解。金庸的小说就是在《明报》连载，在吸引读者连续阅读方面，连载大有可为。

  连载非虚构的稿件，只要内容好，也能吸引读者，培养读报习惯。

  专栏文章

  西方报纸专栏作家是比较高级的撰稿人、评论家，因此专栏文章地位极高。以往的报刊版面上发表专栏文章，一般都以线框起来，有一个栏，如今版面常常只是划定一个区域而已。

  专栏按形式分有：系列稿件、连载稿件、专题稿件、个人专栏；

  按内容性质分有：题目专栏，如奥运吉尼斯；体裁专栏：杂文专栏、评论专栏；个人专栏：署名系列文章。

第三节　编改加工

报刊编辑的编改加工主要包括以下几种形式：

  补　充　对稿件缺失的信息作加法，比如配各种图表文字、索引目录等。

  组　合　把其他同类或不同的文稿组织到一起，或者形成规模，或者互相衬托，或者形成对比。

拆　分　作减法，从原始材料里只择取一部分内容刊登，或者分次发表。选择其中一部分，而放弃其余的内容。

核　对　对记者或作者的稿件其真实性与可靠性，一般都要有一个评估与核对的过程，在实际操作中，编辑采取的大都是"疑罪从无"原则，也就是除非已经有事实证明该作者不可靠，否则应当信任其诚实，所以，核对的主要是无意识的过失与疏忽。对于有意识地造假或杜撰，编辑一经发现认定，会从此不再编发此人的稿子。

修正错误　改正稿件中存在的失误与差错，纠错不仅仅是检查校对的工作，也是编辑的职责。

调　整　有时稿件并没有差错，但是仍然需要改动，删除不必要的内容，突出重点。或者就是围绕着主题或编辑意思，进行技术性调整。也包括字词句次序的改变。

改　写　由另一个人动手进行全面的改稿。或者是不同体裁的转换，比如根据通讯写消息。西方报纸杂志有改写员，一般是由高级作者担任，是文体专家，以保证发表出的稿件有较高的风格水平。

重　写　由原作者重新改写，更新版。重头稿件与杂志文章改写重写的多，一般稿件，特别是报纸与通讯社所发表的，更多的是标准件，也就是文章写作水平达到一定程度之上，不会出现大的质量问题，因此，也不必进行大的修改与改写、重写。

翻　新　翻新稿件相当于炒回锅肉，可以是旧稿新刊、资料回放、档案再发现，要加调料重炒。

配　稿　根据版面需要，围绕着已有稿件，组织其他稿件配合。

配　图　根据文章的需要安排图片、插图予以配合。

配　文　根据图片的需要安排文字，例如配说明、评论、资料。配文中比较常见的是编者按与编后。编者按一般置于文前，用来介绍背景，表明编辑的意图。编后在稿件后面，对稿件做一些补充说明与解释。

编辑编改加工的分寸与度

不要过度编辑，也就是按照编辑的个人喜好，把各种稿件都改写成一个风格，削足适履，还是多元化风格更丰富，也更生动。

第四节　内容版块设计与文体意识

专刊专版专栏设计原则：要有明确的读者定位，即看人下菜碟，得充分尊重读者的需要、读者的口味与爱好；同时要考虑作者稿源的资源条件，避免"巧妇难为无米之炊"。

第五节　检查与校对

检查校对，包括审阅，都是对文字差错的把关环节。检查校对工作主要是防堵差错的，在印刷发行后如果检校发现差错，只能通过更正来弥补。但是在现在的报刊运作中，一旦付印，就不会再有专职人员继续检校，所以，见报见刊后的差错只能靠编采人员不是当成工作任务的阅读发现，或者是读者反映发现。检校质量最高的出版物是辞书特别是语言工具书。

对杂志来说，检校工作还有一项是正文标题署名与目录、封面的标题署名是否一致。

引用差错

对于引经据典，应当尽可能核对原文。因为古诗文有时仅凭文字看不出是否有差错。

电脑录入编辑常见笔误

五笔字型有一些字多击或少击一次键，或者是选择数字时误击，容易出错。

输入法有联想功能，录入时未注意导致差错，比如《有关易培基金盗宝案的一些情况》，应当没有"金"字。

在编辑修改时使用"复制—粘贴"功能移动段落文字，但是未删掉原先的段落，于是出现重复。

繁简字体转换与异体字，由繁转简，容易出错，由简转繁，更容易出错。

姓名字、号、郡望、斋号、谥号、庙号 副刊与文史学术稿件容易出现一些人名，会有十多种姓名、字、号都是指的同一个人，如果不搞清楚，就会出笑话。

外文的差错

如今报刊中的外文出现得很频繁，尤其是科技与网络信息新词层出不穷，大都是外文字母，外来语在报刊中很容易出错，毕竟懂外文的作者、记者与编辑都不多，因此，编辑在报刊的文稿中因为外文而露怯的很多。至少字母与拼法稍有一点知识，也就能解决不少问题。

涉及外国情况的，稿件中有原文有译文的，一定要注意统一口径，协调，不要生造、新译。中国对译名规范非常重视，有系列的地名、人名、机构译名对照手册，囊括英语、俄语、德语、法语、日语等多种文字。在编改有外文或涉及外国的人名地名的稿件时，除非特别有把握，否则应该查对这些权威的工具书。不要自己上手音译，而且最好是附原文对照。专业上的外行译文，最易把业内人人皆知的人物变成陌生人。

英文的标点符号与中文并不完全一致，比如书名号，书名在英文中只是斜体字来表示。英文句号是实心的。

中文的标点符号不能直接在其他文字上套用，例如西班牙文的前后问号。

更　　正

报刊不可能不出现差错。作为历史资料，尤其是肩负着档案文献职责的高质量报刊，或者是严肃的学术刊物，必须有错必纠，不可将错就错，更正是为了避免谬种流传，也是报刊工作者应有的职业道德。《纽约时报》的更正在国内报刊界最有影响，近来新办报纸已经在引进这种做法。

第六节　稿件编发后需要做的事情

有些原稿是作者要求退还的，手写的或美术性质的作品未经复制，交给报刊发表，并不等于把原稿送给了报刊。照片尤其是反转片，一般也都会要求退还作者。为了避免遗失，这种退稿最好是挂号寄还或者是快递，当然，对重要的作者，有条件的话由编辑面还最好。

样报与样刊照例都应提供给作者至少一份。具体的标准各家报刊不一样，通行的做法是两份。遇到作者提出额外要求，想多要若干份，只要不太过分，编辑要予以满足。

稿费是报刊的必不可少的开支之一，事实上应当是主要开支，因为报刊作为商品的核心内容是稿件，稿件的创造者与供应商，理应得到合理的报酬。但是在国内的现实中，稿酬只占报刊开支的很小比例，远远不如印刷等费用。

报纸杂志与作者往往是采取事后按照报刊规定的标准统一付酬，而图书的作者却是按事先拟定的合同取酬，虽然从操作上图书生产周期长，但是造成这一区别的主要原因，还是报刊无意于把稿源市场规范化。但是在西方国家，特别是在约到极重量级的独家稿件时，一般都会签定规范的合同。

思考与练习

1. 据提供的资料改写一篇消息，并配发编者按或编后。
2. 根据三报三刊，将其中同一题材的稿件编成不少于三篇的一组专题。
3. 认真审校一份报刊，用红笔批出调整、修改、删除意见。
4. 内部稿费与外部稿费是同一标准好，还是内外有别好？谈谈理由。
5. 在编辑其他报刊已刊登的新闻题材时，应该怎样处理？
6. 西方报纸把评论与新闻严格分开，由不同的部门负责，各行其是，互不干预，有无道理？
7. 从报刊中找出三个反映编辑水平的实例，同时找出三个明显编辑失误的实例。
8. 你怎样看待报刊版面上出现的差错？如果你是编辑，又如何防止、补救？

第五章　标题制作

标题的制作最能反映编辑的专业水平。

中国古代最早的报纸没有标题，稿件之前标的是所谓的类题，也就是"上谕"等。过去章回小说的标题有时是放在文后的，但是现代报刊标题没有这种现象。

中文标题很有优势。汉字的多意、多音，典故与成语数量极多，表现力极强。

常规新闻一般就拟个常规标题，简单明了直白即可，概括稿件的要点或特点。特别的稿子，尤其是重要的稿子，要认真推敲标题。这已经是创作性质的标题制作。常规层次的标题制作，只要经过一段时间的锻炼，基本上都能手到擒来，否则就不是称职的编辑。高层次的标题制作，则是相当费脑筋的，有时群策群力也写不出真正满意的标题。报刊工作与诗歌艺术不同，报刊是必须按时按点出版的，因此，不可能尽善尽美，要有理想标准，同时又有现实标准，也就是实在不行，只能退而求其次，保证能用才行。

对报纸与杂志编辑来说，必须认识到不可能每个标题都尽善尽美，特别是报纸的编辑有时间限制，只能是急就章，所以，要把握一个原则，能妙手偶得固然好，否则至少要能说得过去。得意之作、神来之笔只能是一种可遇不可求的目标，不能太偏执，因为新闻标题不是作诗，唐贾岛可以"两句三年得，一吟双泪流"，唐卢廷让"吟安一个字，拈断数茎须"。报刊编辑可拖不起。

要熟谙标题路数，懂得普通的标题或通行的标题是什么样的，这样就不至于卡壳。读者有一个说法是"读报读题"，编辑有一个说法是"题好，文一半"，事实上，经常有的稿件本身很一般甚至不让人满意，但是编辑拟的标题很好，因此吸引了大量的读者，也弥补了稿件本身的质量缺陷。

张季鸾在天津办《大公报》，每天主要两件事：一是写社评，一是写头条大标题。可见标题的重要性。

对新闻报刊工作来说，编辑的精力有将近一半都要用在标题推敲上。

第一节 标题的性质类型

标题可分为新闻性标题、评论性标题、学术性标题、文艺性标题与知识性标题以及公文法规报告标题、广告宣传标题七种。

1. 新闻性标题

报刊上的新闻稿件，包括消息、通讯、特写、图片、特稿等体裁，其标题都是新闻性标题，其中又可分为消息标题与非消息体裁标题两大类。相对而言，消息标题最为写实，要求包含新闻要素，而非消息体裁的标题相对可以写意，有时与文艺性标题相似。

2. 评论性标题

往往是警句或口号，写意而不写实。

3. 学术性标题

在报刊上发表的学术性、理论性稿件，包括研究成果、分析、鉴赏等稿件，主要在非新闻版面上发表。此类标题常用词包括：论、谈、试论、试谈、简析、初论、浅探、刍议、小议、商榷，等等。

4. 文艺性标题

最为写意的标题，而且有时不避重复，比如《初恋》就有不少作家写过，俄罗斯文艺作品的标题往往有长句《谁在俄罗斯幸福而自由》《钢铁是怎样炼成的》《这里的黎明静悄悄》。

5. 知识性标题

专刊副刊稿件，比如科普文章、常识介绍等。

6. 公文法规报告标题

报刊上刊登各种政府、政党的公告、文件、章程、法规、规定、讲话、报告、文件，一般都照发原题。

7. 广告宣传标题

报刊上的广告往往也使用标题，虽然编辑部不负责拟写广告标题，但是广告标题也是报刊版面上的一个组成部分。另外一个类型的标题就是宣传性的标题，往往是阶段性的，有时会作为一个栏题重复出现。

第二节　标题的形式类型

标题的形式类型有：总题、栏题（讨论、连载）、主题（大标题）、引题（眉题、肩题）、副题、插题（小标题、文中题）、提要题。

举例如下：

厂长经理不再是"官"——副题
武汉将取消企业行政级别——主题
《厂长经理日报》1998 年 11 月 11 日

是猫捉老鼠还是老鼠戏猫？——副题
克林顿刚下令空袭　萨达姆就宣布合作——主题
《大河报》1998 年 11 月 16 日

这两例标题副题都是对主题的解释。

第三节　标题的语言特点与措辞形式

标题编辑要有相当的文字修养与造诣。要研究标题语言特色，注意积累古诗古文名句，尽可能地口语化，得体地借用流行词语、方言词语。

有几种标题写作的模式，要熟悉这些基本套路：

1. 概括提炼
2. 感叹疑问
3. 文章内最精彩的一句

把稿件中最精彩的一句话移作标题，有时效果比另写一个标题要好，是事半功倍之举。不仅大标题可以这样做，小标题同样可以这样做。尤其是在长篇稿件的编排时，可以把各个段落的精彩语句提出来单排在旁边，在文体上，由于标题与正文两次出现同一句子，可以产生呼应的音乐性效果。该重复的时候要不厌其烦地重复，读者阅读起来舒服就行。

4. 直接引语

把稿件中的新闻人物或访谈对象所说的最关键、最有新闻性的一句话作为标题，是简单易行而又保险的，但是必须这句话确实能在标题的位置上站得住，有信息量、有冲击力，否则就不能作新闻标题。

精彩段落或直接引语可以作为一种装饰性插题，或者是版面的点醒，重复了正文中已有的内容，可是用标题的形式来处理，阅读效果会更好。

5. 套用成语或熟语、俗语、谚语、习语

皮诺切特躲得过初一　躲不过十五

"铁血"总统将要偿血债

《广州日报》1998年11月3日

"躲得过初一，躲不过十五"是熟语，放在这里很贴切，而铁血与血债都围绕一个"血"字，意思清楚而又形象。

美国舞剑　意在倒萨

《中国青年报》1998年11月17日

"项庄舞剑，意在沛公"是成语，套用在这里，言简意赅。

6. 谐音与双关

98影市最后一拼

"大兵"能否成"救兵"

《青年报》1998年11月6日

7. 引用诗文名句

中国古代政治史的外交对话都是引用《诗经》的。后来在科举时代，文人书生对"四书五经"倒背如流，即使是酒席上的谈笑打趣，都用《论语》或《孟子》的原文。

香港报纸当年曾经用过一个标题："更能经几番风雨，匆匆春又归去"，典雅而贴切。引用诗文名句不是掉书袋，不要卖弄学问。

8. 借鉴套用广告词或歌词、台词

有时效果很好，也有时容易显得轻浮、贫气。

9. 正话反说

　　北京的公共厕所
　　真不方便

《市场报》1998年11月3日

10. 颠倒词序

汉语的特点是词序一变，有时意义大变。词序的语法与修辞功能极强。

　　吃"皇粮"吃出"粮荒"

《华北信息日报》1998年11月2日

11. 置问、疑问

　　扮警察逃出监狱？没门
　　重刑犯混过两道门终被捉回

《生活日报》1998年10月3日

12. 对联手法

中国传统的对联有着强大的生命力，是百姓喜闻乐见的语言作品形式。精彩生动或别出心裁的对联，可以让人品味作者的机智与才学。报刊上的标题，常常借用对联的形式，当然，大都并不严格对仗，也不按照传统的声律。只要文字上对称，就显得精致、上口。

　　自主权　财产权　经营权　权该归谁？
　　企业怨　职工怨　农民怨　怨向谁诉？

《厂长经理日报》1998年11月1日

13. 拟人暗喻

　　"面的"临近终点
　　"轻伤"不下"火线"

《北京晚报》1998年11月17日

第四节　标题的作用

标题是稿件的广告，吸引读者阅读，把稿件的内容的一部分突出出来，或者强调稿件的特殊性。标题是稿件的简介与概括，往往是口头传播某个信息时的头一句话。在读者时间比较紧张的时候，标题可以提供新闻的最简要的信息。标题是稿件的评论，可以表达编辑的倾向与态度。标题是稿件的标签与代码，便于编辑安排与读者查找。标题是版面语言，是版面构成中最为重要的因素之一，起到装饰美化版面、引导读者、区分不同内容的功能。

标题可以把长篇稿件化解为可读性更强的段落，不仅是休止符或间隔符，而是化大为小、化整为零，便于读者选择。

炼字炼句，借鉴诗词艺术手法。最好的标题是可以当成口号的标题，生动响亮，简洁明确。

第五节 标题制作的原则

标题制作要与正文密切结合。好的广告不是为了展示文案或设计才华，而是为了促销。好的标题是为了吸引读者阅读正文。

不要过度追求尽善尽美，完美的理想标题是可遇不可求的，因此，必须要有适用的意识，也就是达到一定质量标准，让读者能够接受即可。

标题要与正文内容相一致。标题一般是来自正文的，除非特别有依据或把握，否则不要在标题中写正文中没有交代的内容。

例如：

> 毕加索毕竟来了
> 毕加索原作首次来华
>
> （《北京青年报》2001 年 12 月 13 日）

此标题就有毛病，因为正文中没有讲到毕加索原作此前没有来过中国，只讲了报道中的这批版画是首次大规模来华展览。事实上，毕加索的作品很早以前就来中国展出过，而且中国美术馆还收藏了德国一位收藏家捐赠的毕加索多幅名作常年展览陈列。

一般读者可能没有这方面的专业背景知识，就会被标题所误导。

思考与练习

1. 从三报三刊中选择你认为最好的各三个标题，另外找出你认为最差的标题并予以重写。

2. 对于编辑拟标题来说，你认为哪些参考书最重要？

3. 列出你记忆最深刻的三个文章标题，并解释为什么能记得如此牢？

4. 比较杂志与报纸的新闻类稿件标题的异同。

5. 标题新闻与新闻标题有何异同？试将当天报纸上的头条新闻编成标题新闻。

6. 和英文报刊的新闻标题相比，中文报刊的标题有哪些特点与优势？

7. 你怎样看在报刊的标题中使用流行的广告词？

8. 试比较户外的标语（如墙上的标语与电视画面上游行示威的标语）与报刊的标题同异。

第六章　版面设计

报刊版式源自图书的版式，严格地说，现代报刊的版式源自西式图书的版式，因为中国在 20 世纪之前的图书与报刊都是直排线装的，清末民初才有了现在这种版面形式的报刊。

图书报刊的版式规格，主要取决于习惯，并没有什么对与错。中国的图书是由简、牍发展而来的。

可以说，书画艺术的形制也是一种出版形式，而且对图书报刊有着极大的影响。手卷、长卷就是古制，从右向左展开。其实，图书或报纸、杂志用这种形式编排，也未尝不可。书画册页更接近现代的书刊，可以是散页的，还有上下开的推篷装。现在的杂志，如西方的也有这种形式的，中国近来也有创新的前卫刊物采用类似设计。

好的版式设计者应该是学习过美术和艺术的，否则很难有好的感觉。

有必要学一些书画作品，不仅仅是积累审美经验，最重要的是在色彩上构图上积累经验。书画和报刊版式之间的相似性、相互借鉴的关系，是很有意思的话题。《南方周末》的大篇幅留白就是受书画的启发。

报纸的版面主要有以下类型：新闻版、评论与理论版、专刊副刊版。

通栏一般指正文或标题、图片横跨一个页码，不再分栏。在报纸上，通栏在过去是比较重要的稿件才会使用的处理方式，现在因为版式风格变化，成为经常使用的版面设计方法。

杂志根据其专业性质与各类，版式类型差异很大。学术性杂志，更接近于论文集与汇编。行业性杂志、新闻杂志、生活性杂志、文化艺术杂志、文学、摄影、美术杂志、娱乐性杂志、体育杂志，各有其版式风格特点。

第一节　设计的分工

报刊的版面设计人员分两种类型：一是编辑兼版式，因为编辑对内容更了解，处理版式时更有分寸，但是设计语言与形式美往往不够专业；一是美编或设计师专门排版，长处在于设计语言专业、形式技巧更多，缺点是对内容往往不重视或忽视。

丁聪是国内年纪最大的版式编辑，至今为《读书》杂志设计版面。

第二节　版面编排的功能

报刊编辑可以通过版面语言传达给读者一些信息，不借助文字。

秩　序

报刊版面上稿件的轻重，依序是从前到后、从上到下、从左到右。

也就是前边的稿件比后面的重要，上面的比下面的重要，左面的比右面的重要。不过，这只是一般情况，具体到报刊版面上，有时稿件的篇幅，以及标题，都可以成为"加分"的砝码，也就是排在后面的因为篇幅更大、标题更大而获得更突出着重的效果。

区　隔

区隔是为了让稿件信息各不相扰，使读者可以选择阅读。标题本身除了是稿件的广告与浓缩外，在版面上也有着区隔功能。

1. 图片或图表区隔。
2. 以线区隔，其中又包括，不同稿件之间用线为界、同一篇章内各栏之间区隔，以及以线标明某些段落与正文相区隔。
3. 以花边线框区隔，尤其是言论多加框，也就是所谓"花边文学"。
4. 以灰底或黑底区隔。

组　合

把不同稿件组合在一起，使之产生更佳效果。

装饰美化

给读者以视觉审美感受

方便读者浏览阅读

"读报读题",日常读报都是以浏览标题为主,版面编排所呈现的图、文、题,比密集排列的标题,更便于读者浏览。浏览是阅读的一种形式,浏览基本是在版面层次。有些报纸用于浏览相当不错,读起来却空洞无物,也有的是浏览的时候感觉不好,但是内容相当不错。一份好报刊必须兼具两者。

报头与刊头

报头的时尚是居中。在港台直排报头是主流。

很多报刊都照着企业界模式请专业设计师搞 Logo,但是都是以拉丁字母为基础,完全是西方审美观与思维方式。中国的书法本身就是有极强艺术性与个性,不会重复的,舍近求远,妄自菲薄,数典忘祖。西方报刊都直接用报名刊名作 Logo。

从 20 世纪 80 年代开始,出现了用印刷体而非手写体作报头刊头的作法,《新闻出版报》是始作俑者。《精品购物指南》用一个手写体的字嵌在里面,效颦者甚众。

版 头

报纸是散页印刷品,很容易散开,在现实中也确实常常是抽出登有需要保存的稿件的一张存放的。因此,每张(四版)报纸,都应有明显的标识,包括报头、版序、日期等信息,杂志则是每页页码必不可少,有时还印上栏目。

第三节 版式风格的追求

报刊的版面设计有两种标准:一是从报刊编辑的角度来看,本位立场是内容,可以称之为编辑设计;二是从平面设计的角度来看,本位立场是形式,可以称之为艺术设计。大部分读者与报刊同行认为设计得挺好的报刊,在平面设计师圈子里却评价不高。如果按照形式唯美的标准,也就是把版面设计当成艺术品,那么当然能保证其艺术质量更高,不过也有风险,因为艺术家不见得次次成功,一旦走火入魔,艺术家可以只顾自己的感觉与兴趣,而大众传播媒介却不能不照顾大众的口味。

编辑设计容易平庸无奇，不过，行之有效。而艺术设计则创新意识强。

最理想的安排，应当让以编辑设计为主，借助艺术设计，在创刊、改版时提高版式视觉的美感。前卫报刊与另类报刊往往会选择个性化的设计风格，而主流媒介却基本都是保持大方、严肃、高雅的面貌。

在广告设计界一直有一个争论，那就是什么才是真正的好广告：是设计新颖独特、有想象力、有创新，还是效果直接有利于促销？广告人从本位出发，容易偏向于前者，把广告作为艺术来追求对待，而商人或广告客户肯定要的是后者。广告不是艺术家个人的作品，而是为商家寻找更多消费者目标的宣传品。同样道理，报刊的版面也不是平面设计师的纯粹个性创作天地，而应当是为了便于读者阅读、让读者阅读舒适、更有美感的展示方式。读者审美习俗，尤其是对色彩各民族有不同的偏好。

学习版式风格设计，需要知道有多少种类型，再结合自己的需要选择采用什么风格。在一个时期内，同一报刊或同一版面、同一专刊，应当在版面风格上保持一定的连贯性与统一性，因为作为连续出版物，读者的阅读预期是至少在一年内没有太大的变化。当然不是说一成不变，总是老面孔，必要的与时俱进改版，会让读者感到面貌一新，但是改版不可频繁，尤其不可在短时间内连续改版，那只反映编辑没有自信。版面就相当于一个空房子的装修与家具摆放，同时也相当于穿衣打扮，丰富是美、单一也是美。设计手段有组合、区隔、穿插、强调、淡化、暗示等多种。

一些敏感的题目应有意识地用不相干的稿件予以疏离，比如庆祝与死难。而一些稿件由于编辑的态度或立场，在刊发时故意以较低的版位、较小的标题与篇幅，特别是政治新闻方面，这种做法很普遍。用版面语言评价稿件，有时可以是用配发的其他稿件烘托气氛，表达意图。

版面的稿件布局，要考虑其重要性、关联性，同期稿件内部有无关联，如果有联系的话就可以采用合并同类项，或者是间隔开的方法。版面稿件除了图片等个别体裁的内容外，一般都要有标题。

新闻性版面的类型和特点：专题性版面，突出集中；综合性版面，全面丰富；橱窗提要版面，展示推介。

副刊专版版面的类型和特点：单一主题版面，如围绕一个话题或一个人物；单一体裁版面，如散文版、专栏版、言论版；集纳版，多种体裁，相对丰富多样。

杂志的目录页类型和特点：密集排列，也就是图书式目录排列，集中编排，一目了然，便于查索稿件；宽松排列，主要是因为目录页往往被阅读得更多，所以广告效果好，拉长目录页也就是增加了广告版位，因此《中国国家地理》每页目录只列两篇稿件的标题，对页是广告。这种目录页适合闲翻，不利于读者快速了解稿件信息。

杂志的封面设计相当于报纸的头版设计。一般会推介本期重点稿件标题，所使用的图片是当期刊物中最突出的一幅。

第四节 版式编排的顺序

稿件排印顺序是从上到下，从左到右，从前面的版面到后面的版面，不能逆反安排，在同一版内除了标题与图片外一般也不可被其他稿件隔断。直文竖排则是从右向左。稿件在一个版面未结束，可以采取两种安排：下期待续，或者是转到后面的版面。未结束的稿件在稿尾应标明待续或转到何版。接转的稿件在稿件开头也应标明上接自何时何版。

头版是报纸的第一版，头条是版面上最重要的位置，在报纸上是在报头下面，在杂志则是排在最前面的稿件。头条必须是全版稿件中新闻价值或发表价值最大的，尤其是头版头条，向来被认为代表着该期最被重视的稿件。

过去稿件必须标上字数，以便版面设计时安排位置，最好是准确到十位，因为过去铅字排版，多了少了，在处理时很麻烦。现在电脑排版，字数已经不重要，版面设计的调整也变得很简单。

第五节 版面要素

版面的要素包括图、文、题、白、色。所使用的材料有字体、字号、线、网、底、框。

在版面上，上述五要素都有其常态与变格，在相互关系上有其极大值与极小值。比如图片可以大到占全版，标题也可以是占全版。

排文方向

文字的排列形状虽然有无数种可能，如圆形、弧形、曲线形等，但是在报刊界通行的只有直线形一种形式，分为横排与直排。

横　排

文字水平方向横排，是西方文字的排列方式，从 1950 年代以后，中国的图书报刊的文字才逐渐改为横排。

横排也分两种情况，从左到右还是从右到左。阿拉伯文就是从右到左排，事实上，传统的中文在横排时也是这样排，古代的印刷品与字画碑刻都是如此。

如今中文报刊无论是标题还是正文，在编排上都是从左向右，与西文一致。

直　排

垂直方向直排。传统的汉字书写与印刷格式是直排，过去的报纸与杂志都是直排，20 世纪 90 年代开始，直排逐步被淘汰，只在古籍印刷等特殊情况使用。

只有标题偶尔还直排，但是横题已占压倒优势。即使是直排，行文顺序也不见得一定就是从右向左。

中国报刊与图书的版式有悠久的传统，在阅读与视觉欣赏方面自有特长，尤其是大字线装书，读起来是一种享受，在报刊版式上，纵横自如。

版式设计过去有一些技术禁忌，如不要碰题（两个标题排在一起），不要通缝（稿件排列造成纵向或横向出现贯穿版面的通缝）等，这是以前的要求，现在这些都已经不讲究了。做报刊编辑必须了解工作中的禁忌，形式上的禁忌要尽力避免。

版面的装饰手段还有图案、题花、尾花、小插图，比如剪纸、瓦当，最常用的是篆刻，补白装饰。

色彩是版面设计的一个重要方面。要懂得中国传统色彩，也要懂得世界流行色彩。在版面色彩上江南的素雅与北方的浓艳要各得其宜。

第六节　材料与工艺

从事报刊编辑工作不可不了解纸张。但新闻学的课堂上没有人提到纸张和报刊的关系。因为报刊是以纸张为媒介的，纸张的品质性能决定着报刊产品的效果。纸张知识对于杂志编辑来说更重要，而报纸基本上是单一品种的新闻纸。图书编辑对纸张的选择更为多样化。杂志的纸张与印刷要更为精美，报纸考虑更多的是内容而不是形式，读者所要求的效果是不一样的。

纸张知识

要了解一些纸张知识。纸并不本来就是白的，我在泾县曾想买未漂白的宣纸，没有找到，它是一种接近于黄灰色的颜色。印刷报刊的各种颜色的纸张或者是纸张生产时就染了色，或者是在印刷时着色。

报刊用纸的类别有：新闻纸、铜版纸、胶版纸、特种纸、牛油纸（硫酸纸）、哑粉纸、蒙肯纸等。

和报刊排版设计相关的印刷工艺有：烫、压、闷切（邮票整版相联）、专色、四色、八色、拉页、跨页等。

插页在杂志中分为装订插页，与散页插页。装订插页一般都排在页码里，大都是由于印刷用纸方便，把图片集中在插页上。而散页插页一般不计算在页码内，是附赠的，除了资料性、实用性与图版价值外，最普遍的是广告宣传品。在国内最常见的杂志插页是年历。

思考与练习

1. 留白在报刊版面上有什么作用？谈谈报刊的风格与图、文、题、白的比例关系。

2. 找出几例手写体标题，你认为与印刷体相比有何优点与不足？

3. 请谈谈报纸标题字号的大小极限及理由。

4. 如何用版面表现报刊的个性？你喜欢前卫、独特的报刊版式吗？请在报刊中找出版式创新的三个例证。

5. 选择一份日报，用笔将其全部版面还原成版式示意图。

第七章　图片、插图与图表

现在已经进入读图时代，图不只是图片，还包括插图与图表。炒股的人喜欢K型图。买房产的人喜欢看户型图。图片与图表在版面上的长处在于直观、形象、简洁、可比较分析。图片是直观的、感性化的，而图表则是抽象的、理性化的。

图片、插图与图表，在版面上一望而知其意思，不必解释。图片形象生动而有个性，容易被注意，容易留下印象。无论是图片还是图表，一般而言都比相应的文字稿件在传达信息时更为明快。

文字当然也可以比较分析，但是图片的比较更为一目了然，比如一个国家边境线的变迁，或一个人的童年、少年与青年体貌变化，图片可直接进行对比。在科技普及、经济高度繁荣的社会，投资理财保险以及各种费率，经常都要借用于图表工具。

很多报刊的广告图片都比正文图片高出很多档次。新闻图片层次不够高。中国很多最优秀的摄影师都在为广告行业服务，而非报刊行业。

英国最早的报纸就是插图新闻。1871年8月《申报》印出"黄浦江风景画"。《申报》经售的《瀛寰画报》是中国第一份画报，是在英国印刷的。《申报》附赠的《点石斋画报》是中国最早的旬刊时事画报，吴友如等绘制了四千多幅画作，记录了晚清社会历史图景。

连环漫画对报刊读者有很强的吸引力。当年《三毛流浪记》连载两百多天，连上层精英都先睹为快，如《大公报》总编王芸生都要与家里的孩子争谁先看张乐平每天的新作。

插图对美化版面、增强报刊个性风格很有效。《华尔街日报》的头版人物肖像、《纽约客》的插图与《读书》杂志的插图都具有标志作用。

以摄影照片为主的画报是画报的一大类型，如《解放军画报》《人民画报》《良友画报》《老照片》，美国《生活》杂志是比较早主打照片的杂志。

第一节　图片的编辑

图片编辑越来越重要，尤其是杂志与专副刊，编辑往往有一半的精力用在如何找到合意的图片。图片积累是编辑的工作内容之一。出片比例是个重要概念，可供选择的图片的多少决定了最后版面的好看程度。一期报纸的图片总数不应少于报纸的版面数。编辑照片的原则很重要的一条：读者一般对人尤其是小孩和女性比较感兴趣。

图片按照类型分为：新闻图片、艺术图片、人物图片、肖像照片、风光图片、生活图片等。

报刊的图片与文字各自所占比例不同，报纸面积至少一比四，杂志视类型不同而异，艺术类、视觉类大致一比一，甚至二比一。

一般说来，图片尺寸最小不能小到让人看不清楚画面内容，最大可以大到满版甚至联版出血。"出血"指图片在版面上至少有一边是被裁掉的，使画面更有张力。小图片一般以肖像特写为宜。

在编辑眼里的图片只是原料，是做衣服的布料，为了报刊的需要，可以任意剪裁加工，包括分割成几个图片，或者把合影切成头部肖像，或者是在发了全图之外，旁边另配局部放大图。

摄影发烧友极多，相机普及后，尤其是数码相机与手机普及后，可以通过网络传输，拍摄图片不需要经过洗印过程，直接可看效果，对报刊意味着是一个无穷大的图片稿源。

字画器物必须拍摄成图片方可在报刊发表，尤其是艺术鉴赏类报刊，对翻拍质量要求较高。大篇幅与中篇幅摄影图片对精美彩色印刷很重要。

作为编辑为配图而查找图片，要知道什么样的图片从何处可能找到，例如老北京的图片在清末民初讲中国或北京的外文旧书中颇多。

有一个关于图片文字说明的笑话，说的是一位外国某要人下乡，在农民的养猪场里拍了张留影，某人站在四五头猪中间，报纸编辑在发这张照片时，说明词先写了"图为某要人与猪合影"，显然不行，又改成"某要人在视察猪的饲养情况"，也不好，后来还是一个老编辑有水平，用的说明词是"左三是某要人"。

这当然是个笑话，却抓住了编辑工作的特点，图片编辑工作中撰写图片说明推敲文字很费脑筋，出彩不容易，但有时又妙手天成。

第二节 插图的类型

插图主要指绘画、书写、制作出来的图案，有时也指配和正文的照片图像。文艺报刊插图，可以一期报刊由一位画家绘制，例如画家王涛曾为《百花洲》杂志从头到尾绘制插图。

有些报刊很重视漫画，例如《羊城晚报》就有重视漫画的传统，《工人日报》也重视漫画。

新闻地图：用地图的形式来表示新闻发生的地点。《北京青年报》做得相对成功。

示意图：地理定位图，行动或者过程的定位图，如发生人质劫持事件的解救过程的示意图，这可能是从军队的作战图发展过来的。

《中国国家地理》是中国所有报刊中制图最好的，它是中科院的地理研究所所办，由地理方面的专家制作。

插图还包括以下几种形式：速写、素描、白描、卡通、书法（又可分为作为艺术图版的书法作品与作为刊头、标题的书法）、篆刻（也分为作为艺术图版的篆刻作品，尤其是年节应景作品，与作为刊头、栏目的篆刻）、剪纸，以及物品图片、书影、刊影、VCD\DVD封面、邮票等。

第三节 图表的新闻性与实用性

图表可以概括大量的信息和数字，如果用文字来表示，则会显得相当枯燥。经济问题需要通过数字来表现，而数字通过表格和图表更容易表达。例如一个企业十年的盈利情况。

越是发达的城市、越是文化教育经济水平高的读者，就越习惯于依赖图表。尤其是金融投资等领域，没有图表就一切都无从谈起。

报刊上的图表与表格种类很多，主要有：股市行情表、K型图、物价表、列车时刻表、天气预报、财经图表、地图、地形图、示意图、公交线路图、地铁线路图、新建成道路示意图、天气形势图等。

> **思考与练习**
>
> 1. 黑白图片与彩色图片在报刊版面上的效果有何不同?
> 2. 选择三张照片请予以配文,同时选择三篇稿件写出配图的设想。
> 3. 什么样的稿件适合配发作者肖像?
> 4. 你认为还有哪些信息可以在报刊上用图表来表示?
> 5. 在电视、网络与移动通信普及时代,报刊的图片来源如何进一步拓展?
> 6. 很多杂志封面都选择美女肖像,你怎样看?

第八章　政策法律与职业道德

　　新闻传播是公共性质的事业，报刊与其他商品不同的是，新闻与评论都带有意识形态色彩，因此，与政治、政府、法律，都有着密切的联系或关系。李大钊书写过一副对联"铁肩担道义，妙手著文章"，说的就是报刊工作者的职责带有很强的道义色彩。

　　社会责任感与使命感是报刊编辑必须具备的，即使是像《花花公子》与《阁楼》，也有其职业道德——而不会因为报刊内容的色情或淫秽、不道德，而不讲报刊编辑的职业道德。

　　报有报格、刊有刊格。

　　必须学习法律知识与政策规定，注意随时升级更新。

　　严格遵守采编程序，不要抄近，关键环节无论如何不能缺失，不能为抢新闻而犯错误。

　　假新闻是一个严肃的新闻职业道德问题。报刊的生命线就是诚信，也就是真实，因此，造假，无论是有意还是无意，都是新闻工作者的职业生涯中不可原谅的错误。

　　《新闻记者》杂志连续几年都发专稿总结上一年度全国十大假新闻。假新闻是职业耻辱，但是中国新闻业不太重视记者的职业品行记录，不少假新闻的作者，事后都没受影响。

　　报刊编辑要有社会公德意识，抵制低级趣味，杜绝黄色新闻，不哗众取宠，不追求轰动效应，更不能一味强调迎合受众的兴趣。

思考与练习

1. 如何理解与对待新闻发布会上的红包？
2. 应当如何看待由采访对象提供费用的出差采访？商业伦理道德与职业新闻道德发生冲突时怎么办？
3. 时事新闻不受著作权法保护的意义何在？怎么看待文摘报刊或文摘版？
4. 直接引语中的不实之辞与攻击言论应在编辑时如何处理？
5. 如何理解编辑的署名权？报刊编辑常常要做无名英雄，你认为合理吗？
6. 报刊编辑为服务的单位之外的报刊撰稿，应遵守什么原则？
7. 如何理解报纸与杂志的商业机密？

附

办刊絮语

◎ 编辑的喜好不能脱离读者的兴趣，因为我们是为读者编杂志，而不是为自己编杂志。我自己不喜欢的东西未必我就不刊发；另一方面，我自己喜欢的东西我未必就刊发。

◎ 有些报刊在年底附赠一张年历，如果赠年历是受欢迎的，有意义有价值，为什么不能赠两次呢？完全可以在年底与年初各赠一款年历。

年历的形式最好别致一些，可以用册页的形式。年历背面与其空白着，不如印一些不必阅读的文字，比如全年总目录，供读者万一需要时查阅，既有索引资料价值，同时，也是很好的广告。

◎ 要有自觉意识，力争让杂志的每一个产品，刊中的每一张小纸片都是有心设计的，都具有收藏价值。

◎ 一个称职的编辑，应当每天至少查20次工具书，如果没有查够20次，说明责任心与敬业精神不够。

◎ 一本成功的杂志，可以分析出其内容配方，比如什么类型的作者、什么样的稿件、什么样的图片，都可以有量化指标。每一期杂志，这些必备要素一样不能少，少了哪一部分，就要补哪一部分，不能用别的替代。

◎ "手中有粮，心中不慌"，编辑要有稿件的储备与组织意识，要做到约着一期、编着一期、排着一期，有条不紊有序推进。

◎ 杂志的核心竞争力就是选题策划组织能力。好编辑永远有好的想法、好的创意、好的线索。

◎ 当一个编辑，最大的资本是什么？是稿源。只要手里抓着几个或十几个头牌作者，就是有实力的编辑。编辑的本事就是发现、寻找题目与作者。

◎ 对同行报刊要高度关注，每期都要认真研究。强者只有肯于学习、善于学习，才可能保持强大。

◎ 要好学，对于专业领域内各学科、各种理论与著作，以及古今中外作品，都该广泛涉猎。报刊编辑不见得是专家，但一定得是杂家。对于书画类报刊来说，所谓杂家，就是以书画美术为主，相关的文学、历史、哲学等学科都要有所了解。

◎ 采访著名人物尤其是前辈老先生，不能只靠临场发挥，必须提前作好充分的案头工作，设计出问题清单。有了准备，现场发挥才可能出彩，脱稿提问是需要周密的准备与设计的。

◎ 关于《美术文摘》

《美术文摘》的意义在于补强信息量、资料性，美术界的名家好稿，可以一网打尽。将美术界的最新成果、最高层次的文章汇为一编，学术性、可读性、资料性就都有了。

格式塔心理学非常有道理，人们都有完型心理，因此，应当选择一些特别有意思的长文，予以连载，让读者欲罢不能，读了一期就想把刊载此文的各期都找齐。每逢跨年度时，有意地选特别重要、非常难得一见的稿件，在岁尾年初连载，这样可以吸引读者续订。

不少名家所著的旧书，都没有再版过，比如于非厂的《中国画颜色的研究》，以及他关于种菊花、养鸽子等等的著作，应当找来连载。这样，《美术文摘》就有了整理文献资料的价值。

把美术界老前辈所做的资料卡片予以摘发，应当是很有意思的稿件。黄苗子、王伯敏等老先生都有大量的卡片。可以开设"名家资料卡片"专栏。

◎ 关于《中国印》

印章文化有太多的盲点从来没有人研究，比如图书馆的藏书章、书店的售书纪念章，就都是有意味的题目。在《中国印》中，要注意对印材、印具的介绍，各种名石、印泥、印谱等等都值得给予篇幅。

◎ 关于《中国美术选刊》

作为作品选刊，视野可以非常开阔，每期最好突出一个重点，同时，不妨以个人选刊、学院或画院作品选刊的形式，出一些专集，使之具有画册、图书的功用。

◎ 关于《美术图书评论》

先从推介美术类图书开始，但是仅仅读美术图书其实是远远不够的，中国传统文化典籍也是必修课。思路要开阔一些，凡是与书有关的内容，都可以放在《美术图书评论》里，比如找书、求售、交换资料、征稿、寻求出版等等。越是杂，就越有可读性，越有实用性。

◎ 关于《艺术手册》

要把地图、电话簿、笔记本、速写本等各种功能都集中在一起，设计得尽可能雅一些、尽可能实用一些。不要框住自己，我就想做一个四不像，因为现在市场中什么都不缺，就缺四不像！

在关键、常用的信息之外，更多的篇幅宁可留白。不要怕留白，只要好看、雅致，留白也很受欢迎。手册一定要便于携带，便于使用，记点东西，写个便条，甚至速写或写生也可以用。

（根据办刊工作笔记整理）

后　记

　　这本书包括五个方面的内容：一是报业年稿与传媒观察，分别是2014年至2019年发表于《中国报业》的年稿与2009年至2013年发表于《新闻记者》"传媒观察家"专栏文章选；二是新闻传播专论，是在《中国报业集团发展研究》《中国媒介前沿》《把脉中国传媒》《媒介市场创意策划实务》等新闻传播专著之外我关于新闻传播的文选；三是报纸编辑业务研究，重点是标题与图片的实例点评；四是新闻传播专业书评书话；五是报刊编辑讲义，是我在北京大学与中国传媒大学分别为本科生开设必修课的讲义。

　　我从事新闻传播工作，兴趣与目标在于实务，也即书报刊的采写编评与管理经营。坦率地说，我原本没有想过当新闻传播学者与研究者。我撰写发表的新闻传播专业的文章，2000年以后百分之百是报刊约稿，而且往往是点题约稿或是约写专栏的产物，其中《新闻记者》杂志为我开设的个人专栏"传媒观察家"持续了十五年之久，《新闻出版报》《中国报业》等专业报刊相继约我撰写年度报业专稿也差不多持续了二十年——我感谢报刊编辑朋友们对我的看重与信赖，懂得这是一个学者在专业领域所能得到的最高礼遇，因此，我再忙再累，也会尽力完成这些不在我本职工作范围之内的撰稿任务。

　　我所在的单位从来不要求在社外正式刊物发表专业文章，我的本职工作一直不包括撰写发表新闻传播专业文章这一项内容（本书只有第三部分"报刊编辑业务研究"是我作为本职工作完成的），这听起来不好理解，因为我多年在新闻研究部任职，但事实就是如此。我之所以不断地写，既不是因为自己有兴趣或有课题，也不是因为工作需要，更不是为了名，当然，利就更无从谈起了——我写新闻传播文章的动力，只有两点：一是承蒙同行看重，我不忍辜负别人的期望与信赖；二是自己对新闻传播有一些想法愿意与同行分享。

作为有近四十年从业经验的报刊工作者，在中文报刊的主要岗位（采访写作、头版编辑、评论、副刊编辑与经营管理）都有工作经历，在就新闻传播问题写文章时，我习惯于用新闻报道与评述体。

在新闻界，很多年来都在提倡记者成为"学者型记者"，"学者型记者"能够对报道的领域与题材进行全面深入系统的调查研究，写出的报道有深度、有高度、有力度。1984年我开始从事新闻工作，就将"学者型记者"作为自己的追求目标，后来在新闻出版专业报道与美术收藏报道中，尽管成绩微薄，但是确实为争取成为"学者型记者"付出了很多努力。

我始终很喜欢记者这一职业，很自豪曾有多年记者工作经历，在从事其他专业时也难免会用记者的眼光，即使在从事学术理论研究时，仍然难免会从记者的角度出发看问题，写论文或著作，从收集材料、进行采访、调查研究，到谋篇布局、语言文字以及表达形式，往往表现得更像记者。我原本无意成为学者，但是阴差阳错也在学术研究领域多少做了些事情，作为学者如果非要贴个标签的话，自认为大概可以算是"记者型学者"。

新闻专业有业界与学界之分，我在新闻学界之外，在业界还有本职工作，除了作为记者、编辑所完成的工作，还创办并主编了《中国书画》以及《中国印》《美术文摘》等刊物，并策划主持改造了若干家报刊。关于我创办《中国书画》杂志，美术史学者陈传席教授写过一篇文章，说：

大约2002年，我在南京师范大学任教授，住在美丽的西山公寓上。曹鹏从北京来南京找到我，带他到我家的朋友事先大概介绍了他的来意，我知道一点。曹鹏见到我，先是说我是当代美术界的权威、大家，无人可比。虽然是过奖的话，我听了仍很开心。然后自我介绍，他是中国人民大学新闻专业的博士（似乎还是最早的新闻学博士），中国人民大学新闻专业一直在全国排名第一。他讲，他现在经济日报社工作，"可以说，我在新闻界的地位相当于您陈老师在美术界的地位"。这话他给很多人讲过，我见他十分直爽，夸了自己也夸了我。

我一个教书匠，没有什么出息，有人推许我，当然很高兴，便和他推心置腹地谈了起来，谈文学、谈历史、谈新闻、谈艺术，发现他确是很博学的。他发现我对他也很认可，马上转入正题，说经济日报社领导委托他办一个美术杂志。怎么办、办成什么样，想听听我的意见。我说："现在美术类杂志多如牛毛，大多没有人看，再办一个普通的杂志，毫无意义。要办就办一个十分出色的，国内至今尚没有的至少要数第一……"他听了很高兴，说正是他们的意思——一般化的、普通的杂志，他也不屑去办。我马上问钱从哪里来。他说："经济日报社主办，会全力支持，愿意拿钱出来。"说："只要有钱就好办了。"接下来我和曹鹏就商量开本大小、杂志的栏目、稿件来源（古代书画从各博物馆、著名收藏家那里取得，理论稿件约当代名家撰写），以及现当代书画家哪些人值得宣传、宣传的程序等，谈得很具体。曹鹏到北京后，又给我打来很多电话。一个自视很高、自信心很强但又广听各方面意见的人，是真正能办事的人。后来，他把方案定好，带来一些图样，又到南京找我一次，又讨论很多，最后定了。

....

2002年是筹办《中国书画》关键的一年，年底就把稿件定齐，并开始付印。2003年1月正式出版创刊第一期，曹鹏是主编，把我列为专业委员会成员之一。刊物出来了，八开本，印刷精良，图片质量高，文字稿件当然也是一流。国内当时正缺少这样一本最高档次的杂志，出版的影响很大。

....

这本杂志的诞生，经济日报社的领导是决策者和支持者，曹鹏是具体筹办者。

陈传席先生给予"是真正能办事的人"的评价，我自知是过奖愧不敢当，但是，却从他的角度记录下了我办刊工作的一些细节。对于业界人士来说，实战经历是不可或缺的。在"学者型记者"与"记者型学者"之外，我还有报刊管理者的经历，这与新闻专业学院派学者有很大的不同。体现在所写文字上，视角与着眼点也就有所不同。

至于我说自己在新闻界的地位相当于陈传席先生在美术界的地位，这显然是玩笑话不可当真。不过，若以发表文章数量而论，说这话的2002年，我应当算是非常高产的了，据中国社会科学出版社《中国人文社会科学学术影响力报告》，2000年至2004年全国新闻学与传播学发文最多的52位学者，曹鹏名列第一。据同一机构统计，2005年至2006年新闻学与传播学发文最多的前54名作者，曹鹏同样名列第一。

表19-11　2000—2004年新闻学与传播学发文最多的前52位学者

排序	论文作者	作者机构	2000	2001	2002	2003	2004	合计
1	曹鹏	经济日报报业集团	6	9	9	12	13	49
2	陈力丹	中国人民大学（原中国社会科学院新闻与传播研究所）	10.6	7	5	7.6	12	42.2
3	李尚志		5	4	12	11	0	32
4	钟楚	中国出版杂志社	0	4	4	3	17	28
5	彭朝丞	中国社会科学院新闻与传播研究所	14	5	5	0	0	27
6	石宗源	国家新闻出版总署	0	2	12	5	5	24
6	徐光春	国家广播电影电视总局	8	3	5	4	5	24
8	童兵	复旦大学（原中国人民大学）	2.4	7.2	3	5	6	23.6
9	丁柏铨	南京大学	3.8	8	5	2.6	4	23.4
10	张志强	南京大学	5	8.6	5.4	1	1.25	21.25
11	喻国明	中国人民大学	6.4	4	2	3	4	19.4
12	余波	中国出版杂志社	0.4	0	6.6	4.1	8	19.1
13	伍杰	中国出版工作者协会	2.05	1	0	5	11	19.05
14	董天策	暨南大学（四川大学）	3	5.6	0	3	5.6	17.2
15	于友先	国家新闻出版总署	8	3	1	4	0	16
16	胡智锋	中国传媒大学（原北京广播学院）	1	2.6	1.95	6	3.8	15.35

关于此书内容这里还要说明几点：

一、这本书的第一部分内容是我对中国新闻传播业的观察与记录，在时间上上承《中国媒介前沿》（新华出版社2003年版）、《把脉中国传媒》（中国广播电视出版社2008年版），三本书基本连续记录了新世纪头二十年中国新闻传播业（主要是报业）的现象与动态。

二、出版社原本与我签了合同准备出版一本《闲闲堂书话》，后来被我拖黄了，"拖延症"之外的另一原因是"选择困难症"：我写的书评书话过于庞杂，例如关于新闻传播书籍的书评书话就占了相当比例，我一直没能找到合适的方法进行取舍。《报业书话》是《闲闲堂书话》的一个组成部分。

三、《报刊编辑讲义》是我从事新闻教学的讲义，本来也曾有意扩充编撰成教材，现在有机会编入这本书也是初愿未及。

此书的内容在新闻传播学领域内跨了几个专业，更适合用《报学馆丛稿》或《新闻传播丛稿》作书名。报学馆是我的斋号之一，2002年前后曾在《新闻传播》杂志开设过"报学馆札记"专栏。"转型与重建"是我在2010年发表于《新闻记者》杂志的专栏文章用过的标题，编辑认为作为书名更合适。

特别要感谢华南理工大学新闻与传播学院原院长李幸教授与原副院长赵泓教授，是他们的鼓励与支持，使这本书得以面世。

2012年2月16日写于北京闲闲堂

2022年10月2日改定